国家科学思想库

科学文化系列

科学与人生 //////////
中国科学院院士传记

姚熹传

李志杰 / 编著

科学出版社

北　京

内 容 简 介

姚熹院士是我国高性能铁电材料研究的开拓者和领军人物。他创立的"微畴-宏畴转变"理论，引领了国际电介质材料研究的热潮和发展。他推动了铁电领域的关键技术创新，研发了一系列新的电子功能材料，解决了我国国民经济和国防建设在功能材料领域的诸多"卡脖子"难题，促进了我国电子陶瓷技术的更新换代。姚熹院士创建了亚洲铁电学会和亚洲电子陶瓷协会，并在亚洲各国和地区轮流召开亚洲铁电会议及亚洲电子陶瓷会议，是世界公认的这一科学领域的权威者。姚熹院士忠诚于教育事业，培养博士研究生100多人，桃李满天下。

本书通过翔实的文字和丰富的图片，记录了这位科学大师精彩的人生经历和奇闻逸事，彰显了他的高尚人格；阐述了他为中国教育事业和科学研究做出的创造性贡献，展现出他的学术思想、治学理念和笃学创新、追求卓越的科学精神。阅读本书，可以获得一个与大师亲密接触的机会，从而站在智者的肩上观察世界，使自己的人格得到净化和升华。

本书适合大众读者，特别是大中学生、研究生和科技工作者阅读，对广大物理专业从业者和爱好者具有较高的参考价值与借鉴意义。

图书在版编目（CIP）数据

姚熹传 / 李志杰编著. -- 北京：科学出版社，2024.9. -- (科学与人生：中国科学院院士传记). -- ISBN 978-7-03-079247-1

Ⅰ. K826.16

中国国家版本馆 CIP 数据核字第 2024066CT5 号

丛书策划：侯俊琳

责任编辑：张 莉 姚培培 / 责任校对：韩 杨

责任印制：师艳茹 / 封面设计：有道文化

科学出版社 出版

北京东黄城根北街 16 号

邮政编码：100717

http://www.sciencep.com

北京中科印刷有限公司印刷

科学出版社发行 各地新华书店经销

*

2024 年 9 月第 一 版 开本：720×1000 1/16

2024 年 9 月第一次印刷 印张：20 3/4 插页：6

字数：320 000

定价：98.00 元

（如有印装质量问题，我社负责调换）

姚熹（1935— ）

姚熹，江苏武进人，中共党员，中国科学院院士，美国国家工程院外籍院士，世界陶瓷科学院院士，西安交通大学教授，同济大学教授，国际著名电子材料专家。

姚熹院士1957年毕业于交通大学电工器材制造系，留校任教，1958年随交通大学西迁到西安，根据国家需要选择了研究开发电子陶瓷与器件的学科发展方向，扎根西部默默耕耘60多年，在电子陶瓷材料基础研究和技术创新方面取得了重要成果。姚熹提出了弛豫铁电体"微畴-宏畴转变"理论和"新玻璃模型"理论，推动和引领了国际铁电学研究的热潮；率先开展和引领一系列高性能铁电材料的研制，推动了弛豫铁电单晶、反铁电陶瓷在国防领域的应用研究，解决了"卡脖子"的国防重大需求；推动国家高技术研究发展计划（863计划）新材料领域重要科技战略的制定和实施，引领了电子元器件行业龙头企业的技术进步；培养了一大批领军人才（包括加拿大皇家科学院院士、澳大利亚工程院院士、电气与电子工程师协会会员，以及国际铁电学成就奖和国际铁电青年奖获得者），带领中国电介质研究走向世界。

1985年获美国陶瓷学会"罗斯·科芬·珀迪奖"（The Ross Coffin Purdy Award），1989年被推举为世界陶瓷科学院首批院士，1991年当选为中国科学院院士，1995年获光华科技基金奖一等奖，1997年获何梁何利基金科学与技术进步奖，2002年获电气与电子工程师协会铁电学成就奖，2007年当选美国国家工程院外籍院士，2015年获国家自然科学奖二等奖，2018年获"中国电介质物理终身成就奖"。近年来，姚熹院士团队在《自然》（Nature）、《科学》（Science）正刊上发表论文5篇，获得2020年中国科学十大进展和2022年国家教学成果奖二等奖，为电子陶瓷材料的基础研究和学科发展做出了重要贡献。

20 世纪 60 年代末，姚熹在实验室工作

姚熹在工作中（摄于 20 世纪 80 年代末）

20 世纪 90 年代筹建实验室时，姚熹在电脑前做控制实验

姚熹在办公室

20世纪80年代末，诺贝尔奖获得者到西安交通大学参观，
姚熹（右一）向他们介绍实验室情况

1982年，姚熹夫妇在美国宾夕法尼亚州立大学材料研究所所长、美国国家工程院院士
L. E. 克罗斯（L.E. Cross）家中共庆节日

1982 年 4 月，姚熹（右一）在美国博士学位论文答辩现场，右二是克罗斯，右三是罗伯特·E. 纽纳姆（Robert E. Newnham）

2007 年当选为美国国家工程院院士后，姚熹（左二）和夫人张良莹（中）与克罗斯教授（左一）、拉斯特姆·罗伊（Rustum Roy，右一）、德拉·罗伊（Della Roy，右二）合影，他们的背后是美国国家工程院的大楼

姚熹夫妇在美国爱因斯坦雕像前留影（摄于 2007 年 9 月 30 日）

姚熹与学生合影（左起：魏晓勇、姚熹、徐卓、李振荣）

2014 年 10 月 29 日，庆祝姚熹院士八十华诞暨执教六十周年师生联谊合影
（前排左九：姚熹，前排左八：张良莹）

2018 年 10 月 9 日，同济大学中德学术研讨会召开期间，姚熹（第一排左四，
其右侧是德国代表团团长）与代表团部分成员合影

1986 年，西安交通大学部分博士研究生导师合影
前排左起：刘子玉、邱关源、刘耀南、陈学俊、周惠久、史维祥、汪应洛、乐兑谦、
苗永淼、王其平、孙启宏、胡保生
中排左起：蒋大宗、许晋源、万百五、戴德沛、屈梁生、游兆永、陈世坤、姚熹、
王笑天、罗晋生、向一敏、涂铭旌
后排左起：蒋正华、陆毅中、匡震邦、陈辉堂、李人厚、吴业正、宣国荣、谭玉山、
邹理和、朱钧

幼年姚熹与父母的合影

全家福
（前排左起：张良莹、姚熹；后排左起：儿媳龚卫琴、女儿姚曼文、儿子姚元庆、孙子姚舒扬）

全家福（左起：孙子姚舒扬、姚熹、张良莹、孙媳李雨璇、儿媳龚卫琴、儿子姚元庆）

1977年1月全家福（后排左起：姚钫、姚平、姚熹、姚元庆；中排左起：陈敏芝、黄景月、姚剑初、姚维，前排左起：姚忆兰、姚晓蕾、姚曼文）（摄于上海）

1979年春节，姚熹全家福（前排左起：张良莹、姚曼文、姚熹；后排：姚元庆）

全家福（前排左起：姚熹、张良莹；后排左起：女儿姚曼文、儿子姚元庆、儿媳龚卫琴）

总 序 一

　　中国科学院学部科普和出版工作委员会决定组织出版"科学与人生：中国科学院院士传记"丛书，这是一件很有意义的文化工程。首批入传的22 位院士都是由各学部常委会认真遴选推荐的。他们中有学科领域的奠基者和开拓者，有做出过重大科学成就的著名科学家，也有毕生在专门学科领域默默耕耘的一流学者。每一部传记，既是中国科学家探索科学真理、勇攀科学高峰的真实情景再现，又是他们追求科学强国、科教兴国的一部生动的爱国主义教材。丛书注重思想性、科学性与可读性相统一，以翔实、准确的史料为依据，多侧面、多角度、客观真实地再现院士的科学人生。相信广大读者一定能够从这套丛书中汲取宝贵的精神营养，获得有益的感悟、借鉴和启迪。

　　中国科学院学部成立于 1955 年，经过 50 多年的发展，共选举院士千余人，荟萃了几代科学精英。他们中有中国近代科学的奠基人，新中国的主要学科领域的开拓者，也有今天我国科技领域的领军人物，他们在中国的各个历史时期为科学技术的发展做出了历史性的贡献。"五四"新文化运动以来，一批中国知识精英走上了科学救国的道路，他们在政治动荡、战乱连绵的艰难岁月里，在中国播下了科学的火种，推动中国科技开始了建制化发展的历程。新中国成立后，大批优秀科学家毅然选择留在大陆，一批海外学子纷纷回到祖国，在中国共产党的领导下，开创了中国科学技术发展的新篇章。广大院士团结我国科技工作者，发扬爱国奉献、顽强拼搏、团结合作、开拓创新的精神，勇攀世界科技高峰，创造了举世瞩目的科技成就，为增强我国综合国力、提升自主创新能力做出了重要贡献，为国家赢得了荣誉。他们的奋斗历程，是中国科学技术发展的历史缩影；他们的科学人生，是中华民族追求现代化的集中写照。

当今世界，科学技术已成为支撑、引领经济社会发展的主要动力和人类文明进步的主要基石。广大院士不仅是科学技术发展的开拓者，同时也是先进文化的传播者，在承担科技研究工作重任的同时，还承担着向全社会传播科学知识、科学方法、科学思想、科学精神的社会责任。希望这套丛书的出版能够使我国公众走近科学、了解科学、支持科学，为全民族科学素养的提高和良好社会风尚的形成做出应有的贡献。

科学技术本质是创新，科技事业需要后继有人。广大院士作为优秀的科技工作者，建设并领导了一个个优秀的科技创新团队；作为教育工作者，诲人不倦，桃李满天下。他们甘当人梯、提携后学的精神已成为我国科技界的光荣传统。希望这套丛书能够为广大青年提供有益的人生教材，帮助他们吸取院士们追求真理、严谨治学的科学精神与方法，领悟爱国奉献、造福人民的科技价值观和人生观，激励更多的有志青年献身科学。

记述院士投身我国科学技术事业的历程和做出的贡献，不仅可为研究我国近现代科学发展史提供生动翔实的新史料，而且对发掘几代献身科学的中国知识分子的精神文化财富具有重要意义。希望"科学与人生：中国科学院院士传记"丛书能够成为广大读者喜爱的高品位文化读物，并以此为我国先进文化的发展做出一份特有的贡献。

是为序。

2010 年 3 月

总 序 二

　　"爱国、创新、求实、奉献、协同、育人"的新时代科学家精神，为科技工作者投身科技强国建设伟大事业提供了前进方向和价值坐标。科学家精神由一代代中国科技工作者铸就和书写，也需要一代代人接续传承、发扬光大。作为一项长期性的文化工程，中国科学院学部组织出版"科学与人生：中国科学院院士传记"丛书已有十余载。这套由一本本院士传记组成的丛书，记载了中国科学院院士群体激荡恢宏的科学人生，也记录了中国科学发展的历史。这里所展示的院士人生经历，不仅包含了他们各自的成长故事，彰显了他们家国天下的情怀、追求真理的精神、造福人类的胸襟和独特的人格魅力，而且展现了他们卓越的科学成就以及对国家、对人类的重要贡献。

　　"沧海横流显砥柱，万山磅礴看主峰。"自 1955 年中国科学院学部成立以来，先后有 1500 多位优秀科学家荣获中国科学院院士这一国家设立的科学技术方面的最高学术称号。近 70 年来，院士群体团结带领全国科技工作者，直面问题、迎难而上，肩负起时代赋予的重任，为新中国的科技事业发展奠定了坚实基础。特别是党的十八大以来，以习近平同志为核心的党中央坚持把科技创新摆在国家发展全局的核心位置，全面谋划科技创新工作，使我国科技创新发生了历史性变革，进入了创新型国家行列。面向世界科技前沿、面向经济主战场、面向国家重大需求、面向人民生命健康的一个个重大科技突破，离不开院士群体的创新和贡献，凝结着院士群体的心血和智慧。

"曾谙百载屈蹂史，不忘强国科技先。"共和国需要记述院士群体投身我国科学技术事业的历程和做出的贡献，弘扬院士群体胸怀祖国、献身科学、拼搏奉献、勇攀高峰的精神，为研究我国近现代科技发展史提供生动翔实的新史料；新时代需要发掘献身科学的院士群体的精神文化财富，为新时代中国特色社会主义文化发展提供丰饶充裕的源泉；中华民族伟大复兴需要宣扬院士群体追求真理、严谨治学的科学精神与方法，爱国奉献、造福人类的价值观和人生观，激励更多有志青年献身科学，为广大青年提供有益的读本。

一代人有一代人的使命，一代人有一代人的担当。我国科技事业取得的历史性成就，是一代又一代矢志报国的科学家前赴后继、接续奋斗的结果。院士群体胸怀祖国、服务人民，追求真理、勇攀高峰，坚守学术道德、严谨治学，甘为人梯、奖掖后学，得到全国人民的敬仰和尊重，被誉为"国家的财富、人民的骄傲、民族的光荣"，也必将激励广大科技工作者，担负起实现高水平科技自立自强、进入创新型国家前列的使命和责任。

党的二十大报告中明确指出，要"培育创新文化，弘扬科学家精神，涵养优良学风，营造创新氛围"①。一本院士传记，不仅记录了院士的奋斗史，更凝结了中国科学家的精神史。览阅院士传记，弘扬科学家精神，激励广大科技工作者树立家国情怀，勇于担当，甘于奉献；引导更多青少年心怀科学梦想，树立创新意识，营造崇尚科学的浓厚氛围，正是"科学与人生：中国科学院院士传记"丛书出版的价值和意义之所在！

中国科学院学部科学道德建设委员会

2024 年 3 月

---

① 习近平. 高举中国特色社会主义伟大旗帜　为全面建设社会主义现代化国家而团结奋斗——在中国共产党第二十次全国代表大会上的报告. 北京：人民出版社，2022.

序

　　教育、科技、人才是全面建设社会主义现代化国家的基础性、战略性支撑。中华民族在悠久的历史发展进程中，诞生了众多载入史册、闻名世界的思想家、教育家、科学家、文学家等。中华人民共和国成立后，广大科技工作者奋发图强、勇攀高峰，在诸多领域取得了世界领先的成就，这极大地增强了国家的科技实力，促进了我国社会经济快速高质量发展。这些成就的取得绝非偶然，是他们在长期的科学探索中历经磨砺和艰辛而矢志不移，始终为祖国的强盛和人民的幸福而奋斗不息的结果。他们身上集中体现了我国知识分子爱国主义的高尚情操和中华民族自强不息的优良传统，集中体现了我国科技工作者勇于创新、顽强拼搏的开拓精神。与此同时，他们治学严谨、诲人不倦、甘为人梯，为国家培养了一代又一代的栋梁之材。他们谱写了我国科教事业发展的壮丽诗篇，做出了无愧于祖国和时代的贡献。

　　中国科学院倡导为院士出版传记，这是一项弘扬科学精神的民族文化工程，很有意义。甄选推荐的院士都是科教工作者的杰出代表，在各自的学科领域做出了奠基性或开拓性工作，推动了科学技术的重大进步。姚熹先生是被推荐出版传记的院士之一。他扎根祖国西部，为我国科技高水平自立自强殚精竭虑，取得了在国际上有重要影响的科技成就，1991年当选为中国科学院院士（学部委员），2007年当选为美国国家工程院外籍院士。

姚先生在新型电子材料与元器件领域开疆拓土、培育英才、无私奉献。在基础研究中建树突出，20 世纪 80 年代，他先后发现了电子陶瓷中的晶粒压电共振现象，提出了弛豫铁电体的"微畴-宏畴转变"理论，大力推动并掀起了国际铁电学研究的热潮；20 世纪 90 年代，他建立了"新玻璃模型"理论，这一理论模型可以替代传统的沃格尔-富尔彻（Vogel-Fulcher）学说。姚先生在技术发明与创新方面亦成就卓著，他率先开展和引领了一系列高性能电子材料与纳米复合材料的基础及应用研究，成果应用于国防尖端装备的研制，并在建立陶瓷电容器国家标准、技术应用产业化方面做出了重要贡献。姚先生不遗余力推动中国学术研究走向世界，发起建立了亚洲铁电学会（Asian Ferroelectric Association，AFA），主持筹建了亚洲电子陶瓷协会（Asian Electroceramics Association，AECA），主导推进了国际铁电学会议（International Meeting on Ferroelectricity，IMF）顾问委员会的调整并对其增加了多名中国委员，极大地提升了我国乃至亚洲电子陶瓷在国际学术界的地位和影响。他非常重视人才培养，指导的一大批学生成长为学科领军人物，活跃在电介质学科研究和行业发展前沿，深受国内外同行的高度赞誉。

这部《姚熹传》介绍了姚熹院士的成长经历，以及他在科学研究与人才培养等工作中的累累硕果，多侧面、多角度、全方位地展现了姚院士的科学思想、科学方法、育人理念，以及他奉献祖国教育事业的西迁精神等，值得各位读者潜心阅读。

2022 年 12 月

目录

CONTENTS

第一章　书香门第出英才

一、武进姚氏

姚熹祖籍江苏武进。这是一个素有"鱼米之乡"之称的江南水乡富庶之地，经济文化发达，居民重视读书文章，讲究忠孝仁义，素有慎终追远之风。武进东部雪堰、潘家低山丘陵地区盛产茶叶，以及桃、梨、葡萄等水果，有滆湖、阳湖、宋剑湖等自然湖泊，河港汊荡纵横交错，水产养殖业资源丰富，潘家、芙蓉等地的优质矿泉水，新安等地的白泥、紫砂、陶土等矿产资源久负盛名。武进有5000多年的悠久历史，是吴文化的发源地之一。武进湖塘桥西的春秋淹城是我国最古老、保存最完好的地面城池之一。武进人杰地灵，人才辈出，先后诞生了19位帝王、9名状元和1546位进士，为全国县区之最。中国"实业之父"盛宣怀和恽南田、刘海粟等名家大师以及瞿秋白、张太雷、恽代英等革命先烈，更是武进的旗帜和骄傲。

武进姚氏多数是南宋参知政事姚希得的后裔，奉隋朝蜀人姚景彻为始祖。据道光年间编纂的《安岳县志》卷二十记载："姚景彻，长安人，开皇年间为西川都统。泸夷寇普昌二州，文帝命景彻帅西川兵讨之。有功擢普州刺史，兵乱后民多流徙，景彻招来安业。后卒于官，民为立祠。其子孙遂家焉。"光绪年间，《新修潼川府志》卷五"舆地志五：祠庙"也载:"铁册神祠在县北铁峰山,祀隋刺史姚景彻,一名福济祠。铁山神,姓姚,讳景彻,隋文帝时,普、昌、泸三州夷作乱,帝命神为都统,将兵计平之。卒,葬于韩朋镇石城山,今姚使君墓是也。淳熙加封制词曰:'王有功,隋代作牧西州,勇略冠军。尝荡平夷于落邦。人怀德,爱尸祀于铁山,封安惠显佐顺助王。'"

远眺姚家村

姚熹大祖父姚氏十四代姚祖泰(1865—1928),字安甫,晚年号半轩。祖泰幼好学,18岁就补博士弟子员,被村人称为"大先生",光绪二十八年(1902年)乡试中副榜,为响应维新,在家办学聚堂小学,又在郑陆桥创办钟英小学,首任校长。姚祖泰后在常州城内东下堂开门讲学,很有名气。祖泰教人首重立品,学问深邃尤工书法,柳骨颜筋,笔力遒劲。一生著述颇丰,有《学聚堂集》1—4卷等著作,可惜大都没有刊刻,故多散失。

姚熹二祖父姚祖颐,字养斋(1867—1934),村人称其为"二先生",清光绪二十八年(1902年)乡试岁贡生,祖颐以塾师为业,后主持三河口高山书院20多年,颇负文名,曾在郑陆桥街上开过"谦吉饼行"。他的生平著作有《学聚堂集》第五卷,与女婿许剑虹合著《西藏新志》。

姚熹祖父姚祖晋(1879—1930),小名七宝,字康锡,又字公鹤。

姚熹祖父姚祖晋（公鹤公）

姚和（姚熹的曾祖父）旧居

姚祖晋次子姚剑初生育三子一女。长子姚氏第十六代姚熹，毕业于交通大学电工器材制造系，获美国宾夕法尼亚州立大学（The Pennsylvania State University，PSU）固态科学博士学位，长期任西安交通大学及同济大学教授，从事电子科学与技术、材料科学与技术方面的教学和研究工作，曾任西安交通大学电子与信息工程学院院长，当选为中国科学院院士、美国国家工程院外籍院士、世界陶瓷科学院（World Academy of Ceramics，WAC）院士，妻张良莹。

张良莹生于1937年2月9日，1959年毕业于西安交通大学电机工程系电气绝缘与电缆专业，留校后在新组建的无线电工程系电子材料与元件教研室任教，讲授"电介质物理学"与"有机电介质"课程。1982—1983 年，张良莹在美国宾夕法尼亚州立大学材料研究所进修，回国后主要致力于组建和管理西安交通大学电子材料研究实验室（Electronic Materials Research Laboratory，EMRL），先后担任世界银行贷款专业实验室、教育部重点实验室副主任，经高等教育部直接批准，遴选为我国首批电子材料与元件学科博士研究生导师，培养和管理了大批电子材料领域的硕士与博士研究生，向国内外电介质材料与器件的高校、研究机构和工厂输送了大批高级技术人才，得到了国内外同行的广泛认可。在此基础上，西安交通大学又进一步建立了国际电介质研究中心（International Center for Dielectric Research，ICDR）以吸引国际同行中的顶尖人才开展合作研究，扩大我国在这一领域的国际影响力。多年来，张良莹全心全力地投入和承担了大量纷繁复杂的工作，取得了来之不易的明显进展，得到了大家的认可。她所教授的"电介质物理学"课程已被继任的徐卓和魏晓勇老师进一步提升为教育部的精品课程，她与姚熹编著的《电介质物理》教材自 1991 年出版以来一直沿用至今，几经重印，广为流传，尚待继任者补充修改后再版。1997 年张良莹受聘同济大学教授，参与组建同济大学功能材料研究所（Functional Materials Research Laboratory，FMRL），并担任副主任。

姚熹夫妇

张良莹原籍浙江杭州，出生于北京，知识分子世家。其父张宗文（1902—1952），20 世纪 20 年代早期在法国勤工俭学，专攻地理，回国后主要在多所大学（包括东北大学、北京的有关学校、齐鲁大学、新乡师范学院等）任教，后因病早逝。

姚熹育有一子一女，子为姚氏第十七代姚元庆，毕业于中国人民解放军第四军医大学医疗专业，获香港大学医学院博士学位，在第四军医大学唐都医院成功培养了我国第一例试管婴儿，任妇产科主任，获解放军军功奖章。后姚元庆奉调由第四军医大学唐都医院转中国人民解放军总医院（301 医院）担任妇产科主任，后被提升为少将衔文职军官，曾在英国与牛津大学相关科系开展合作研究两年，是开拓我国人工生殖领域的领军人物之一。2020 年退休后，姚元庆受聘香港大学教授，主持香港大学深圳医院有关科室医疗研究工作。姚元庆的夫人龚卫琴毕业于中国人民解放军第四军医大学，曾任职于第四军医大学附属医院、中国人民解放军总医院（301 医院）。

张良莹与儿子姚元庆合影（此时的姚元庆尚在上大学）

姚熹之女姚曼文，1991 年山东大学技术光学专业毕业，获理学学士学位，后又获美国宾夕法尼亚州立大学材料科学硕士学位，休斯敦大学（University of Houston，UH）电机与电子工程博士学位。她先后在西安理工大学、新加坡国立大学（National University of Singapore，NUS）、南洋理工大学（Nanyang Technological University，NTU）和休斯敦大学从事研究工作或任教。2009 年回国，现为同济大学材料科学与工程学院研究员（教授）。

二、书香门第

《姚氏宗谱》族规云:"子弟须教读书。上可希圣贤,次之可取功名;即下之,亦令识字,稍知礼义。"姚氏裔众遵从族规,世代尊师重教,崇尚诗礼。

姚熹先祖隋代的姚允,字执之,蜀人,25 岁举进士,官至银青光禄大夫。隋大业年间,姚允引兵赴毗陵郡,会讨沈法兴叛乱,中流矢坠水牺牲。10 多天后在郡西卜弋桥河流中发现尸首时,姚允还是手执弓箭,面目如生。隋恭帝赐葬立庙,封晋陵郡王,谥"忠武"。后姚允的子孙世代为他守墓。

理宗初年,罢斥奸佞,招揽有贤德之名的臣子,举朝欢庆,一片欢乐气氛,认为除旧布新的时机已到。时任兵部尚书兼侍读学士的姚希得认为,从表面看,朝廷上下似乎一片太平景象,但实际上暗藏着亡国的危险。他上奏表告诚理宗:"危亡之事不可有,而危亡之言不可无。"度宗嗣位后,姚希得官至参知政事(副宰相),后以资政殿大学士、金紫光禄大夫、潼川郡公退休。他虽然高居显官要职,但并非地位一变即趾高气扬之辈,仍然与在蜀的家族、亲戚保持联系,时常以自己的俸禄接济他们。

姚希得第二子姚訔,自幼读书习武,沉勇智谋有大略,登咸淳进士,任福建泉州司理。德祐元年(1275 年),元军南侵,常州城陷落。姚訔因母丧丁忧归居阳羡县(今宜兴市),与都统制刘师勇、锡山陈炤,起义兵 2 万,于三月克复常州城。南宋朝廷授姚訔为知州,陈炤为通判,辟胡应炎为判官,包圭为武进县知县。因常州城是当时军事上的战略要地,元统帅伯颜回师合兵 20 万围攻常州城,守城军民以忠义相激,修筑工事誓死固守。城中出奇兵袭击元军,屡挫敌锋。元军首领伯颜命降将百般诱降城内军民不成,又增兵至 40 万,连营百里,杀人煎油作炮,日夜攻击不息。城中逐渐粮尽箭绝,但固守意志愈坚。元军久攻不下,无奈惊呼:"常州,纸城铁人!"当时文天祥在平江城,派出几路援军均告失败。城内士民饥疲不堪,十一月二十二日,城破,全城军民包括僧侣在内,齐心进行巷战,竟无一人投降。姚訔早就下定了与城共存亡的决心,纵火自焚而亡。伯颜下令屠城,百姓仅 7 人躲藏在桥脚下幸免于难。姚訔率领军民坚守常州城的英勇事迹,惊天地,泣鬼神。连元人编纂的《宋史》也对他评价很高:"功虽不成,千古有生气矣!"是年十二月初八,宋廷赐葬宜兴南岳山,赠龙图阁待制学士,谥"忠节"。明朝天顺七年(1463年),又追谥姚訔为忠毅公,后依巡按谢琛奏请,按岳飞例,在常州城内双桂坊建忠义祠、浩然亭,为姚訔、陈炤等14人塑神像配祭祀,以慰忠魂。

族内第四支九世天民公,小时候得了惊痫疾病,一脚跛,不方便行走,不能干较重的体力活。即使残疾,他也不悲观失望,而是花很大代价到常州城读书。十年寒窗,青灯黄卷,得成正果。他临终前告诫儿子们,要想世代书香,就要以读书为业,专心致志,孜孜不倦,方可成就。姚氏后世秉承祖训,多有杏坛塾师,传业授道,誉重乡梓,更有出类拔萃者,领一代风骚,成民族脊梁,被世人尊为楷模,名垂青史。

姚熹曾祖父姚和一生以教授蒙童为业,博学鸿儒,德艺双馨,课徒有术,教子有方;三个儿子均学业有成,成为名冠一时的文人学者,号称"姚氏三兄弟",尤以姚熹祖父姚祖晋为最。

姚祖晋自小聪颖绝顶,年少即有急智。一次村中遇盗,姚祖晋在村边点燃粏稞堆,邻村以为火警,鸣锣相传,赶来救火。强盗大惊,一无所获而鼠窜逃走。

姚祖晋在私塾里读书,很聪明,又很顽皮,常常会提出一些别人想不出的问题来诘难先生,有时先生也拿他没有办法。一次先生送客外出,同学们打闹玩笑时,一位同学不小心把先生的一方砚台打碎了,这位同学吓得哇哇大哭,知道先生回来饶不了他,其他同学也吓得一句话都说不出来。姚祖晋则镇定自若,说:"大家别着急,我有办法。"他走到外边,拿来一根晾晒衣服的竹竿,往碎砚台上方房顶上捅下一块网砖来,又教大家在先生回来后怎样回答先生。不一会儿,先生回来了,见自己心爱的砚台被打碎了,大怒,责问是哪一个调皮鬼做的事。学生们异口同声地回答:"是房顶上的网砖突然掉下来把砚台给砸碎了,幸而没有砸着人。"先生一听是这么回事,就气消了大半,还十分庆幸没有砸到自己的学生。他看着房顶喃喃自语:"半新的房屋,怎么就会掉下砖来呢?"学生们你看我,我看你,大家都抿着嘴不作声。

姚祖晋读书过目成诵,加上父兄督学甚严,22岁就考中了举人,县里来人报喜。当时姚祖晋正在与一群小孩玩耍,差人问:"姚祖晋家在哪里？"姚祖晋反问："干什么？"差人道："给你小佬家（常州方言，指小孩）说不清楚，快给带路！"玩耍的孩子们哄笑起来，一齐指向姚祖晋，说："他便是姚祖晋。"差人既疑惑又惊讶："这么个小青年就考上了举人？！"姚祖晋全没当回事，继续与小伙伴们一起玩儿。

姚祖晋是一个不信邪、拥护新政的读书人。光绪年间，各乡镇倡办新学。乡人想把郑陆镇北的施庄庙改建为洋学堂，但因为迷信怕遭到报应，心里害怕，许多人都不敢把庙里的菩萨泥像搬掉。姚祖晋赶来，跳上神座，把绳子往菩萨泥像身上一套，拍拍菩萨的肩膀说"为办学堂，请你搬搬家"，说完便招呼大家一齐用力拉，把泥菩萨轰然拉倒。老百姓纷纷传言到底是举人老爷有威力，菩萨也给办学让路了，没有举人老爷出面，我们人再多，也搬不动菩萨神像啊！

姚祖晋还是一位助人为乐的好人。有一次他乘火车从上海回家来，未到常州站，见一位抱着小孩的妇女在哭，姚祖晋关切地询问原因，那位妇女回答说："不小心把车票给丢了，出不了站，又没有钱补票，不知道该怎么办。"姚祖晋告诉她有办法。他把自己的火车票撕下一大半给这位妇女，送她先出检票口。一会儿，姚祖晋再过来出站，把小半张火车票递给检票员。检票员接过来一看，这张票是这趟火车的真票，但只有小半张，便问："怎么只有半张，那半张呢？"姚祖晋不慌不忙地说："前边那位抱小孩的妇女把票丢了，人家抱着个小孩不容易，我把我的票就撕给了她一半！"检票员听了，又气又好笑："那你得补票！"姚祖晋平静地说："我买过票了，这是证据，为什么还要补票？"检票员不依不饶，坚持要让姚祖晋补票，争来嚷去，后边的旅客挤成一团，急着要出站。出站口秩序有点混乱，惊动了火车站站长，站长过来问明了情况，让检票员从收集的火车票中去找那半张票，果然找到了，与姚祖晋的小半张票完全合缝，站长一看旅客着急出站，又见姚祖晋不像个逃票的人，就挥挥手让他出站了。姚祖晋向检票员笑了笑，说："对不住了，我也是遇到这件麻烦事才不得已而为之啊！"说完便加紧几步离开了常州火车站。

民国初年，同村人姚永敬兄弟俩在常州城开了个蒲包行，做蒲草编成的包装生意，这种包主要用于包装棉纱、沙泥等物品。当时的市井无赖经常来店里"敲竹杠"，永敬兄弟对此毫无办法。有一日姚祖晋从上海回常州城，知道了这件事，便告诉永敬："以后你们不用害怕，那些无赖他们来一个你们打一个，来两个打一双，别怕，打坏了有我撑着。"蒲包行有了姚祖晋撑腰，永敬兄弟俩的腰杆硬了。有一个经常来闹事的地痞，又来索要钱财，不给他，地痞便往蒲包堆上一躺，耍起了无赖。永敬怒不可遏，操起一条扁担举起来就打。那地痞见永敬真的要打他，嗷的一声滚下蒲包堆跑了。

俗话说"强龙压不过地头蛇"，不久这帮地痞把永敬送进了监狱。恰好姚祖晋在一个傍晚回到了常州城，听说了这件事后，大怒，直接闯进武进县政府，指名要见县长。当时武进县县长姚进听说姚祖晋有事求见，忙不迭让座倒茶。姚祖晋用拐杖戳着衙门的地砖，大发雷霆："地方上不给守法平民做主，反倒庇护邪恶，是何道理？！你是野姚，我是家姚，我的阿侄，便是你的阿侄。于公于私，你得马上给我放人！"县长姚进赔着小心，颇有为难地说："自古夜不开监，明天放人怎么样？"姚祖晋更加生气，说道："现在已是民国，还用前清老法？"于是姚进只好一改监狱旧例，把永敬放了出来。后来永敬兄弟的蒲包行生意做得不错，人称"无贴老行"。

姚祖晋敢于冲破几千年封建礼教的藩篱，在姚氏族内首开男女同祠祖先的新风。

姚祖晋曾长期供职于上海市司法界，与辛亥革命的先驱者章太炎先生交往甚密，应聘并任孙中山先生创办的《欧洲事务报》特约记者，著书立说，勇于任事，为中国的司法独立奋斗了一辈子。民国初年，军阀混战，姚祖晋曾充当东北军阀张作霖的私人代表，与南方的孙传芳进行谈判，为南北议和停止战火做出了贡献。1925 年上海五卅运动后，姚祖晋隐居乡间，抑郁而逝，年仅 52 岁，生前著有《上海闲话》和《学聚堂集》第五卷等。

姚祖晋于 1915 年在《时事新报》连载评述了近代上海社会的相关文章，后汇为《上海闲话》一书，1917 年出版。《上海闲话》前有心史识曰，"公鹤出示消暑笔记，所谈皆沪上掌故，名曰《上海闲话》，读之诧曰：此岂闲话哉！就吾所见，如《上海指南》、《沪人宝鉴》，及数十年来寓公杂记涉沪事者夥矣，以历史眼光观之，犹以为未足。今得公鹤此作，为谈沪事者另开一境，现在居沪者固足引其兴趣，经久且必传，怂恿付刊，与海内共赏焉"。著名史学家孟森是姚祖晋的至交，他说"他们所谈的或是批评时事，或是臧否人物，都有很丰富的处世经验，所有的谈话资料也有极高深的学问"。

《上海闲话》

《上海闲话》出版后多次再版，上海古籍出版社于 1989 年 5 月又再版。吴德铎先生对《上海闲话》做了标点整理，他在《题记》中对该书及作者姚公鹤做了较为详细的介绍：

> （姚公鹤），有编史的经验，出版过《上海时事十篯》《中国监狱史》《华洋诉讼汇编》等。1903 年，商务印书馆还出版过他所编的《中国历史教科书》四册。在出版《上海闲话》之前，商务印书馆就出版过他的《上海开埠史》。

姚熹在《病中忆念》一文中，对祖父姚祖晋有以下记述：

病 中 忆 念

丙申冬月十五（2016 年 12 月 13 日），时近冬至，阴雨飘飘，彤云低垂，拟于近日偕钫弟等前往福寿之园拜谒先父先母之灵寝。病中在院，思绪万千，难以自持。特撰此文以抒胸臆，以禀先父母在天之灵。

余诞于民国二十四年九月初一子时（1935 年 9 月 28 日）于姑苏城阊门内盛家浜巷 7 号二楼，前临小溪，地近桃花坞，盖旧时文人墨客汇聚，人杰地灵之地也。（乙丑年余甫届不惑之年，曾经先母指点往访旧地。）是时也，先父毕业于苏州市东吴大学，受聘任教于美国基督教圣公会创建之苏州桃坞中学，先母甫毕业于苏州女子师范学校，受聘任教于南京中山陵以宋氏美龄为校长之遗族学校。先父先母皆诞于前清宣统二年（1910年），迄已百零六载，诚属清朝之遗民也。

先祖公鹤公（1879—1930），谱讳祖晋，字康锡，师从名士丁叔衡先生，肄业于江阴县南菁书院，学问大进。公鹤公系光绪年江宁府癸卯（1903年）科之末代举人，以科举之废，未得摄进士之机，时为常州地方之闻人，1901年清朝鼎革前即莅申江，以求发展，旅居沪地近三十载，广结地方官绅闻人，折冲于华洋租界与上海县府，直奉军阀与民国革党之间，20年代担任浙江督军卢永祥暨淞沪护军使何丰林之顾问，军阀混战期间，为张作霖的私人代表，与南方军阀孙传芳议和，为停息南北战火蔓延作出贡献，曾荣膺中山先生北上过沪访晤之列，蒙赠所著之《建国方略》一书焉。公鹤公畏入官场，民初一度供职北洋政府司法部门，旋即退出，独立在沪创办律师事务所，处理华洋事务，出入法庭，主持公道正义，公以律师与记者自诩，积极参与创启沪地现代新闻纸之业，主办《国是通讯社》暨《上海趣报》等，膺申城第一新闻纸《申报》之主笔，所载之上海闲话汇集成书，《上海闲话》一书，自1917年问世后，深受广大读者欢迎，一版再版，20世纪80年代由古籍出版社重新出版。此书对租界现象进行了深刻的剖析和批判，公鹤公以亲身经历揭露了当时中国政府的颟顸与无能，对种种丧权辱国的行径痛心疾首，号召国人共同奋起为维护祖国的尊严和独立自主的司法权而斗争。此书迄今犹为上海开埠与租界发展史，华洋关系史，沪地之风土人情轶事，最早与最要之参考文献与专著，对上海的新闻出版、商务金融、公用事业、文化教育、工业交通等各个领域，作了翔实的介绍，提出了精辟的见解，著名史学家孟森先生在该书的跋中写道"向来载笔申江，流传楮墨者，非侈谈风月，即仅辨街衢闾市，有能以历史之眼光，政治之知识，为上海纪载事实，而时示以昧津之一笺，暗室之一灯者，则自公鹤始矣。"公鹤公一生不畏权势，勇于任事，著书立说，笔耕不辍。在报上发表了《上海时事十笺》等文章，出版了《中国监狱史》《华洋诉讼汇编》《上海开埠史》《上海闲话》等著作。公鹤公实为对臭名昭著的"领事裁判权"进行剖析鞭挞的中华第一人。公鹤公之同侪辈多民党之元老，北伐成功后多居党国之要津。惜公鹤公英年早逝，未得展宏图奉献于当世。先父长于沪滨，深得中华传统文化与道德传承之熏染，家风严谨，淡泊名利，不求荫庇，正直不阿，知足自立，稍显孤傲。先外祖黄申吉掌中医世家育德堂之门，孝悌持家，济世救人，乡里传颂，为无锡华墅镇（今华士镇）之名医。先母长于如斯之开明旺族，幼时得免缠足之累，少时得受近代新式之教育，就读于苏州女子师范学校，结业后受聘为宋氏美龄创建并自任校长之南京遗族小学校。先母为人本分、善良、平和、柔弱、随遇而安。余系长子，深受先父母及家族之影响。

姚熹父亲姚剑初受教于南洋公学（上海交通大学前身）预科，上学期间参加了南洋公学地下党员陆定一领导的南洋公学师生抗议五卅惨案的游行等一系列学生爱国活动，被学校除名。当时中共地下党组织准备安排姚剑初等一批学生去苏联学习，姚剑初的父亲闻讯将姚剑初扣留于家中，不准其外出。姚剑初出国心切，便跳窗逃跑，结果还是被父亲派人抓了回来。父亲安排姚剑初到苏州的东吴大学（即现在的苏州大学）去上学，姚剑初只好从命。1932年姚剑初从东吴大学数理系毕业后就到苏州桃坞中学任教。

陆定一在南洋公学时的同学蒋乃立通过他的妻子蒋竹翊将她在江苏省立苏州女子师范学校的同班同学黄景月（1910—2005）介绍给姚剑初。由于姚剑初与蒋乃立有校友之谊，这门婚事很快就定了下来。1934年，姚剑初和黄景月在苏州桃坞中学附近租了一套房子作为婚房结婚，1935年，儿子姚熹便在这座两层楼的租赁房中诞生了。

姚熹与父亲姚剑初、母亲黄景月合影（1978年11月5日摄于上海）

抗日战争全面爆发后，姚剑初到四川省万县石麟中学（现龙宝中学）任教。抗日战争胜利后，他先后到桃坞中学、上海私立大同大学附属中学任教。1954 年姚剑初被评为上海市优秀教师，陈毅市长亲自为其颁发了优秀教师证书。姚剑初后被调到上海市教师进修学院从事中学数学师资培养，主持编写了"数理化自学丛书"。黄景月从江苏省立苏州女子师范学校毕业后任教于宋美龄创建并自任校长的南京国民革命军遗族学校，1937 年上海"八一三"抗战开始后，姚剑初、黄景月夫妇随亲友逃难离开家乡，先后经武汉、湘潭、贵阳抵达重庆，后转往距离重庆不远的万县龙宝乡私立石麟中学。抗日战争胜利后，1947 年返回江南故乡，1948 年转往上海，黄景月从 1937 年 6 月起，在上海多所小学任教，后担任校长，1954 年作为小学教师代表，当选为上海市第一届人民代表大会代表。

姚熹的叔父姚明初，1916 年 4 月 3 日生于上海，自幼聪颖，中学期间酷爱学习数学和物理，1933 年以优异成绩考入交通大学（上海交通大学前身）。抗日战争期间，姚明初在昆明从事混凝土桥梁和构件的制造工艺、结构设计以及应用与开发研究，中华人民共和国成立后应聘中国交通大学唐山工学院，后转为中国铁道科学研究院任研究员。"一五"期间，姚明初作为专家陪同时任铁道部副部长与工程兵司令员吕正操将军考察了苏联的铁路系统建设。改革开放后，姚明初于 1978 年 3 月参加了第一次全国科学大会，获全国科学大会"先进工作者"奖状。1979 年中华人民共和国成立 30 周年，姚明初应邀参加了中央组织召开的叶剑英同志报告会与联欢晚会。1995 年 8 月，其主要事迹被录入《中国科学技术专家传略》。姚明初对我国科学与技术事业的主要贡献是推动了混凝土轨枕在我国铁路系统与高速铁路系统中的全面应用，他是混凝土轨枕的开拓者。铁路是由铺设在无数轨枕上的铁轨构成的。传统上，铁路轨枕必须采用优质木材制造，用量大，要求高，价格昂贵，但当时我国的木材资源极其贫乏，严重限制了铁路系统的快速发展。姚明初在"一五"期间开始推动研究和开发混凝土轨枕用于取代传统的木材轨枕，历经几个五年计划，最终取得了重大成功。目前混凝土轨枕已在我国铁路和高速铁路系统中得到了全面应用，突破了制约我国铁路和高速铁路发展的重大障碍，在铁路和高速铁路建设方面走在了国际前沿，并向非洲和共建

"一带一路"国家扩展，美欧等西方国家的高铁也在不断引用我国的技术标准和专利。

姚明初

姚明初长期致力于混凝土轨枕及新型轨下基础的研究和开发，以他为主发明的"混凝土枕用硫黄锚固栓"新技术获国家发明奖三等奖。他主持编制了《铁路工程结构可靠度设计统一标准》，为中国铁路现代化和结构设计理论的发展做出了卓越贡献。1999 年，他被评为全国劳动模范。

三、颠沛流离

姚熹祖籍江苏省武进县（今武进区），1935 年 9 月 28 日出生于江苏苏州盛家浜巷。父亲姚剑初是苏州桃坞中学的教师，母亲黄景月是一位小学教师。儿子出生后，姚剑初夫妇非常高兴，为其取名"熹"，意思是希望他将来成为一个道德高尚、知识渊博、对国家和人民能有所贡献的人。姚熹小时候有个特点——喜欢摆弄家中如收音机、录音机、手电筒之类的东西。小小孩童，对什么都充满了好奇，他会把收音机大拆大卸，探索里边的奥秘，然后一次又一次试验着再把它们组装起来。这种从小就有的喜欢探索之心，也许就是他后来成为一位科学家的潜能所在。

抗日战争全面爆发后，日本帝国主义在上海发动侵略战争，8 月 13 日日军向上海发动大规模军事进攻，驻上海的中国军队进行了奋勇抵抗，战火迅速向苏州一带蔓延。在此情形下，姚剑初夫妇只好带着不满两岁的姚熹，全家人随同亲友以及苏州桃坞中学的一部分师生踏上了艰难的逃难之路。

姚剑初一家经过江苏南京、湖南湘潭、贵州贵阳，到达抗战大后方重庆，暂住歌乐山。歌乐山地处重庆沙坪坝中部，距重庆市中心 16 千米。这里有山峰森林，易于隐蔽藏身，防止飞机轰炸。

在重庆歌乐山暂住了一段时间后，为了进一步躲避日军飞机轰炸，姚剑初带领全家迁往乡下，先到万县高级农业中学工作了一段时间，随后应聘到万县龙宝乡一碗水石麟中学任教，全家就搬到万县龙宝乡石麟中学居住。

万县（今万州区）位于长江上游地区，在重庆东北部。东临云阳县，南接石柱土家族自治县和湖北利川，西濒忠县和梁平区，北接开州区和四川省开江县。这里区位独特，历为渝东北、川东、鄂西、陕南、黔东、湘西的重要物资集散地，距重庆主城区和湖北宜昌约 200 千米，交通便利，长江黄金水道穿境而过，是拥有机场、铁路、公路、深水港码头的交通枢纽城市。

万州区历史悠久，幅员广阔，土地肥沃，物产丰富，素有"银万"之称。秦灭巴蜀之后，迁"秦民万家"入蜀垦殖，川东成为巴蜀、荆楚、中原文化交汇点。

东汉史学家班固在《汉书》中赞万州人"士习淳厚，民力农桑，人尚礼让"；北魏郦道元的《水经注》记载了万州区长滩井古盐场取水煮盐的繁忙景象。光绪二十八年（1902 年）《中英续议通商行船条约续约》辟万县为对外通商口岸，外国资本随之而来，从民国元年（1912 年）起，先后有英国、美国、日本、法国、德国、丹麦等国家的 25 家公司在万县城设立洋行或商贸机构。这些洋行或商贸机构向万县城倾销"洋货"和廉价收购土特产品，专为外商服务的买办商人应运而生，每年进出万港轮船达 1800 余艘次，万县城一度被誉为"万商之城"，繁华不亚于当时成、渝两市。

万县具有尊师重教的光荣传统。1941 年 9 月，龙宝乡石麟中学慕名聘请从苏州来渝的著名教师姚剑初来校教授数学，姚剑初就将 6 岁的儿子姚熹安排到附近的龙宝乡中心国民学校求学启蒙。龙宝乡在万县中北部，乡政府驻一碗水，因境内的龙宝山而得名。

当时小学的学制分为初级小学和高级小学两个阶段。初级小学学制四年，高级小学学制两年。由于各地方经济条件和学生生源情况不同，所以有些地方只设初级小学，学生四年毕业后若想继续深造，就到其他高级小学就读。龙宝乡中心国民学校是一所完全小学，学制六年，一至四年级为初级小学阶段，五至六年级为高级小学阶段。一般学生都会从一年级到六年级读完整个小学阶段，也有个别学生因年龄或家庭经济情况等原因读到四年级初小毕业就不再继续上学了。

姚熹进入龙宝乡中心国民学校后，学习和生活还都比较顺利。这里地处偏僻乡下，受战乱的影响不大，学校的教学秩序正常。姚熹住在父亲执教的龙宝乡石麟中学，这里距龙宝乡中心国民学校有七八里路。姚熹父亲忙于教学工作，没有时间接送孩子上学。每天早上，姚熹独自从家里出发，沿着山间小溪步行去上学。遇到下雨天，他就同当地小孩一样戴上斗笠，披上蓑衣，赤着脚踏着泥泞的道路去上学。山间小路崎岖不平，路旁林木葱茏，田野禾苗茂盛，清早去上学，形单影只，难免让人有些害怕。放学回家，有一伙同学同行，大家又说又笑，别有乐趣。这样的求学之路，锻炼了姚熹的自立能力，也激发了他探求自然奥秘的求知精神。天资聪颖的姚熹在学校里各门功课成绩都很好，课余时间就喜欢探幽访古。他与同学们到附近山里的蝙蝠洞去探险，岩洞里蝙蝠成群，怪石巉岩，蔚为壮观，让他惊叹于大自然的鬼斧神工。他还到山间的古庙中去寻宝，庙内庄严的佛祖神像栩栩如生，使他对博大精深的中华文化产生了浓厚的兴趣。相对安静的学校生活，探幽访古的活动使姚熹的童心童趣得到较好的抒发。他曾面对路边的罂粟花，回味父亲讲述的林则徐虎门销烟的英雄壮举。他也曾同小伙伴一起寻找陶罐，将老师所讲的那些营养丰富的野菜煮熟品尝。这些出自天性的孩童稚举对姚熹日后进行科学探索起到了启蒙作用。

对于姚熹的好学和求知精神，他的班主任也是语文老师给予了高度评价，并在姚熹的笔记本上写下了深情的毕业赠言：后生可畏！

1946 年 8 月，姚熹以优异的成绩从龙宝乡中心国民学校毕业。

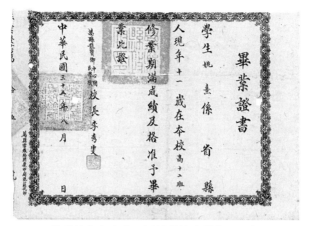

姚熹的龙宝乡中心国民学校小学毕业证书

四、辗转三校

从龙宝乡中心国民学校毕业后，1946 年 9 月姚熹进入万县石麟中学读书。20 世纪 60 年代，石麟中学曾改名为万县初级第五中学。

石麟中学创办于 1939 年，校址在一碗水黄湾吉和城内县花寺。创建人石竹轩少年家贫，没有读书，很早就独立求生活，发达后为家乡创办学校，不单是解决了当地穷人子弟的上学问题，还带动了一部分当地农民就业，起到了救贫解困的作用，很有进步意义。所以，当地老百姓都感他的恩，念他的好。

石竹轩名麟，字竹轩，故他创办的学校取名"石麟中学"。石竹轩有卓越的商事天才，为适应抗战之需要，他主持建立银行，开设工厂制色染、炼汽油、造酒精，对发展当地经济、支援抗战做出了贡献。他说："我虽然取之于社会，但必定用之于社会事业，而不愿积攒金钱留给子孙，使其丧失志气。我因幼贫失学，成为遗憾，现在凡本校清寒学子品学兼优者，免去全部费用，让他们完成学业。"石麟中学"明德至善，博学笃行"的校训，体现了石竹轩端正根本的教学规则，开启了智慧使之成才的办学精神。

石麟中学的碑石《石麟中学记》记载了石麟中学的历史和特点：

三代而上，道在君相；三代而下，道在师儒。师儒者，所谓陶
铸人才、转移世运、停浇激薄、安国福民者也。而其培根达支，惟

在于学校。学校，及制非一，而其端本正则、牖智达材，则莫要于中等学校。石君竹轩，知其然也。爰本其素愿，独立捐赀，就万县龙宝山下，刱（创字的异体）立石麟中学。内设高、初中两部，生师有舍，庖廪有次，器用百须，无不备具，宏规巨制，映带溪山，于民国二十八年十月十五日告成。

既又虑旧有基金不给于用，再捐田谷叁仟零二十八硕（担），以固百年树人大计，嘉惠士林，不为不厚。

今富者纵攫赀产，多为后人计，愚之甚矣。然君历经商业起家，尝曰："吾虽取之于社会，然则必用之于社会世业，不愿积金以遗子孙，丧其志也。因幼贫失学为憾，凡本校清寒学子品学兼优者，免以全费，培养成学。"可谓明通。公溥用心之挚欤。君为人孝友，仁义好施与，凡济贫、救灾、养老、恤孤及其一切善举，无不悉力为之。

积而能散，古人所难，君于是为，不可及矣。其商事天才卓越，凡所经营，如组立银行暨设厂制色染、炼汽油、造酒精等，以适应前此抗战需要，则人人能道之，此不详著；著其兴学育才之大者，以念世之君子。君名麟，万县石氏，竹轩其字也。为校名曰"石麟中学"，以示不忘。

民国三十七年六月

华阳郭彦谦记

南浦石子灵书

石麟中学位于万县龙宝山下，内设初中、高中两部，有教室、学生和教师宿舍及食堂，规模宏伟，建筑巨大，占据了一片溪涧山坡，教室设置有序，教学设备齐全。学校于 1939 年 11 月 28 日建成后，石竹轩担心旧有基金不够用，再次捐出 3028 担田谷，以巩固这百年树人大计，嘉惠全体学子。石麟中学历来重视教师队伍建设，延请教员多是博学多才、德高望重的先生，或是留洋归来的学者，或是名校毕业的高才生，教学质量都很高，如数学教师姚剑初，就是知名的数学家。国文教师彭沛民、理化教师徐世哲等都是名师大家。这些老师对姚熹在石麟中学的学习产生了深远的影响，尤其是数理老师的博学多才和悉心教诲，对姚熹日后成为著名科学家起到了很大的作用。

石麟中学当时的校长是李慎之,姚剑初受聘为教务主任。李慎之校长是一位优秀的英语教师,他的儿子也擅长英语,在石麟中学的一个分校教英语。姚熹对石麟中学严格的教学纪律、完善的奖学金激励制度和浓郁的学习氛围感到十分欣喜,与同学们也相处得十分融洽,课余时间同大家一起嬉戏玩耍。他还用捡来的日本飞机扔下来的炸弹壳碎片打造了一把钢刀,经常舞着玩耍,以泄对日寇侵略中国之恨。这把钢刀他一直带到了上海。

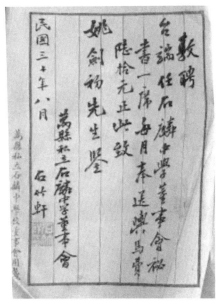

石麟中学给姚剑初的聘书

1947年2月,由于国内形势的变化,抗战西迁的学校和工厂企业纷纷回迁,姚熹便随父母坐轮船从万县回到南京,然后坐火车到了无锡,再坐小船到了姚熹外祖父家华墅镇。华墅镇归属江阴,但地理位置更靠近苏州。姚熹外祖父家是中医世家,外祖父是当地一位有名望的中医。当时快过春节了,姚熹全家就在华墅镇外祖父家暂住下来。过了春节,姚熹和父亲姚剑初回到了苏州桃坞中学,姚熹的母亲则仍留在华墅镇,在附近的荡口镇小学教书。

姚熹在石麟中学只读了初中一年级的第一学期,后随父亲回到苏州,进入父亲西迁前的工作单位苏州桃坞中学初中部读书。

2012年姚熹重访母校龙宝中学，龙宝中学校园后即是龙宝山

桃坞中学是苏州一所有名的中学，清光绪二十八年（1902年）由美国基督教圣公会创办，取名为圣公会中西学堂。创校之初，校址在苏州桃花坞廖家巷，学生仅4人，由美籍传教士韩汴明任校长。1908年，学校初具规模，设置预科（学制四年，相当于初中）和本科（学制四年，相当于高中），设教务处、训育处、事务处，学校正式定名为"桃坞中学"，并成为上海圣约翰大学的附属中学。1911年，辛亥革命胜利，科举废，新学兴，从1912年起学制改为初中三年、高中三年。1952年易名为苏州市第四中学。

桃坞中学建校120多年来，不仅培养了"中国文化泰斗"钱钟书，还走出了张青莲、钱钟韩、潘承洞、刘元方等众多中国科学院院士及一大批享誉海内外的学者、专家、教授。

1937年7月抗日战争全面爆发，姚剑初随学校部分人员西迁时，将家里的一些沙发等粗重家具和生活用品堆放在桃坞中学的一间房子里。现在重回学校，学校为姚剑初安排了教师宿舍，他就把这些家具重新整理使用上了。姚熹在桃坞中学一年级读书时，不同父亲住在一起，而是住学生集体宿舍。父亲对姚熹要求很严格，要求他安心认真读书，平时不准回家，只有星期六晚上才允许姚熹跟随他在学校外的阊门外小店里吃个晚餐。父子小聚，父亲心情愉悦，经常要二两小酒自斟自饮，悠然自得，主食也就是干浇面之类的寻常之餐，虽简单平淡，但亲情浓郁，气氛欢愉。

姚熹进入名师荟萃、人才辈出的桃坞中学后，学习积极性更为高涨，决心以知名的前辈校友为榜样，在学业上有所建树。桃坞中学对英语教学抓得很紧，要求也很高，学校教学使用英语教材，用英语授课。姚熹的英语教师是一位女老师，她上课拿英文原本《天方夜谭》讲授，读一段原文后再用英语解释一遍，一段一段地讲述，姚熹听得非常吃力，为此他开始拼命地学习英语，但因过去在四川省万县就读时的英语教学基础较差，所以期中考试时没有及格。姚熹天资聪颖，学习成绩一直很好，这次英语考试是他第一次考试不及格，这对他刺激很大。于是他拼命地赶功课，经过半年的努力，终于追赶了上来，期末考试时英语成绩完全及格了。

桃坞中学是一所教会学校。星期天许多师生要去教堂做礼拜，姚熹没有信基督教，所以不必去教堂，他就利用这个时间补习英语以提高英语水平。

苏州解放前夕，姚剑初转到上海私立大同大学去教学，姚熹仍留在桃坞中学读书。解放战争期间，母亲十分关心局势，她一方面担心在上海的丈夫姚剑初的安危，另一方面又要呵护儿子在苏州安心读书。有一次，母亲将一枚金戒指套在姚熹的手指上，并对他说，现在外面兵荒马乱，局势不安定，你万一在外边碰到什么问题，可以用金戒指换点钱救急。母亲的疼爱和呵护让姚熹感动不已，终生难忘。

1949 年 4 月 27 日，苏州城解放了。9 时，苏州各界在开明大戏院隆重集会，欢迎解放军入城。桃坞中学出于对师生安全的考虑，从前一天晚上起就将校门关闭，禁止师生出入。姚熹和同学们一整夜都密切关注着校外战斗的进程，天一亮他们就聚集在校门前，从栏栅里向外看，只见解放军在街道上就地休息，军纪严明，对群众秋毫无犯。姚熹对解放军肃然起敬。有些胆大的同学，竟翻越校门栏栅，到校外去观看解放军阵容了。

苏州解放了，社会形势逐渐平稳，桃坞中学也恢复了正常教学秩序。面临即将从初中三年级毕业，姚熹开始考虑毕业后到哪里去上高中。这事得和父亲商量，但当时苏州解放了，上海还没有解放，他只好焦急地等待着同父亲见面。

姚熹在桃坞中学荣获的奖状

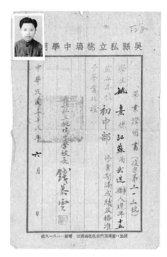

姚熹的中学毕业证书

过了一个月，1949 年 5 月 27 日，学校传来了上海解放的消息，姚熹高兴极了，他同几个想回上海的同学商议，结伴一起回上海。年轻学生思想单纯，对去上海的路线和交通状况不了解，便决定徒步沿铁道线向上海进发。当时学校校长是姚剑初的朋友，得知姚熹几个同学徒步沿铁道线向上海的方向去了，担心他们的安全，派人将他们追了回来，并进行了教育和开导。校长急忙同在上海的姚剑初联系，说明了姚熹急于回上海而采取的贸然行动，姚剑初让校长狠狠批评姚熹，严加管教。鉴于上海已经解放，社会生活秩序已经恢复正常，姚剑初便联系好姚熹转学到上海私立大同大学附属中学第二院（现上海市五四中学）的事宜，将姚熹从苏州接到了上海，也将姚熹母亲从荡口镇接到了上海。

上海私立大同大学附属中学是一所历史悠久的著名学校，其前身为创建于 1912 年的大同学院。1911 年 6 月，清华学堂（清华大学前身）教师胡敦复、平海澜、朱香晚、吴在渊、顾珊臣、郁少华、张季源、顾养吾、华绾言、周润初、赵师曾 11 人，组织成立立达学社，旨在兴办教育，培养人才。同年 11 月，胡敦复等 11 人因不满清华学堂外国主事者的办学方式，相继来沪创办学校。1912 年 3 月 19 日，立达学社同人捐款在上海南市区肇周路南阳里租屋，创办大同学院作为大同讲学励志之所，以"研究学术，明体达用"为宗旨。1914 年 1 月，大同学院迁入南车站路 401 号，自建校舍上课。1919 年 5 月 11 日，为响应"五四运动"，大同学院学生参加学生罢课典礼，并组织演讲团上街宣传。1922 年 9 月改称大同大学（包括中学部分）；1932 年 2 月，大同大学中学部改称大同大学附属中学；1939 年 9 月，大同大学附属中学改为大同大学附属中学第一院、大同大学附属中学第二院，其中大同大学附属中学第二院在新闸路大同大学新校舍内，大同大学附属中学第一院在辣斐德路（今复兴中路）律师公会校址内。

大同大学附属中学的校训为"笃学敦行，立己达人"。"笃学敦行"语出《礼记·曲礼上》。笃，深厚也，笃学即专心好学；"敦"，勤勉也，敦行即勉力而为。"立己达人"语出《论语·雍也》。"夫仁者，己欲立而立人，己欲达而达人。"立己，即自律自强；达人，即尽心尽责。"立己"着眼于增强自身修养；"达人"侧重于培养社会责任。校训"笃学敦行，立己达人"即专心好学、勉力而为，自律自强、尽心尽责，寓意大同师生崇学尚行，知行合一，修德进业，兼济天下的情怀。

大同大学和大同大学附属中学的学生曾积极参加上海全市的反对帝国主义的总罢工、总罢课、总罢市。师生们上街演讲，为死难同胞募捐，表现出了强烈的爱国情怀和反帝反封建的坚强斗志。在这种革命氛围的陶冶下，大同大学附属中学陆续走出了一大批爱国爱民、志存高远的仁人志士。

在这样的环境里，姚熹努力学习，以前辈先贤校友为榜样，决心为新中国的经济建设和科学技术发展做出贡献。在大同大学附属中学，姚熹的英语老师曾是宋子文的英文秘书。在名师的教导下，姚熹的英语水平又有了进一步的提高，这为他日后出国留学和教学奠定了一定的基础。姚熹积极参加学校里组织的各种政治活动，学习党和政府发布的各种新的文件与政策，政治思想觉悟有了很大的提高。他积极要求进步，1950 年 10 月，经濮绍文、吴思毅介绍，姚熹光荣地加入了中国新民主主义青年团①。

姚熹学习成绩优秀，各门功课学起来都比较轻松，因而有充裕的时间发展自己的业余爱好。他从小就对无线电感兴趣，他从四川省万县回到苏州桃坞中学后，把父亲赴川留在桃坞中学的一大堆无线电元件进行了整理，后来又将这些无线电元件带到了上海，利用课余时间组装收音机。在其上海的住所不远处有一个旧货市场，姚熹经常去那里淘一些无线电元件，这样他就能够组装一些性能较复杂的收音机。他经常用自己组装的收音机来收听电台广播，有一次从广播中听到华东人民广播电台要举办俄语广播学校。此时姚熹的英语已经学得很好了，他就想再学一门俄语。华东上海俄语广播学校的宗旨之一就是培养中学俄语教师，当时全国兴起了学习苏联科学技术的热潮，学好俄语就多了一种求职的选择。于是，姚熹便参加了华东上海俄语广播学校的学习。经过一个阶段的努力，他顺利拿到了华东上海俄语广播学校的结业证书。作为一名中学生，姚熹已经具备了中学俄语教师的任职资格，心里感到非常高兴。

1952 年 7 月，姚熹以优异的成绩从上海私立大同大学附属中学第二院毕业，参加了全国第一次大学统一招生考试。

姚熹的华东上海俄语广播学校结业证书

---

① 1957 年 5 月，中国新民主主义青年团改称中国共产主义青年团。

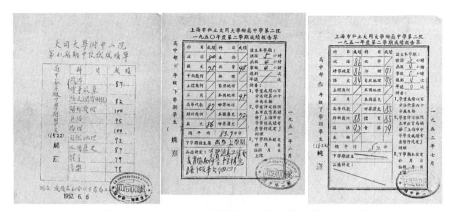

姚熹在上海私立大同大学附属中学第二院的学习成绩单

五、留苏未果

姚熹报考大学时填写的志愿是北京大学历史系，因为他对人文历史有着浓厚的兴趣。在上海，大学统考的结果会在《解放日报》上发榜公布，以一个整版的版面公布各大学的新生录取名单。姚熹拿到当天的《解放日报》后，迅速查看了各大学的新生录取名单，却没有看到自己的名字，心中不免一阵懊丧。后来有同学告诉他，在录取榜上看到了姚熹的名字，并祝贺他考上了大学。姚熹再次拿起公布有大学新生录取名单的《解放日报》并仔细查看，结果在录取榜文的最后发现了自己的名字，他是排在最后边的北京俄文专修学校第二部录取的几名新生中的一员。姚熹不解，自己报的是北京大学历史系，怎么被北京俄文专修学校录取了呢？但转念一想，俄语是自己的强项，他已经拿到了华东上海俄语广播学校的结业证书，去俄文学校或许也是一桩美事。于是他便到北京俄文专修学校第二部去报到了，到了学校后才知道，北京俄文专修学校第二部是留苏预备部，这里的学生将来是要去苏联读大学的。

北京俄文专修学校成立于 1949 年 10 月 1 日，毛泽东主席亲自题写了校名，其前身为 1941 年成立于延安的中国人民抗日军政大学第三分校俄文队，学校隶属于中共中央编译局，由中共中央编译局正、副局长兼任正、副校长。校址开始选在北京市西城区南宽街 13 号，后迁至鲍家街 21 号原醇亲王府。

北京俄文专修学校（鲍家街）校门

北京俄文专修学校（鲍家街）校徽

北京俄文专修学校的办学目标是培养国家建设急需的俄文翻译干部。苏联专家鲍米诺娃、马蒙诺夫、毕丽金斯卡娅等先后到该校任教。北京俄文专修学校成立第二部，接收越南留学生来华学习俄文，同时上级决定，北京俄文专修学校成立留苏预备部，凡国家派往苏联学习、进修的人员，须先在此集中学习一年俄语。留苏预备部借用了定阜大街原辅仁大学的部分校舍。北京俄文专修学校的教务长杨化飞兼任留苏预备部主任，朱允一任第一副主任，主持日常工作。

北京俄文专修学校第二部此次录取的 20 多名学生年龄相差很大。年龄较大的是几位调干生，他们中有的已经 30 多岁，年龄最小的是一位从天津考过来的女生，只有 16 岁。姚熹是年 17 岁，风华正茂，前途似锦。同学们团结友爱，和睦相处，共同为圆大家心仪的外交官梦而发奋学习。

北京俄文专修学校第二部的学习任务很繁重，由苏联专家亲自授课，教学进度很快，教师每天要给学生教授 200 多个俄语单词。教师教得多，大部分学生是"读得多，忘得多，到头没记下几个"。姚熹学过俄语，已从华东上海俄语广播学校结业，具有中学俄语教师的教学资格和水平了，所以学习起来很轻松，学习成绩很优秀。经过一个阶段的发奋努力，姚熹的俄语有了更大的提高，能够顺畅地阅读原版俄文文学著作了。

北京俄文专修学校第二部的学制为一年，到了第一学期结束时，学校为出国留学的学生做必要的政治审查和身体检查。姚熹的学习成绩优秀，学业上无可挑剔，政治审查也合格，只是在身体检查时医院发现他的肺部纹理较粗，但不严重，还不是肺结核之类的严重病。体检是在北京大学医院做的，具有很高的权威性。

对此检查结果，中央人民政府高等教育部专门致函姚熹予以告知：

中央人民政府高等教育部　函（53）留派王字第 11 号
转达中央卫生部通知身体检查结果

姚熹同学：

我部前接中央卫生部教育处来函，对于你的身体检查结果及休养和治疗的意见，有如下通知：

一、检查结果：两肺纹理粗乱，右下肋骨增厚。

二、休养和治疗的意见：应避免运动，休养。

特此转达，希即知照。

中央人民政府高等教育部

一九五三年一月八日

按照高等教育部的意见，姚熹因病休养失去了此次出国留学的机会。但高等教育部特别说明，姚熹休养病愈之后可以不再参加高等教育入学考试，直接进入自己心仪的大学求学。

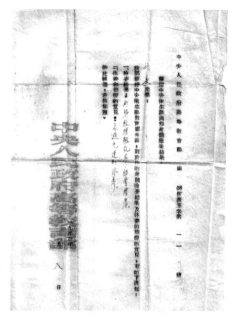

中央人民政府高等教育部函

和姚熹情况类似的还有几个人，有的同学因政治审查不过关，但学习成绩尚可，也被做了转学处理。

更遗憾的是，从天津考来的那位女生，因年龄未满 18 岁，不能办理出国护照，也暂时失去了留苏学习的机会。

因身体等原因，北京俄文专修学校第二部共有三位从上海来的同学未能出国留学，而需转入其他大学就读。姚熹和其他两位同学保持着密切的联系，大家一起畅想要去就读的大学。

当时交通大学是全国最知名的大学之一，所以大家商议到交通大学上学。于是经高等教育部批准，姚熹等按照个人志愿于 1953 年 9 月免试进入上海的交通大学学习。姚熹进入交通大学电工器材制造系学习。

六、毕业留校

当时交通大学有三大王牌学科，即电机、机械和管理。1908 年中国著名教育家、时任邮传部高等实业学堂（交通大学前身）监督的唐文治先生开办了我国历史上第一个三年制的电机专修科，创办了电机专业，开创了中国电气工程高等教育的先河。当时电机专修科下分电力工程科和电信科两门。1910 年，学校聘请美籍谢尔顿为电机科科长，并创建了实验室，后又增聘汤姆生为教授，为以后的电机学科发展打下了初步基础。1917 年电机专修科改为四年制，至 1921 年秋又将有线电门与无线电门合并为电信工程门，次年改称电机工程科，1927 年由张廷金教授任电机工程科科长。是年 5 月，张廷金教授召回在美国获得硕士学位后在西屋电气公司任工程师的他的得意门生钟兆琳先生回校任教。1945 年抗日战争胜利后，电机工程系将电力门和电信工程门改革重组，钟兆琳教授任系主任。中华人民共和国成立后，交通大学电机工程系分为三个系：一是电工器材制造系，设四年制的电机与电器专业，并附设两年制的电机制造专修科，钟兆琳教授任系主任；二是电力工程系，设四年制的发电厂专业和输配电及工业企业电气化两个专修科，朱麟五教授任系主任，严峻教授任系副主任；三是电信工程系，设市内电话专业和长途电信专业，周玉昆教授任系主任。

　　1953 年，电工器材制造系陈季丹教授主持增设了四年制的电气绝缘与电缆技术专业，在苏联专家曼特洛夫的指导下，培养师资，筹建实验室，为专业发展奠定了基础。

1983 年，姚熹教授于西安交通大学樱花大道留影

　　中华人民共和国成立初期，百废待兴。当时大部分的电力设备（如电机、变压器、电力电缆、电力容器和高压电瓷等）均需依赖进口，这种状况完全不能满足国民经济恢复和快速发展的需要。随着国家工业化和城市化进程的不断加速，我国必须大力发展电力工业，需要增加电力

发电量和装机容量，提高电能传输网络电压以及运行质量，以保障日益增长的电力与通信需要。电线电缆作为电能和电信号传输的主要媒介与装备，犹如人体中的血管和神经，无疑在电力工业发展中具有重要的战略地位，需求量与日俱增。另外，实际运行的电气设备的故障或损坏，绝大部分源于电气绝缘的失效。在电气设备运行过程中，其绝缘材料应该具有良好的耐电应力、机械应力、热应力、环境应力以及抗老化性能，往往对电气设备的可靠性起着决定性作用。当电压提升或容量增大时，电气绝缘问题就更为突出。20世纪50年代初，人们对电气绝缘技术的认识还十分有限，国家需要发展电线电缆，为国民经济发展源源不断地输送电力，为此电气绝缘与电缆技术作为一门新兴交叉学科应运而生。为了适应国民经济发展的需要，高等教育部决定，在创办电工器材制造系已有多年历史的交通大学建立电气绝缘与电缆技术专业。时任交通大学校长彭康委托陈季丹教授作为学科创建的领头人，组织教师队伍开始专业筹建工作。1952年9月，该校招收了首届20名本科生。姚熹于1953年9月进入了交通大学电工器材制造系电气绝缘与电缆技术专业学习，担任该专业31班团支部书记和电工器材制造系团总支委员。

当时交通大学学生的外语必修课是俄语。姚熹之前已经取得了华东上海俄语广播学校的结业证书，又经过了北京俄文专修学校第二部的专业培训，其俄语水平并不在当时校内由英语改教俄语的教师的水平之下，所以学校决定让姚熹免修俄语这门课程，他成为同班同学中唯一免修俄语的人。姚熹就把一切精力放在基础课和专业课的学习上。

交通大学电工器材制造系系主任钟兆琳是姚熹最崇敬的老师之一，他浓烈的爱国爱校情怀和学贯中西的渊博学识及诲人不倦的"天才教授"的治学风格等，对姚熹影响至深。钟兆琳教授留学美国取得硕士学位后，受聘于美国西屋电气公司并担任工程师，当他的老师——交通大学电机工程科张廷金教授电召他回国任教时，他毅然放弃美国优越的工作和生活，回到交通大学，为中国培养电机高级人才。他教育学生要为国家的民族电机工业发展做贡献，带领学生与民族工业家周锦水合作，研制并生产出了中国第一台工业电机，被誉为"中国电机之父"。钟兆琳教授很早就被其在美国的硕士研究生导师称为"天才教师"，他高超的授业才能和精湛的讲课艺术受到业界同行的一致钦佩与广大师生的高度赞扬。姚熹从钟兆琳教授身上学到了作为一名优秀教师应该具备的诸多素养和能力。

电气绝缘教研室的陈季丹、王绍先、刘耀南、于怡元、邹兆年、马乃祥等优秀教师的悉心培养，为姚熹成长为一名优秀的电子陶瓷材料专家奠定了坚实的基础。陈季丹教授早年留学英国，获得曼彻斯特大学硕士学位，回国后在交通大学长期从事"电工原理"等课程的教学工作，拥有丰富的教学经验。他讲授的"电介质物理"，奠定了姚熹学习电气绝缘与电缆技术专业的物理基础。由获得美国麻省理工学院化工博士学位的顾振军教授讲授的"电介质的化学原理"课程，奠定了姚熹学习电气绝缘与电缆技术专业的化学基础。其他后续的"绝缘设计""绝缘测试""绝缘材料工艺""电缆理论""电缆制造工艺""通信电缆""裸线与电磁线""电工陶瓷"等课程，均由专业知识丰富、教学能力强的老师讲授。严师的谆谆教诲、自己的孜孜攻读，为姚熹日后在这一领域大展宏图奠定了坚实的基础。

在交通大学上学期间，姚熹认识了同专业的同学张良莹。张良莹贤淑美丽，聪明好学，对于科学的共同爱好和执着追求，让两人走到了一起。他们在学校里谈人生，谈理想，谈学习，谈生活，经常一起去图书馆博览群书，去教学楼自习，去实验室科研攻关，去操场健身锻炼，互相帮助，互相激励，在知识的海洋中搏浪激进，双双取得了优异的学业成绩，先后毕业，并双双留校任教。

姚熹与张良莹夫妇

　　姚熹刻苦努力，学习成绩优秀，担任学校的中国新民主主义青年团干部，工作认真负责，深受老师和同学们好评。他积极追求政治进步，关心国家大事，努力学习国家政策和党的知识，积极申请加入党组织，1955 年 1 月，由吉嘉琴、朱孚泉介绍，经校党委批准，姚熹成为一名光荣的中国共产党预备党员。

　　品学兼优的姚熹在学好各门功课、积极参加各种社会活动的同时，还凭借扎实的俄语功底，利用课余时间将两本俄语小册子《压电学》和《铁电学》译成中文。在身边同学还在努力争取俄语课程考试过关的情况下，姚熹将具有专业知识的俄文原版书翻译出来，这在老师和同学们中引起了不小的轰动，也显示出他在绝缘专业领域具有出众的禀赋。1957年，年仅 22 岁的姚熹凭借优异的成绩毕业留校任教，他又同孟中岩、高忠婉三人被选拔为苏联专家的研究生。当时苏联专家还未到校，学校就找来俄语老师给他们三人补习俄语。这位辅导老师是一位在俄国领事馆工作过的中国人，妻子是俄国人，他们的俄语水平都很高。姚熹他们每周到辅导老师家中去学习两次，每次时长两个小时，主要学习俄语会话和语法。辅导老师用老的繁体俄语教材给他们授课，内容主要是普希金等著名作家的经典著作，学习起来比较艰涩但十分有趣，开阔了他们学习俄语的视野。姚熹有较好的俄语基础，学习相对比较轻松，他便又参加了学校组织的德语、日语培训，掌握了多种外语。

姚熹的交通大学本科毕业成绩册内的学习成绩表

姚熹的交通大学本科毕业证

初执教鞭，姚熹刻苦钻研业务，很快便熟悉了岗位工作。教研室根据当时专业教学的需要，安排姚熹讲授陶瓷方面的课程——"特种电瓷"。特种电瓷就是排除了许多主流电瓷外的特殊电瓷。这是一门全新的课程，全国各大专院校都没有开设过这门课程，既没有教学大纲，也没有现成的比较系统和完整的参考书。姚熹根据本专业的需求，从国内外各种报刊中查找特种电瓷的相关资料，同志们戏称他为"考古专家"。他又到全国一些主要的陶瓷元件生产工厂和科研机关去考察，根据生产需求收集资料。他把零零碎碎收集到的各种资料加以归纳整理，提炼出较为系统的理论体系，编写出了教材《无机电介质》，于1960年开始用其给电瓷专业学生开课讲授。《无机电介质》受到国内有关单位的好评，并被中国科学院采用为来华留学的外国研究生的教材，该书一直到20世纪80年代还被专业人员列为参考书籍。

《无机电介质》上下册封面

姚熹于 1957 年大学毕业后留校当助教，仅两年多时间便独立开设新的课程"特种电瓷"并上台授课。一个大学毕业生一般要担任助教五年以上才有可能晋升为讲师，姚熹仅仅担任了两年多时间助教，就独立编写讲义开新课，属于同一类助教中的出类拔萃的人才，所以学校于 1960 年 5 月破格将姚熹晋升为讲师，并让他独立指导研究生。1964 年，姚熹指导的研究生朱樟震通过了学位论文答辩，成为国内电子材料方面的第一个研究生。学生们反映，"特种电瓷"课程虽然有不少"玄妙"的理论，但课堂效率很高，大家很容易理解课程内容。姚熹不但备课和讲课

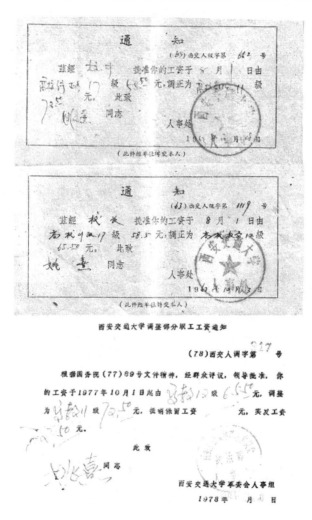

姚熹的工资调整通知书

认真，还主动提出问题来组织学生进行阶段性讨论，答疑时注重启发学生思考，培养他们独立思考的能力。姚熹在教学中积极贯彻理论联系实际的方针，培养学生解决实际工程问题的能力。学生们反映，通过听姚熹老师的课，不但学到了不少最新科技成果的知识，明晰了该学科的发展方向，而且了解了目前工厂生产中常见的技术问题。当时姚熹的从教时间不长，但他很快熟悉了实验室的各种高频、低频设备，不但会操作使用，还能进行故障排除和维护修理，并能对其他同志进行示范操作和维护指导。

姚熹在青年教师中树立了"又红又专"的榜样，大家都愿意与他共事，从他那里可以得到支持和力量。陈寿田说："与姚熹同志一起工作，信心就十足，干劲就无穷。"对姚熹繁忙的研究工作和社会活动，同事们也给予了有力的支持。后来担任领导职务后，对于一些重要的事情，诸如确定学科发展方向、提升教师职务等问题，姚熹坚持亲自来抓。姚熹有时实在忙不过来了，他的妻子张良莹教授总是默默地帮助他。

1995 年 5 月 8 日，姚熹夫妇庆祝结婚 40 周年纪念日

在西安交通大学，姚熹是公认的德才兼备并取得突出成绩的优秀知识分子的代表。这突出地表现在他的政治原则性强、方向端正等方面，他自觉坚持四项基本原则，反对资产阶级自由化，政治上同党中央保持高度一致。

1984年姚熹被正式聘任为教授

姚熹以自己的模范行动感染并带动了周围的人，使绝缘专业里最年轻的教学小组——电瓷小组始终生机蓬勃，干劲冲天。电瓷小组也因此被评为先进单位。

姚熹在搞好教学工作的同时，还结合专业实际积极开展科研工作。他和几位年轻教师大胆地提出了试制高介瓷的科研课题。当时各国高介瓷的资料都极其难找，有些资料中提到这方面的内容时，也往往因保密需要而印上一个方框来代替。姚熹领导科研组的同志勇于探索，认真研讨，自制设备（如小型球磨机、可达1500℃以上的高温炉等），经过一个多月的奋战，终于试制成功了高介瓷。通过这次科研攻关活动，学校在绝缘专业还成立了一个特种电瓷研究室，为电瓷专业同学的毕业设计和进一步开展科研活动提供了良好的条件。

在姚熹的领导下，电工器材制造系的学科建设、实验室建设等各项工作都有了较大的发展。例如，姚熹所在的教研室，几年时间就申请了8项国家自然科学基金项目；姚熹指导开展的两项研究，分别于1985年和1986年申请了国家专利；姚熹指导的一名研究生，发明了一种正温度系数（positive temperature coefficient，PTC）温度自动控制器，救活了西安钟表元件厂的一个车间，该厂后来大量生产这种控制器；在姚熹的直接组织下，西安交通大学新超导材料研究小组获得零电阻温度为90开尔文、起始转变温度为92开尔文的钇钡铜氧化物超导体。

几年来，姚熹在国内外有关刊物上发表论文31篇，在16次国际会议上发表论文24篇，并受特邀在1986年召开的国际陶瓷材料的应用专题会议上做了题为《中国的陶瓷电容器过去的成就和今后的展望》的报告。

姚熹还被推选为国务院学位委员会（SADC）评议组成员、国家自然科学基金委员会评议组成员、中国硅酸盐学会特种陶瓷分会委员会副主任、中国电子学会电子材料分会委员会委员、中国电工技术学会工程电介质专业委员会委员、电气与电子工程师协会（Institute of Electrical and Electronics Engineers，IEEE）高级会员、美国陶瓷学会会士。

第二章　西迁报国蓄势发

一、交大西迁

1954 年，中央做出关于沿海工厂、学校内迁的战略决策。1955 年 4 月初，高等教育部根据中央决策形成了部务会议文件《1955 年到 1957 年高等学校院系调整及新建学校计划（草案）》，文件指出："将交通大学内迁西安，于 1955 年在西安开始基本建设，自 1956 年起分批内迁，最大发展规模为 12 000 人。"

1955 年 4 月 7 日，交通大学校长兼党委书记彭康接到高等教育部部长、党组书记杨秀峰的电话，获知中央已决定将交通大学由上海迁往西安的消息。4 月 9 日，彭康主持召开了校务委员会会议，向大家传达了中央这一重大决策。彭康在会上说："中央决定学校搬家，搬到西安。中央为什么采取这个方针？在中国，工业及高等学校分布不合理，不合乎社会主义建设的原则要求，广大西北、西南地区高等学校很少，工业也是这样。这种不合理情况是与社会主义建设相矛盾的，我们要建设社会主义，就必须改变这种情况。"

作为交通大学的在校学生，姚熹觉得学校西迁这件事与自己息息相关。他是一名新入党的共产党员，坚决服从党的安排，这是他坚定不移的信念。他看到交通大学的党政领导和广大师生，大都支持中央的这一决定，尤其以钟兆琳系主任为首的一大批老教授，更是交通大学西迁的坚定支持者。钟兆琳教授在电工器材制造系的各种会议上，反复阐述了中央决定交通大学西迁决策的重大意义，这让姚熹很受教育和启发。钟兆琳教授说，国家要发展，教育要先行。随着社会主义建设事业的蓬勃发展，国家需要更多的科技人才，西北地区科技人才更为匮乏。作为久负盛名的交通大学，为国家培养更多更好的高级人才，更是我们义不容辞的责任。但当时交通大学的办学条件却有着许多不易克服的困难。交通大学局限在华山、淮海、番禺、虹桥四条马路中间，全部土地面积不足 600 亩①，实际用地面积仅 312 亩，其余用地则都被一些棚户小工厂、小商贩占用，学校教室资源短缺，已经到了在校外借地上课的地步。亟待兴建的众多实验室，更是因无立足之地而无法兴建。学校按照国家的建设任务，特别是工业发展的迫切需要，在苏联专家的指导下，加紧创建了一大批崭新的学科专业，但由于实验场地、实习工厂严重不足而被束缚住手脚。为了能腾出一块地方，学校不得不把古香古色的欧式建筑老上院拆掉，连浴室、饭堂都被搬进了机器，暂作实验室使用。即便如此，大批设备购进后仍因无处安放而迟迟不能开箱。在当时的情况下，交通大学要想搬到郊区发展，现实困难也很大，况且当时的国内外形势不允许。易地搬迁发展是一个具有多方面优势的方案。对于当时交通大学发展遇到的困难，姚熹感同身受。从国家大局和交通大学的发展前景出发，姚熹坚决拥护中央关于交通大学西迁的决定。他在党的相关会议上和电工器材制造系教研室的一些会议上，旗帜鲜明地拥护交通大学西迁，起到了很好的带头和示范作用，对推动交通大学西迁发挥了一名共产党员应有的作用。

1996 年西安交通大学为姚熹颁发交通大学西迁四十年来建设发展贡献奖

---

① 1 亩≈666.67 平方米。

1955 年 5 月 10 日，彭康与教授们在西安实地踏勘交通大学新校址
左起：朱物华、朱麟五（半露脸者）、任梦林、彭康、周志宏、钟兆琳、王则茂

　　1957 年初，交通大学在准备新一轮学校搬迁的过程中，学校开始传达学习毛泽东《关于正确处理人民内部矛盾的问题》，以及毛泽东主席就整风问题在全国宣传工作会议上的讲话精神，并按照上面的要求，结合学校实际开展了一场旨在整顿"三风"（即官僚主义、宗派主义、主观主义）的"大鸣大放"。由此引起了有关迁校利弊的大讨论。支持迁校的教师、干部、职工理直气壮地站出来说话，但质疑迁校的声音一时间也多了起来。为了慎重起见，也为了充分发扬民主，将讨论继续引向深入，校务委员会决定暂时停止实验设备的拆卸装箱工作，也暂时停止西安基建。1957 年 4 月 25 日，交通大学党委决定由教务长陈大燮、党委副书记邓旭初以及程孝刚、钟兆琳和郑家俊三位教授，组成一个五人小组，处理研究讨论中所列出的突出问题。虽然发生了一些始料不及的复杂情况，但是中国共产党上海市委员会、中国共产党陕西省委员会（简称中共陕西省委）、中国共产党西安市委员会、高等教育部及中央有关部委，意见高度一致地坚持交通大学西迁，并且是整体西迁。在交通大学大内部，彭康、苏庄领导的校党委和绝大多数师生员工从来没有动摇过西迁的决心。姚熹目睹自己的系主任钟兆琳大声疾呼："天下兴亡，匹夫有责。支援西北每个教师都有责任，希望大家克服困难，负起责任来！"钟兆琳教授首先表示自己绝不做支援西北的"逃兵"。此时的姚熹即将大学

毕业，并要留校任教，他深为钟兆琳教授顾全大局，坚定支持中央决定，克服自己的现实困难，带领大家西迁，建设新交通大学的豪情所感动。他旗帜鲜明地表示，尽管自己交通大学学生的身份在成为交通大学教师后变了，但坚决响应党的号召、带头随校西迁的决心没变。姚熹积极做好各种准备，1958 年 2 月随学校迁到了古都西安，担任了交通大学（西安部分）电工器材制造系中国共产党总支部委员会（简称党总支）组织委员。

交通大学西迁乘车证

1958 年 2 月 25 日，交通大学（上海部分）举行全校师生员工大会，彭康、胡辛人做《反浪费，反保守》（"双反"）运动报告，学校一夜之间贴出了大字报 18.3 万余张。2 月 26 日，校党委扩大会议提出，要把学校"双反"运动引向关键问题，如教学和科研的质量、"又红又专"、发掘学校潜力等方面。刚到西安的姚熹响应彭康号召，在 1958 年 5 月 14 日出版的《交大》第 168 期发表文章，对自己所在的电工器材制造系绝缘教研组的工作提出建议，受到校领导的重视。

姚熹坚持党性立场，旗帜鲜明地针砭脱离实际、浮夸虚妄的风气，对促进"双反"运动的健康发展产生了积极作用，他也得到广大群众的赞赏。

2018 年 9 月 25 日，在西安交通大学多功能报告厅，姚熹在西安交通大学"四个一百"育人行动——大师系列报告会上做了《追忆西迁往事，传承西迁精神》的专题报告。

姚熹在西安交通大学做《追忆西迁往事，传承西迁精神》的专题报告

姚熹做《追忆西迁往事，传承西迁精神》的专题报告

他在报告中说，"西迁精神，是奋斗，是拼搏，是我们的宝贵财富"。他深情寄语青年学子："路在自己的脚下，要顺应国家和民族发展的要求，抓住历史赋予的机遇，尽最大努力克服种种困难，一步一步脚踏实地地坚持走下去，同时还要向前看，向上看，仰望星空，不要迷失方向、目标和初衷。"

报告会上，姚熹将自己珍藏多年、学校西迁时配发的樟木箱子捐赠给学校，这口木箱承载着姚熹对母校最深沉的爱。

姚熹将西迁时配发的樟木箱子捐赠给学校

二、超高压套管

1955年，第一届全国人民代表大会第二次会议通过了《关于根治黄河水害和开发黄河水利的综合规划的决议》，要求采取措施，完成刘家峡水电站工程的勘测、设计工作以保证工程及时施工。1958年初，水利电力部成立了刘家峡水力发电工程局（现为中国水利水电第四工程局有限公司），承担刘家峡和盐锅峡两个水电站的施工任务，拟定了"两峡同上马，重点刘家峡，盐锅峡先行，八盘峡后跟"的施工方案。刘家峡水电站工程于1958年9月27日正式动工兴建，是当时我国第一个五年计划中苏联援建的156个重点项目之一。随着刘家峡发电机组的陆续建成，远向陕西省输电的计划在逐步实施。为了向陕西省远程输电，专家设计的是330千伏输变电工程，这是当时全国最高电压的输送系统。因工程难度大、科技含量高且对国计民生有重大影响，所以当时由中国人民解放军兰州军区以保密工程为由组织各方面力量实施了这一项目。刘家峡水电工程在甘肃省天水市秦安县郑川乡设置了三座330千伏高压变电站——秦安变电站，它的作用是将刘家峡水电站发出的电以220千伏输送到秦安变电站，由秦安变电站升压到 330 千伏，再输送到西安，组成刘（家峡）—天（水）—关（中）大电网。为秦安变电站研制 330 千伏高压绝缘陶瓷套管的任务，下达给了交通大学绝缘专业师生。

交通大学决定研制全国第一台 330 千伏高压绝缘陶瓷套管。1958 年 10 月，党总支委派姚熹担任攻关小组临时党支部书记和指导教师，带领百余名师生到西安高压电瓷厂进行科研攻关。这是一项没有图纸、资料、研制设备仅有技术指标要求的科研项目。姚熹根据刘—天—关输变电工程的总体规划，和其他教师一起，带领几十名学生同工厂技术人员和工人开始了攻关活动。制造高压绝缘陶瓷套管的第一关是要将全部设计、制图、晒图在一个星期内完成，时间紧，任务重。姚熹组织大家查阅国外有关资料，加班加点研究设计方案，绘制图纸，在一个星期内如期完成了设计任务。按照技术要求，这是一个重达 5 吨的大套管，长达二层楼房高。当时的西安高压电瓷厂尚在基建中，厂房的情况是"外边下大雨，里边下小雨"，许多基本生产设备都未安装就绪。为了尽快进行产品研制工作，必须从制造必要的设备做起。这些设备都是些加工复杂的大家伙，例如要制造一个长 6 米、直径 1 米左右的压力容器，而且要装有蒸汽夹层——真空干燥罐。大家好不容易找来了一些勉强可以利用的钢管，但管径不符合要求，必须扩大内径。如何对这种 10 毫米厚的钢管进行加工呢？当时距离元旦只有三个星期了，若这道工序不完成，后续的工作就无法进行。姚熹组织攻关队的师生开会研究，讨论加工方案，并向工人师傅请教，请他们做指导，经过十多位师生连夜奋战，终于顺利完成了钢管扩径工艺，保证了研制工作的继续进行。

在连续一个多月的高压绝缘陶瓷套管试制工程中，姚熹经常同大家一起日夜苦干，几乎没有一个晚上能睡超过六个小时。他患有心包炎，同志们劝他休息，他总是笑嘻嘻地说："没有什么。"深夜一两点，他把其他同志都赶去睡觉，自己却还在安排部署第二天的工作。经过 9 个多月的科研攻关，姚熹领导百余名师生研制出了我国第一台 330 千伏高压绝缘陶瓷套管，为 330 千伏超高压输配电设备的研制开创了道路。

三、交大群英会

1959 年，姚熹获西安交通大学"先进工作者"称号，出席了全校群英会。

12 月 29 日，西安交通大学全校群英会在学校行政楼 402 大会议室举行。陕西省科委副主任陈沧在大会上致辞。他对西安交通大学群英会的胜利召开表示热烈祝贺，对西安交通大学认真贯彻党的教育方针、取得教学科研双丰收的巨大成果给予了高度评价，鼓励西安交通大学全体师生继续鼓足干劲，力争上游，为社会主义建设做出更大的贡献。苏庄副校长在大会上做重要报告，对出席群英会的全体代表为西安交通大学的发展和国家社会主义建设事业做出的贡献给予了充分的肯定、高度赞扬及嘉奖。出席群英会的有先进单位代表 58 个、先进工作者 251 人。

12 月 30 日，姚熹、陆庆乐、张世煌、于怡元、顾福根、高崇令六位先进工作者和高压教研组、机切教研组、压缩机教研组、电机厂四个先进单位的代表陆续在大会上发言。姚熹在大会上发言的题目是《奇迹，出于敢想敢干的人》。

大会主席团，全体同志：

我怀着十分激动的心情来参加这次大会。昨天我听了彭校长的开幕词和苏校长的报告后，更加深刻地看到了我们学校当前大好形势和明确了今后的任务。和同志们一样，我深深感到应该在党的总路线和八届八中全会精神的指导下，鼓足干劲，为 1960 年各项工作的更大跃进而奋勇工作。

确实，我们从去年以来，所进行的工作的成绩是巨大的。这是在党的总路线和教育方针的指导下，在校党委和各级党组织的直接领导下，在全体师生员工的共同努力下取得的。

我只不过做了应该做好的一些工作，而学校的党政领导和全体师生员工却给了我这样大的荣誉。我认为这不是我个人的荣誉，而是对我们所参加的工作、所取得的成绩的全体同志的一个崇高的评价，这是党的总路线所取得的胜利。我个人并没有什么可以值得提出来的，离开了党的领导和群众就一事无成。自从去年"大跃进"

以来，正像苏副校长所说的："我们办了几年来没有能办到的事。"不仅如此，有些事情还是我们过去所不敢想象的。但是在党的破除迷信、解放思想、敢说敢想敢干的口号鼓舞下，我们不仅想了，说了，干了，而且也干成功了。其中330千伏高压油浸纸绝缘电容式套管的试制成功和非线性瓷的试制，就是无数事例中的一个，现在简要地汇报一下工作的开展情况。

330千伏高压油浸纸绝缘电容式套管，是用在高压变压器上作为高压引出线绝缘之用。它的电气性能要求非常高，特别是要求介质损耗要低，这种套管的高度相当于二层楼那样高，直径约为1米，而总重有4—5吨。目前世界上只有少数几个国家能够进行制造，抚顺电瓷厂在去年经过相当长时期的摸索，才制成了220千伏的高压套管。由于祖国社会主义建设的飞跃发展，电力工业大大地向前跨进了一步，因此在长江三峡的科学研究项目中列入了关于高压套管的研究和试制。1957年我校就接受了这个课题，与西安电瓷研究所和西安高压电瓷厂共同主办，当时也拟订了有关这一课题的研究计划，决定要在1958年9—10月举行一次读书报告会，但是始终没有着手进行。正像一位教师所说，这个课题还处在"准备进行准备工作的阶段"。但是在贯彻了党的教育方针以后，经过了反复的辩论，为了更好地贯彻党的教育方针，绝缘专业五年级的同学学到有关套管的设计与制造时，他们说："为什么我们不自己来设计和制造一个呢？"当他们了解到我们已经接受了这样一个课题后，劲头就更加大了。党总支支持了同学贯彻党的教育方针的要求，决定把这项工作列入全校元旦献礼的重点项目之一，并决定把我调去负责这项工作。对我来说，这项任务的确是十分艰巨的，对于套管我完全是外行，仅仅看到过几个试验变压器上的套管外貌，至于套管的内部结构毫无所知，究竟330千伏高压套管有多大也很难想象。但是当时我有着这样一个信念：依靠党的组织，依靠群众的力量，天大的困难也能够克服。因此我以非常兴奋的心情迎接了这项任务。但是究竟从何做起呢？这实在无从着手。我们想到既然要制造，就必须进行设计，要设计，房间总需要的。我们从打扫房间开始了这一工作。当时在和大家一起研究工作时，我这样想："为什么我们总是抄人家的资料，翻人家的文献呢？为什么不让别人来翻我们的资料，查我们的图纸呢？"这种想法给了我很大的鼓舞。因此在工作一开始便在党的领导下以共产主义风格和敢想敢说敢干的精神进一步发动了群众。从制订工作计划到组织安排，都是大家分头进行筹备材料、设计制图和描图的。在西安高压电瓷厂的协作下，我们不到一个星期就全部完成了这些工作。当时遇到的最大问题是材料工作，如一根长 6 米以上、直径约为 80 毫米的铜管和 1 吨左右的电缆纸和变压器油，我们组织了同学到处找材料，几乎走遍了西安市附近各个工厂企业，最后从西北地区国库中找到了一根唯一的尺寸相近的铜管。电缆纸也分别在哈尔滨和上海两地得到了解决，变压器油则一直到套管将近装配时才由西安高压电瓷厂党委书记和西安电力电容器厂党委书记商量，经西安电力电容器厂党委会两次研究才同意支持。为了寻找所需的材料，当时我们的足迹几乎遍布了西安所有的工矿企业。

　　找材料的同时，我们开始筹备进行制造，但是制造的地点是一个大问题。最初准备在学校进行，但是厂房的高度和行车的起重量都不够，电工城的几个工厂都去了，只有西安高压开关厂和西安高压电瓷厂有这样高的厂房，经过反复研究以后，最后决定还是在西安高压电瓷厂进行制造。当时电瓷厂尚处在基建中，房子还没盖好，房外下大雨，房内还会下小雨，地上满地是各种各样的坑，有些地方甚至连坑都还没有来得及挖，机器还没有完全安装好，也从来没有进行过生产。即使工厂建成后，按照苏联原来的设计，工厂也不能制造这样大的套管，只能制造 220 千伏以下的套管。在这种情况下，我们开始到工厂去进行工作。为了制造套管的外瓷套，必须从原料的球磨开始一直到烧成为止，打开一条生产线，但是生产线上的机器都从来没有运转过，有些还没有安装好，例如泥浆运送原来是由管道用泵抽吸过去的，而现在不得不用小铅桶一桶一桶地把成吨的泥浆从一个车间抬到另一个车间，我们发动群众完成了这些工作。又例如烘干坯件的烘房，根本没有建成，连蒸汽管路也还没有安装好。我们为了要进行制造，从安装、清洗机器开始一步一步地进行工作，每走一步都会遇到数不清的困难，正像当时有些同学所说的"我们当时是杀开了一条血路"，工作条件是十分艰苦的。厂房四面通风，内部温度接近0℃，而旋坯的温度需要在20℃左右。因此泥坯的损坏率非常高，按照一般的情况来看，泥坯是非停止生产不可，但我们仍然和工人同志一起坚持进行工作。原来只需要三十几片完好的坯片，而我们做了三百多片才满足了全部坯件的需要。这些好不容易做出的坯件，在送往烧成时还炸裂了一部分，接着烧的第二窑又全部炸裂了，最后我们不得不采用了目前国内尚未采用的大套管环氧树脂胶接法，在西安电瓷研究所的帮助下也获得了完全满意的结果。这种方法本身就是西安电瓷研究所的一个研究题目。西安电瓷研究所搞了两三年没有完全得到成功，我们在短短的几十天中着手进行，便获得了完全满意的结果。因而本学期西安电瓷研究所还派人来校了解这项工作的经验，在这项工作中我们还创造了环氧树脂补釉法，给补釉工作开辟了新的可能。除了瓷套，高压套管的关键是内部绝缘芯柱的制造问题，在绝缘芯柱直径为70毫米、长达6米的导电杆上，紧密地包缠上几千层电缆纸和铝箔，然后再把整个绝缘芯柱放在真空中进行加热干燥，但是如何进行包缠呢？在什么东西里面进行干燥呢？我们一无所知，既无资料又无经验，更谈不上现成的设备，一切都得从头搞起。经详细研究决定，我们自己来制造一台滚筒机，但不放弃车床卷制的可能性。方案有了，但是要制造这样一台机器谈何容易？我们翻阅了一些资料，机器的两个滚筒的直径约有半米，长达10米，重约1吨，还要支承在轴承上转动，要进行加工其困难是可想而知的。但在西安高压电瓷厂的协助和大力支援下，材料也被我们解决了，由我们和工厂共同进行设计，以土洋结合的方法、"蚂蚁啃骨头"的精神在电瓷厂进行制造。

由于设计广泛深入地发动了群众，设计方案有不少独创之处，例如随着绝缘芯柱包缠层数的增加，它的直径也要增加，因而转速要下降。此时为了维持同一个包缠角，纸带的移动速度要相应地降低。这一要求在工厂中通常是采用无级变速箱由人工调节来达到的。但是由于找不到无级变速箱，我们创造性地采用了利用绝缘芯柱的转动来带动纸带的移动。实践证明这种方法是可以达到自动调整的目的的，能够提高包缠的质量，受到了大家赞扬。但包缠质量不稳定，总是发皱，关于纸带的包缠问题过去书上已经写了不少了，但是实际问题却并不像书上写的那么简单，屡次试验屡次失败。这个问题成为套管试制工作中的一个关键问题。这一问题不解决，套管就无法制造出来。当时全战斗队都关注着这一问题，学校和工厂的党组织都到这台机器旁边来直接指挥工作。例如西安高压电瓷厂的党委书记、厂长、团委书记亲至机器旁，召集了所有的老工人、技术员和教师同学来参加现场会议，研究卷制质量的问题。参加工作的同学和教师也一起召开了会议专门来研究这一问题，最后确定了影响套管质量的一系列因素，并决定了进行试验的方案，白天、黑夜，人停机器不停地进行试验，终于我们找出了影响机器质量的关键问题，稳定了卷制的质量，保证了套管优良的质量。这一问题在整个套管制造过程中给我们上了生动的一课，它告诉我们只要依靠党的组织，深入贯彻群众路线，即使面临再大的问题，即便再缺乏经验，也能取得成功。

绝缘芯柱卷好之后必须在真空中进行加热处理，究竟如何进行加热处理呢？这实在是难以确定。有的提出用高频加热，有的提出在导电总杆中通大电流加热，有的提出用蒸汽夹层进行加热，甚至有的提出用炭火盆加热。究竟该怎么办呢？谁也不知道。我们依靠党的领导和群众的智慧，进行研究分析和比较后，决定采取蒸汽夹层的真空干燥办法。我们自己进行了创造性的设计，但由于西安高压电瓷厂系是由苏联进行设计的，原设计中有一个220千伏的非真空干燥罐，我们需要得到苏联方面的同意，才能改变原设计。经过专家审定，他们非常满意，结果我们在一星期内制造安装成功。

除上述困难外，以后的胶接、烘干、总安装等，在党的领导下，我们依靠群众都一个个地解决了。通过套管的制造，我们具体看到了党的领导、群众路线的正确伟大。我们的成绩，应归功于党，归功于群众。在党的八届八中全会文件学习后，我们以同样的精神，把原计划1961年结合毕业设计的特种电瓷试制成功了，并试制成许多有关这方面的材料；同时，我们还制成了一台小型球磨机、一座在两小时内升温到1500℃左右的高温炭阻电炉，建立起一个特种电瓷研究室，为进行科研打下了基础。摸索到了五年级同学在正常教学中开展科研的经验，也丰富了教学内容，这次听了苏庄同志报告后，我们有决心在两三年内，使特种电瓷的某些部分赶上并超过国际水平，如需要即可建立这一研究机构。我们坚决响应党委提出的"立大志，下决心，鼓干劲，攀高峰"的号召，在校党委及总支的领导下，把党的总路线和八届八中全会精神，贯彻到今后一切工作中去。

最后，祝校首长及各位代表身体健康，新年快乐！

姚熹的大会发言在群英会上引起了强烈的反响。大家知道，姚熹不但在 330 千伏高压油浸纸绝缘电容式套管的试制和非线性瓷的试制方面取得了重大成果，而且在绝缘专业教学改革方面大胆创新，勇于开拓取得的显著成效令人瞩目。作为一名年轻的共产党员，姚熹在绝缘专业教学改革中起到了骨干和带头作用，他在教研组举行的"电介质理论"教学改革科研报告会上极力推崇以毛主席教学思想来分析过去"电介质物理"课中的主要矛盾、用物质运动的规律来讲"电介质理论"课新方案。姚熹主张将"电介质理论"与生产紧密结合起来。在姚熹的带动下，绝缘专业掀起了教学改革的新热潮，大家就"电介质理论"这门课程在教学中存在的问题、今后如何改革等进行了全面、细致与深入的分析解剖。"电介质理论"课教学内容改革的大辩论，推动了其他专业课程的改革。全专业师生满怀雄心壮志，立志不仅要在科研上开辟绝缘新纪元，而且要在教学领域建立起具有我国独特风格的新体系。作为绝缘专业教研组党支部书记，姚熹组织全专业师生采取师生结合、四五年级结合、通盘布置、以点带面的方法，把绝缘专业教研组的教学改革搞得有声有色，成果迭出。姚熹还促成绝缘专业搞了教改展览会，向全校展示了绝缘专业教学改革的成果，推动了全校教改工作的开展。姚熹组织召开了绝缘专业教改现场会，向大家介绍了绝缘专业教学改革的情况和初步摸索到的经验，请绝缘专业教研组刘耀南副教授介绍了自己讲授"绝缘材料试验研究方法"这门课的经验和体会。绝缘专业四年级学生代表在会上谈了他们参与教学改革的体会，使与会者受到很大的鼓舞。张鸿副校长在现场会发表讲话，希望到会的各系、教研组负责同志和学生代表学习绝缘专业教研组的教改经验，并结合本专业的情况，热烈开展讨论，把教学改革搞好。

1960 年，中华人民共和国中央人民政府、国务院和中共陕西省委、陕西省人民政府发出通知，决定召开全国、全省文教群英会，西安交通大学于 5 月 12 日召开校常委扩大会，讨论西安交通大学出席陕西省文教群英会的先进单位、先进工作者名单。会议讨论决定，电工器材制造系绝缘专业教研组为出席陕西省文教群英会的先进单位，这是对以姚熹为党支部书记的绝缘专业教研组党政工作所取得的显著成绩的又一褒奖和鼓励。

1960 年 5 月 4 日出版的《交大》第 346 期刊登文章介绍了绝缘专业教研组，指出该教研组取得成功的原因包括：听党的话，树立雄心壮志；坚信群众力量，发挥集体智慧；土洋结合，双管齐下；加强思想工作，做到"红透专深"。

四、挖防空洞

1963 年 5 月 20 日，中共中央印发了《关于目前农村工作中若干问题的决定（草案）》。1965 年 9 月，学校根据《关于目前农村工作中若干问题的决定（草案）》精神，分批安排部分教职工下乡参加"农村社会主义教育运动"，"社会主义教育运动"也在部分工矿企业试点进行。张良莹被分配到陕西省一个贫困的农村去参加"社会主义教育运动"。

同时，学校又派了部分教职工去工厂参加"社会主义教育运动"。姚熹被派到了上海无线电一厂。上海无线电一厂是国内电子元件行业的骨干企业。其中碳膜电阻器生产线是国内首次实现单机联动化，深受第四机械工业部的重视，1961 年 1 月在该厂召开的"双革四新"现场会议，肯定了该厂自力更生的做法，誉其为"中国式的大型元件工厂"。

"社会主义教育运动"的重点在农村，工厂的"社会主义教育运动"仅为试行，所以不像农村那样搞得轰轰烈烈。姚熹到上海无线电一厂后，就直接到三车间新产品试制工段参加生产劳动，平时除跟随车间职工参加一些政治学习之类的活动外，主要还是帮助车间解决生产和产品开发中的技术问题，受到了工厂领导和工人同志的欢迎与好评。

由于该厂历史演变频繁,职工人员复杂,在这次"社会主义教育运动"中,根据中央文件精神,要整顿工人组织队伍。姚熹作为年轻的共产党员,又是上级安排前来参加运动的干部,自然成为这项工作的骨干。他组织职工学习中央有关文件,帮助车间党支部搞外调,落实职工中有关人员的问题,发现和培养了"社会主义教育运动"的骨干和积极分子,发展党员,壮大党组织的力量。有一位工段长原来是纺纱厂工人,工作认真,政治条件也比较好,姚熹就培养他加入了中国共产党。姚熹在上海无线电一厂参加劳动的一年多时间内,帮助车间党支部发展了多位新党员,对促进车间职工队伍建设和确保生产任务完成做出较大的贡献。

1966年,"文化大革命"爆发。上海无线电一厂同全国各地工厂一样,生产受到了影响,姚熹按照学校的要求,于6月1日返回学校。

由于当时国际形势紧张,战争风云密布,挖防空洞是战备工作的一项重要任务,全国上下都十分重视。根据"深挖洞、广积粮"的指示,姚熹负责领导劳动队伍在学校挖防空洞。

在学校挖防空洞,有两个显著困难。一是施工队伍人员复杂,不好管理。施工人员中既有年富力强的精壮劳动力,也有在运动中"靠边站"的老弱病残人员,姚熹作为负责人,带好这支队伍是他的头等大事。二是在西安这种黄土层中修建防空洞难度很大。当时既缺乏专业技术人员做科学设计,又无较好的施工机械进行作业,全凭镐挖车拉的原始办法构筑地道,防空洞随时都有发生工伤事故的危险。

姚熹勇敢地承担了这项棘手的工作,积极为战备工作做一些贡献。一方面,他注意做施工人员的思想工作,帮助大家卸下思想包袱,带头参加艰苦的劳动,使整个施工队伍形成一种努力进取的合力,保证了工程的顺利进展;另一方面,他向一位八级泥瓦匠师傅学习土建技术,逐步锻炼成为一名砌墙码砖的行家里手,他亲自为施工人员做示范操作,保证了工程的技术质量和安全进展。由于姚熹的认真组织和精心管理,挖防空洞的工程没有出现大的人身事故和质量事故,他也因此受到了大家的好评。

随着国际形势的缓和,修筑防空洞的工作后来逐渐减缓并最终停止。横亘在西安交通大学校园地下的人防工程虽然没有最终派上用场，但在那个非常时期所开展的非常工作，却给姚熹留下了深刻的印象。

五、战备疏散

1969 年 10 月，中共中央做出"关于加强战备，防止敌人突然袭击的紧急指示"。12 月 16 日，西安交通大学工人毛泽东思想宣传队（工宣队）、中国人民解放军毛泽东思想宣传队（军宣队）、校革命委员会领导小组召开扩大会议，形成了《关于贯彻执行省革委会〈关于认真做好大中城市人员、物资疏散工作紧急通知〉的几点意见（草案）》。该文件指出，西安交通大学现有的 3000 多人（包括临时工）中除 1300 多人留校坚持开展日常工作外，其余 1700 多人疏散到学校农场或农村，教职员工疏散费用由单位集体负责，随行家属一切费用自理，要求 12 月底疏散完毕。西安交通大学的教职工有的被疏散到礼泉县五峰山去建"五七干校"，其他部分人则被疏散到凤翔县、岐山县农村。

无线电系无线电元件与材料教研室主任陈国光，教研室副主任、讲师姚熹，讲师吴兆雄，助教许恒生，实验员李平、邵祖发、李纯芳被疏散到岐山县。因为许多人都是拖家带口，又不知道下去会待多长时间，所以大家都做好了长期打算，随身带着做饭的灶具和日常生活用品及衣物。

岐山县因境内有岐山而得名。这个岐山是指箭括岭，"山有两歧"，两峰相对。这是一个历史底蕴深厚的地方。《诗经·大雅·绵》曰："古公亶父，来朝走马。率西水浒，至于岐下。爰及姜女，聿来胥宇。周原膴膴，堇荼如饴。爰始爰谋，爰契我龟。曰止曰时，筑室于兹……"商王盘庚迁殷后 100 多年的武乙时期（约前 1147—前 1113），周人公刘的第九代孙古公亶父为国君，因不堪戎狄的侵扰，带领族人由泾河的"豳"，也就是今天的陕西省长武县、旬邑县、彬州市一带，翻过箭括岭，在岐山脚下的周原地区定居发展，休养生息，构筑城郭，史谓西周。所以岐山是周朝的肇基之地。

安乐公社西环岐山县南部的石头河川道，东接眉县界，南至秦岭斜峪关，北临渭河。地势平坦，大部分土壤为水稻土，水源丰富，水利设施齐全，气候温暖湿润，素有"小江南"之称，这里以种植水稻、小麦、油菜为主，粮食商品率居全县第一。

1969 年 9 月，西安交通大学用大卡车拉着无线电系的一部分教职员工到岐山县疏散，把他们安置在县境内的一些村庄中。无线电系元件专业的姚熹、许恒生、邵祖发、李纯芳被安置在安乐公社安乐大队。姚熹的妻子当时在上海坐月子，儿子幼小，寄养在上海的父母家中并上学，所以他只身来到安乐大队，与他同到安乐大队的其他三人都是单身。安乐大队把他们安置在生产大队的一个空闲仓库中居住。这个仓库是一套一明两暗的农家居屋结构，中间是厅堂，左右两侧为厢房。姚熹、许恒生、邵祖发三位男教师住右厢房，房间内盘了一个很大的土炕，三人睡在上面还很宽敞。天冷的时候，大家还用柴火烧炕，睡在上面十分暖和。李纯芳住左厢房，中间堂屋就是大家做饭、开会、学习和接待来访的公共场所。来岐山县前，学校给大家发放了生活所需的粮票、肉票等票据，以供大家到附近小镇购买粮油及烧火的煤炭。四个人一起生活，轮流做饭，对做饭感兴趣者会主动为大家操厨。远离学校，虽然生活上有种种不便，但这种新型的集体生活也让大家在某种程度上缓解了思家的惆怅。

疏散在各地的教职员工，主要是与居住在各生产大队的人员一起活动。大家上午一般在家学习文件，彼此交流，下午跟随农村社员下地劳动。陕西省的冬天是农闲时间，地里没有多少农活可干，生产大队常常派社员带领大家或到地里去松松土，或到河边田地里搬石头，活儿也不累。社员们对西安交通大学的老师也很照顾，并不强制要求大家完成什么生产任务。在这种情形下，大家的心情也相对舒畅一些。

有一天，姚熹拿着锄头在地里松土，锄头突然碰到了一块像石头的硬东西，他弯腰捡了起来，擦去泥土一看，竟是一个玉雕蛤蟆。大家纷纷围过来看稀奇。带领他们劳动的社员对此并不惊异，他说，安乐这个地方历史底蕴深厚，历史上曾发生过许多战事，所以地下常有历史遗物出土，不足为奇。最出名的是三国时蜀魏在这里的葫芦峪大战。现在舞台上常演的《葫芦峪》戏剧，讲的就是这次战斗的故事。姚熹听说这件玉蛤蟆可能是历史遗存，深爱历史典籍的他便悉心收藏，作为自己疏散至安乐镇那段经历的一个见证和回忆。

姚熹捡到的玉蛤蟆

姚熹敬仰诸葛亮运筹帷幄的雄才大略，推崇他呕心沥血、匡扶汉室、鞠躬尽瘁、死而后已的忠诚精神，所以想有机会去游览一下位于五丈原的诸葛亮庙。春节期间，按照当地农村习俗，大年初一村民们都举家团圆过年，一般不外出活动。姚熹便约几位同事前往五丈原游览诸葛亮庙。正殿中间有诸葛亮雕塑坐像一尊，羽扇纶巾，栩栩如生。姚熹一行见有几位村民正在殿内祭拜，因久无香火奉祀，桌案满是灰尘，雕像上披挂的斗篷陈旧不堪。面对眼前场景，姚熹思忖，历经劫难，诸葛亮庙文物虽未得以精心管护，但未遭残酷破坏，亦算万幸，足见诸葛亮在人们心中的崇高地位。

诸葛亮庙院内有一块陨石，传说是诸葛亮去世之时从天而降的圣物。坠落之地就在附近，名曰落星湾。姚熹一行便走出庙院，到附近去探寻相关遗迹。诸葛亮庙周围五星村等还有相关遗迹，这些村落以八卦阵形式设置，具有军事防御作用。姚熹一行顺便到那里进行了观光游览。返回时，他们又步入诸葛亮庙内漫步，只见庙内正殿被打扫得十分干净，诸葛亮塑像已换上新的斗篷，估计是他们先前遇到的几位村民所为。面对村民对诸葛亮的敬奉之举，姚熹一行露出了会心一笑。

据村民介绍，石头河上游的斜峪关，是当年诸葛亮"六出祁山"的主要通道之一，那里有将军石、卧虎石、鸡冠石、鱼洞、白鳝洞等景点。斜峪关上边建有石头河水库，当地村民还从那里把石头河水引上了五丈原以灌溉农田，这成为轰动一时的知名水利工程。有一天闲暇无事，姚熹相约了几位同事骑自行车去寻访石头河水库。斜峪关山势陡峭，道路崎岖，往山里边行进，自行车难以骑行，即使推车上山也是十分艰难。他们沿河川上行了一段路程后，觉得体力不支，便中途放弃返回了。

农村春节十分热闹，初一过后，村民便开始走亲访友，相互拜年。姚熹他们入乡随俗，几个人相约去给生产队大队长拜年，给大队长带去了从西安带来的几样小礼品，大队长热情地接待了他们，拿出他家用石头河水田里的莲藕自制的藕粉来招待他们。农村自制的藕粉，色白味甜，别有风味，大队长以淳朴的乡情招待了疏散来他们村的客人，让姚熹等人感到分外亲切和温馨。

春节期间也是农村大办婚事的最佳时期，姚熹他们还应邀参加了村上一对新人的婚礼。岐山不愧为"周礼之乡"，婚礼场面恢宏，仪式隆重，礼节细致入微，让姚熹大开眼界。婚宴宾客满堂，酒菜丰富，以久负盛名的岐山臊子面压轴。主家将姚熹几位从西安来的宾客单独安排在一桌。姚熹看到"劳客"（即给客人端饭上菜的人）用木盘端上来的一碗碗岐山臊子面，搭眼一看，便令人垂涎欲滴。

他们看到如此色泽艳丽、香气四溢的臊子面，便大口大口地吃了起来，将面条囫囵吞下，将香汤一饮而尽，三下五除二便撑饱了肚子。村民看到他们这种吃法，便过来给他们指导说："吃臊子面有讲究，只吃面不喝汤，汤要端回去煮沸，重复浇面，以示大家伙儿亲密无间，福运共享。农村人在宴会上一个人能吃二三十碗臊子面，像你们这样的吃法几碗就把肚子灌胀了，怎么能再吃下去面条？"姚熹感到好奇，觉得岐山面的吃法还挺有意思。他觉得岐山臊子面的汤很好喝，吃面连汤一起喝也不失为一种美味的享受。

在和农民相处的日子里，姚熹对城乡差别有了深刻的感受，不仅是物质方面的差别，生活习惯上也有很大的差别，这与他们的劳动强度、工作环境、地理条件有关，当然也与经济收入的多少有关。安乐农村濒临石头河，插种水稻，有赤脚走路和下田干活的习惯，因此他们的脚往往会磨出一层厚厚的茧子，走起路来疼痛难忍。有一次姚熹到大队长家里去，看见大队长正在用镰刀刮脚上的茧子，这使姚熹的心灵受到了极大的震动。城里人脚上生了鸡眼，可以到医院里去请医生治疗，而农民却只能用这种办法解除病痛，姚熹的恻隐之心油然而生。

虽然姚熹在"文化大革命"中受到冲击，但他初心不改，科技报国的信念没有动摇。姚熹认为，半导体电路是一门完全新兴的学科。为了搞好教学，姚熹抓紧时间研习半导体电路，这次疏散下乡，他仍然带着半导体电路的有关资料，在空闲之余进行研读。晚上大家休息时，他仍坚持在油灯下读书学习，很快便掌握了半导体电路的有关基础知识，顺利实现了教学由电子管电路向半导体电路的过渡，为日后教学创造了良好的条件。

在安乐大队，姚熹绝大部分时间是与同在安乐大队的几位西安交通大学的同事一起活动，有时还同在临近大队的西安交通大学的老师杨文进行一些交流。杨文当时是西安交通大学革命委员会副主任，"文化大革命"前在学校党委办公室工作，是一位党的好干部，姚熹同他十分谈得来。1970 年 3 月底，校军宣队要在学校办学习班，就把疏散在外的教职工陆续调回西安，姚熹和杨文等先后回到学校。3 月 29 日，杨文突然意外离世，令人唏嘘不已。

第三章　学术人生展宏图

一、博士学位

　　"文化大革命"后期，大学陆续复课，姚熹多次带领学生下厂下乡实习和参加生产劳动，在实践中收集资料，编写教材，取得了显著的教学研究成果。1976年3月，他被抽调到第四机械工业部第四研究所工作组，主持编写制定陶瓷电容器国家标准。这是一项十分重要的工作。"文化大革命"对我国的科学研究和工业生产造成了严重的影响，使我国的电子科技研究和生产同国际先进水平之间拉大了距离。"四人帮"倒台后，姚熹感受到了从未有过的痛快。他衷心拥护党的十一届三中全会所确定的路线、方针和政策。在十一届三中全会精神的鼓舞下，为了以实际行动推进我国科技事业的发展，他给时任国家科学技术委员会主任方毅写了一封信，提出了发展我国材料科学的建议。很快，他就收到了严东生同志受方毅同志委托写的回信，看了回信，他感到浑身充满了干劲，立志要为国家的富强和人民的幸福做出自己的贡献。

　　为了振兴电子工业，我国必须尽快制定出一些与国际电子电工标准相匹配的国家标准，这既是科学技术发展规律的需要，也是发展国民经济的形势需要。为了搞好这项工作，姚熹和工作组相关人员整天紧张地到全国各地相关企业调查研究，为制定陶瓷电容器国家标准搜集素材，无暇顾及学校和家里的其他事情。经过一年多时间的努力，姚熹主持的第四机械工业部固定电容器高频参数测试标准攻关组的技术工作取得了显著成就。他们发明了一套独特的测试方法，其技术指标较国际电工委员会同一时期提出的方法更加先进。这一方法很快被第四机械工业部采纳为部颁标准，一年后又被确定为国家标准，并获得国家标准总局一等奖。

1978 年 9 月的一天，姚熹在长春的一些工厂做完资料采集工作后准备乘火车去成都。成都有我国第一个五年计划期间苏联援建的 156 个重点项目中的电子电工工厂，那是编写国家标准必不可少的资料采集单位。这时，他突然收到了张良莹的电报，约他坐火车由长春去成都途经西安时，利用停车时间见一面，有急事面谈。火车到了西安站，张良莹告诉姚熹，学校要派人去国外留学，须参加英语考试以进行资格选拔。当时姚熹和张良莹都擅长俄语，很长时间没有使用英语了。此次见面，张良莹还特意给姚熹带来了一本英语语法书，让他抽空突击补习一下英语以备试，并告诉他等他出差回来就得参加考试，他没有更多的复习准备时间了。火车在西安站只停留了十分钟左右，姚熹便匆匆与她分别，上车继续西行了。

姚熹的强项是俄语，并且在当时学习苏联的社会背景下，学校教材使用的是俄文教本，学生学的也是俄语，大家很少使用英语。好在姚熹在桃坞中学上学时打下了一定的英语基础，经过突击复习，他在此次英语考试中取得了不错的成绩。

英语考试成绩的好坏决定着考试者将被派往哪个国家去做访问学者。1978 年 9 月，姚熹被录取为公费赴美访问学者。

1979 年 2 月，姚熹在西安外国语学院英语培训班进修了一个学期的英语。这是中国改革开放后第一批公派出国进行学术交流的人员。国家一下子要派出这么多人出国，究竟该往国外哪些学校安排好呢？这是个难题。这时候姚熹想到了 20 世纪 50 年代末 60 年代初与他做同样研究课题的克罗斯教授，他本来在英国大学任教，后来又转到了美国的大学。姚熹给这位教授写了一封信，告知他自己将要赴美做访问学者，向他咨询自己去美国哪所学校合适。这位教授收到信后十分高兴，很快就给姚熹回了信，直接建议他到美国他所任教的宾夕法尼亚州立大学，并发来了邀请信。这样，姚熹赴美进修的接收单位得以落实，他也因此被列入第一批到美国进行学术交流的访问学者名单中。

那时候中国还没有直达美国宾夕法尼亚州的航班。姚熹坐飞机由北京出发，先飞到瑞士再转机。中途因为飞机出了机械故障，只好临时降落在德黑兰机场，晚上飞机修好了，第二天才从德黑兰飞往瑞士的苏黎世，由苏黎世经日内瓦再飞到纽约，接着转飞到华盛顿，再从华盛顿飞往宾夕法尼亚州。就在美国万圣节的前一天，姚熹飞到了宾夕法尼亚州立大学所在的州学院。

在宾夕法尼亚州下了飞机，一位从英国来宾夕法尼亚州立大学就读的博士后来接待姚熹，他直接安排姚熹到宾馆住下。姚熹之前虽然通过了英语考试，但没有直接同外国人用英语交流过，所以对于这位博士后的交代似懂非懂。这位博士后很友善，已经把住宿和餐饮都安排好了，这让初到美国的姚熹感受到异国他乡的一份温情。

1979 年 10 月，作为改革开放后首批赴美的访问学者，姚熹开始在美国宾夕法尼亚州立大学材料研究所访问进修，导师是克罗斯教授。

1980 年夏中国第一批最早到宾夕法尼亚州立大学访问的三名学者合影
（右一为姚熹）

宾夕法尼亚州立大学创建于 1855 年，是一所美国的公立研究型大学。宾夕法尼亚州立大学的工程学院有极好的声誉，美国的优秀工程师里，每 50 人就有一人出自宾夕法尼亚州立大学。这也给学校带来了相当丰厚的科研资金，许多相关企业直接和学校展开合作。正因为如此，宾夕法尼亚州立大学对国际学生的录取比较严格。

此时的姚熹在国内已有五六年的教学工作经验，他去美国时带去了自己编写的两本中文教材，共有六百多页之厚。他的导师美国国家工程院院士克罗斯教授虽然看不明白这两部用中文书写的著作，但通过书内的图表和数据，感受到了这两部著作的学术分量。这让他对姚熹刮目相看。他对姚熹说："你预计在这里要待两年时间吧？"姚熹给予了肯定的回答："国家给了我两年的资助经费。"克罗斯教授说："那你为什么不拿个学位呀？"姚熹告诉导师，国家对出国交流的访问学者的资助经费是有限的。导师说："我们可以给你资助啊！我们资助得更多！"姚熹对导师说，这需要请示一下有关部门。当时正是改革开放的初期，国家急需高端人才，听到宾夕法尼亚州立大学愿意资助姚熹攻读博士学位，国家有关部门认为这是件好事，便同意了姚熹的请求。1980 年 6 月，也就是姚熹到了美国 7 个多月后，经中国驻美国大使馆教育处批准，他由公费访问学者转为自费攻读博士学位人员。

要取得博士研究生资格，就要经过一系列严格的资格考试。首先是托福（TOEFL）考试。姚熹当时在国内没有听说过托福考试，更不了解托福考试的具体情况。经过了解得知在美国考托福难度很大，因为美国的托福考试是面对面的提问考试，有些问题考生还弄不明白。考试要求很严格，托福考试过关的要求是 600 分，结果姚熹考了 597 分，只差 3 分，所幸主管托福考试的考官是负责姚熹所在读的宾夕法尼亚州立大学材料研究所学生的托福考试的，他了解姚熹的总体业务水平，就说差 3 分没问题。就这样，姚熹开始大学物理、化学、数学等相关基础学科的资格考试。这些课程姚熹已经多年没有接触过了，现在要考试就得突击复习。他把许多数学公式、物理定义、化学分子式等基本内容抄写在一个本子上，抓紧时间复习。

按照美国宾夕法尼亚州立大学的规定，攻读固态科学博士学位还必须加考两门外语，英语除外。姚熹当年在北京俄文专修学校第二部学习

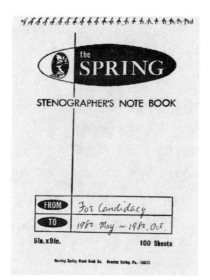

姚熹为参加博士资格考试准备的资料备忘录

时，已熟练掌握了俄语，所以他只要再准备一门其他语言就可以了。校方建议，在美国中文也可以算作一门外语。姚熹回应说："那还不如考我的俄语和日语。"他在国内担任助教和讲师期间，打下了较好的日语基础。当时研究所找不到与姚熹俄语、日语水平相匹配的出具考题的教师。正好这时研究所有来自苏联和日本的访问学者，于是校方让他们指定了一篇俄文学术论文和一篇日文学术论文，让姚熹翻译成英文。姚熹很轻松地完成了这场考试。看到这种情况，校方就将姚熹的中文考试直接免了。1980年10月，姚熹通过一系列笔试和口试的资格考试及日语、俄语两门外语考试，正式取得博士研究生资格。资格考试非常严格，要通过五位教师的面试。姚熹分别进入每位教师的办公室去面试。五位教师每个人提出的问题都不一样，最后五位教师会商取得一致意见，这样才算正式通过了资格考试，开始了博士论文的研究工作。

姚熹来自中国，学校对其研究课题的安排受到了一定的限制。导师克罗斯教授建议姚熹接替刚来美国时接待他的那位英国博士后做的铁电双晶理论的研究，于是，姚熹就开始研究这个课题。

在国际著名铁电陶瓷学家克罗斯教授的指导下，姚熹进行了有关双晶界面的研究工作，成功地用热压方法制备了各种铌酸锂双晶，研究了双晶界面的结构以及晶界对材料介电性质的影响，提出了双晶界面上的势垒结构及其界面模型，发现极化矢量相互对接的双晶界面起着阻滞晶体压电共振的作用。根据对多晶陶瓷介电频谱的测量，他发现了电子陶瓷中的晶粒压电共振现象的明确证据，证实了 20 世纪 50 年代著名电介质物理学家、麻省理工学院冯·希佩尔（Von Hippel）教授提出的铁电陶瓷中的晶粒压电共振效应产生了高频介电弛豫现象的猜想，解决了这个长期悬而未决的难题。

这个课题做了一年时间，1982 年 4 月，姚熹的博士学位论文《铌酸锂双晶与多晶陶瓷的介电、压电性质》通过答辩。这篇论文首次提供了铁电陶瓷中晶粒压电共振现象的明确证据，并发展出一种计算机模拟方法，计算数据与实验结果十分吻合。5 月，姚熹获得了美国宾夕法尼亚州立大学固态科学博士学位。

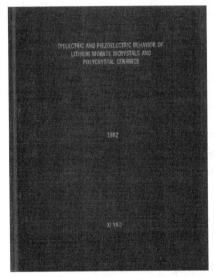

1982 年姚熹的博士学位论文封面及答辩后答辩委员会的现场签名

宾夕法尼亚州立大学为其举行了隆重的博士学位授予仪式。姚熹头戴方形黑色学位帽，帽子开口的部位置于脑后正中，红色的流苏系挂在帽顶的帽结上，垂在学位帽右前侧中部。他身穿黑色学位袍，外带黄色三角兜形套头垂布垂在背后。当校长将姚熹博士帽上的流苏从帽檐右前侧移到左前侧中部时，现场响起了热烈的掌声。宾夕法尼亚州立大学向新闻媒体发布消息，称这是中国访问学者在美国取得的第一个博士学位，也是以最短时间（一年零十个月）取得的固态科学博士学位。美国当地报纸、电台或在显著位置，或在黄金时段以大篇幅报道了姚熹的学识成就和科学研究的事迹。

姚熹获博士学位后留影（手持博士学位证书）

姚熹获博士学位后留影

相关媒体对姚熹取得博士学位的报道

宾夕法尼亚州国会众议员小克林杰先生（Mr. Clinger Jr.）给姚熹专门发函表示祝贺：

尊敬的姚博士：

祝贺你获得学位，你为此付出了那么多努力。我对你为获得这一杰出成就所做的努力表示赞赏。

高等教育既是一种特权，也是一种责任。你已经获得了知识和技能，如果你愿意花时间去分享，这些知识和技能不仅对你自己有益，对别人也有好处。我鼓励你永远不要放弃学习的欲望，这可能是让生活充满挑战和激情的唯一最重要的因素。我再次祝贺你，并祝你在今后的事业中取得成功。更重要的是，我真诚地希望你所做的决定，无论你做什么，无论你在哪里，都会让你得到回报。

宾夕法尼亚州国会众议员

小克林杰先生

1982 年 7 月 9 日

对于姚熹取得的成就，克罗斯教授感到极为兴奋，1982 年 4 月 19 日，他致函中国高等教育部部长蒋南翔和西安交通大学校长史维祥，对姚熹的工作给予了高度的评价。信中部分内容见下：

我很自豪地向您介绍姚熹博士出色的表现，他刚刚完成了宾夕法尼亚州立大学固态科学博士学位的所有要求。宾夕法尼亚州立大学的博士学位通常需要至少 4 年的集中学习，许多学生甚至需要 5 年或 6 年才能完成。从 1980 年 6 月首次注册到 1982 年 4 月论文答辩，姚熹在不到两年的时间里完成了所有要求。他的研究表现非常出色，他已经在第五届国际铁电学会议（IMF-5）和美国陶瓷学会全国会议上发表了自己的论文。论文评审委员会 5 名委员均认为该论文为特优。

我相信，高等教育部和他的同事们都有理由为姚熹的表现感到自豪，他可能是众多在美国工作的中国学者中第一个获得博士学位的人。

我们打算聘请姚熹博士在材料研究实验室做一年的博士后研究，让他在主导性论文主题的限制之外，在实践和理论问题上获得宝贵的额外经验。我们非常真诚地希望他出色的表现能在他的原本学校得到认可。

最后，我想说的是，我对所有在美（宾夕法尼亚州立大学）的中国学者的辛勤工作和优异表现印象深刻，并期待着在铁电体和其他电子陶瓷材料领域继续合作。

L. E. 克罗斯

1982 年 4 月 19 日

克罗斯教授写给高等教育部部长蒋南翔和西安交通大学校长史维祥的信件

姚熹与导师克罗斯教授（左）的合影

1982 年 6 月 19 日，宾夕法尼亚州立大学国际关系中心办公室主任弗里斯比（Frisbey）女士也致函中国高等教育部部长蒋南翔和西安交通大学校长史维祥，对姚熹取得的成就表示祝贺：

尊敬的先生：

大约三年前，中国学者开始前来美国，本办公室很高兴向您介绍第一批来到这所大学的英才之一所取得的杰出学术成就。姚熹先生是一位研究学者，过了几个月，他似乎有明显的可能完成宾夕法尼亚州立大学哲学博士学位的学业把握。1980 年 6 月，他向研究生院申请入学，正式开始留学。仅用两年的时间，1982 年 5 月 29 日，他就获得了博士学位，在那一段时间里，他取得了一个极不寻常的成就。他已经证明了自己是一位杰出的学者。攻读博士学位的时间一般是 3—5 年，有些学生甚至需要 5 年以上的时间。因此，我们想引起你的注意。姚熹是一位非常出色的学生。对于任何一个国际学生来说，他们需要完成的各种各样的学术要求内容，他在第 1 年就完成了，这是非常不寻常的。既然学术研究已经完成，姚博士希望今后几个月能集中精力进行另一项研究。他觉得回到中国后，如果能够完全集中精力进行研究和收集资料，为将来的出版工作做准备，他将会大有作为。他希望在他获准留在美国的剩余时间里这样做。在预定的行程结束后，他计划返回中国，利用先进的培训为国家发展服务。

作为我们国际学生团体的一员，他是贵国杰出的代表人物。我们很高兴现在有这样一位来自贵校的校友。

宾夕法尼亚州立大学国际关系中心办公室主任 弗里斯比

1982 年 6 月 19 日

弗里斯比的信件

美国晶体学会主席纽纳姆教授说："自 1959 年设立固态科学学位以来，从未有人用两年不到的时间取得过博士学位。"姚熹用一年零十个月的时间取得了固态科学博士学位，这让美国人感到不可思议。

拿到博士学位证书后，校方还建议姚熹继续做博士后研究。姚熹就在宾夕法尼亚州立大学材料研究所从事博士后研究，担任研究助理。1982 年 9 月，姚熹的博士学位论文获美国宾夕法尼亚州立大学材料科学最佳博士学位论文的"施乐研究奖"（Xerox Research Award）。

姚熹的博士学位论文获"施乐研究奖"

在做博士后研究期间，姚熹熟悉了环境，也扫除了语言障碍，在电子材料的广阔领域纵横驰骋，深入钻研，展现出旺盛的创造力。在这一时期，姚熹除继续研究原先已开展的课题外，又将很大的一部分精力投入掺镧锆钛酸铅（PLZT）透明电光陶瓷的深入细致的研究中。自 20 世纪 70 年代初美国的黑尔特林（Haertling）博士发现 PLZT 透明电光陶瓷以来，许多研究工作者已对其进行了深入研究，并发表了 300 多篇论文。对他们的观点，姚熹从不轻信，也不盲从。他把自己关进实验室里，大量地、细致地、长时间地进行实验，不辞劳苦地连续工作，潜心探索和思考。他坚信，科学的结论是从大量的实验中得出的。他的生活简单到不能再简单，他拒绝了一切感官享受的诱惑，对祖国的无限热爱为他提供了巨大的力量支撑，他也奉献出了自己的精力。

姚熹在对 PLZT 透明电光陶瓷进行一项实验时，突然发现了一种很奇特的变化。姚熹开始以为实验做错了，他又多次重复做这个实验，可这种异常变化又重现了。在介电温谱中，姚熹观察到了一种新的反常弥散。对这一发现，姚熹感到十分振奋。他和中国科学院的访美学者陈至立一起紧紧抓住这一发现，又连续做了多组实验。正在实验进行得最紧张时，姚熹接到张良莹从国内拍来的电报，让他到纽约去接机。姚熹原想和她一起在纽约玩几天，他到美国已快三年了，还从未去纽约玩过，可这时也顾不上了，只好请领事馆的朋友代劳。他又一头扎进了实验室。在大量实验数据的支持下，姚熹提出了"微畴-宏畴转变"机制的设想，并提出了纳米非均匀性这一重要概念。由于姚熹在弛豫铁电体中发现了微畴与宏畴转变的明确证据，从而否定了广泛流行的 a-β 相变说。

1983 年，张良莹到美国宾夕法尼亚州立大学访问时与姚熹合影

这一发现提供了电介质中存在超顺电态的重要证据，是弛豫铁电体研究的一个重要进展。

"微畴-宏畴转变"机制的发现受到了国际铁电学界的广泛重视与高度评价。PLZT 透明电光陶瓷的发明者黑尔特林博士表示，要用这一概念重新审查对于 PLZT 的电光性质的解释。美国阿尔弗雷德大学纽约州立陶瓷学院的舒尔茨（Shultz）博士表示要用这一观点重新评价他过去提出的有关 PLZT 老化和反铁电态的结论。美国国家工程院院士克罗斯教授认为，微畴的发现是弛豫铁电体研究中的一个重大事件，在理论和实践方面均将产生重大影响。

在美国工作期间，姚熹连续奋战，写出了 19 篇论文，全部发表在美国有关学术刊物上，其中的 12 篇论文在美国的全国性或国际性会议上宣读过，他还和我国学者合作获得了一项美国专利。

他的论文《铌酸锂陶瓷的晶粒压电共振对其介电谱的影响》被《美国陶瓷学会学报》（*Journal of the American Ceramic Society*）的两位审稿人认为是"卓越的论文，应毫不迟延地、不加更改地立刻予以发表"。由于这篇论文，美国陶瓷学会在 1985 年的全国年会上授予姚熹"罗斯·科芬·珀迪奖"。这项奖励是授予世界上对陶瓷技术文献做出最卓越贡献的学者，姚熹是获得这项奖励的第一位中国学者。

美国陶瓷学会在 1985 年的全国年会上授予姚熹"罗斯·科芬·珀迪奖"

姚熹取得的巨大成就，引起了国际学术界的高度重视。美国宾夕法尼亚州立大学材料研究所把姚熹作为在该所工作过的最杰出的外国学者代表，将他的照片收入该所成立 20 周年纪念专刊中。该所也开始大量接收中国访问学者。

在美国期间，姚熹特别注意用自己的实际工作扩大我国的国际影响，促进中美之间的科学交流和合作。他开展的卓有成效的工作，改变了很多人对中国学者的看法，越来越多的人愿意向中国学者请教。在姚熹的建议下，国际铁电学会议顾问委员会和《铁电学》杂志增补了中国委员。

姚熹回国之际，克罗斯教授按照惯例给姚熹出具了他在美国学习时的业务成绩和表现推介信，他在推介信中写道：

致相关人员：

兹证明姚熹博士于 1979 年 10 月 30 日至 1983 年 3 月 30 日在宾夕法尼亚州立大学材料研究所作为访问科学家、研究生助理和博士后研究员与我一起工作。姚熹是一位极具创造力的科学家，他工作非常努力，与他一起工作也很愉快。

在宾夕法尼亚州立大学期间，他已经发表了 19 篇研究论文，并且这些论文被提交给了权威期刊。他在美国国内和国际会议上发表了 6 篇论文，回国后还将作为合著者发表另外 6 篇论文。

姚熹的工作既具有基础科学意义，又具有很高的实际相关性，这一点由清华大学基于这项工作提出的两项专利公开证明。

姚熹博士在 1982 年 4 月提交的论文被选为 1982 年整个宾夕法尼亚州立大学系统材料领域的两项杰出研究之一，并获得了当年的著名"施乐研究奖"，这是他高质量努力的有力证明。

在宾夕法尼亚州立大学期间，姚熹的英语非常好，他一直是我与许多中国访问学者的联络人，他在安排他们的日程、帮助他们适应当地环境方面发挥了非常重要的作用，并基本上确保他们在宾夕法尼亚州立大学材料研究所度过了有趣而富有成效的时光。

我当然会怀念与姚熹的精彩互动，并祝他在中国恢复职业生涯时一切顺利。我相信他是一位杰出的科学家，同时也是一位热情而有人情味的人。

宾夕法尼亚州立大学帕克分校材料
研究实验室副主任、电气工程教授
L. E. 克罗斯
1983 年 3 月 18 日

1983 年 3 月，姚熹由美国回国。他在美国待了三年半时间，回国后任西安交通大学电子工程系副教授。

姚熹在美国宾夕法尼亚州立大学材料研究所取得的科研成果深得美国铁电陶瓷权威克罗斯教授的赞赏。克罗斯教授对中国留学生的科学天赋和敬业精神刮目相看，十分看重和欢迎中国留学生加盟他们的教学与科研团队。姚熹教授凭借他与克罗斯教授长期良好的合作关系，陆续向美国宾夕法尼亚州立大学推荐了一批优秀的中国留学生，为中国和世界铁电陶瓷科学领域培养了一批高端精英人才。美国宾夕法尼亚州立大学电气工程系终身教授郭汝艳永远牢记着恩师姚熹教授对自己的知遇之恩，当年姚熹推举她师从宾夕法尼亚州立大学名师克罗斯教授，使她刷新了宾夕法尼亚州立大学电气工程系 100 多年来没有女性教授的历史。

二、陪同总统

1984 年 4 月 26 日至 5 月 1 日，美国总统罗纳德·威尔逊·里根（Ronald Wilson Reagan）对中国进行国事访问。这是中美建立外交关系以来第一位美国在职总统访问中国，双方对此高度重视。在美国总统访华日程中，我国安排了里根总统一行赴西安参观秦始皇兵马俑博物馆的活动。

秦始皇陵兵马俑被称为世界第八大奇迹，自发现以来，吸引了各界人士关注的目光。世界各国游客纷至沓来，各国政要也是争相光顾，只为一睹震撼世界的秦俑真容。如何接待里根总统访华，这是中美双方都极为重视的大事，大家都为此做了缜密细致的探讨研究和详尽安排。对于里根总统一行的西安之行，中美双方从接待规格、行程路线、安全保障等方面做了周密的考虑和安排。陕西省政府决定以最高规格接待里根总统一行，行政方面由时任省长李庆伟带队作陪。鉴于里根总统这次访华的一个重要议题是要同中国政府签订工业科学技术管理合作协定书和科学技术情报合作议定书，还要签订《中美和平利用核能合作协定》，所以陪同接待人员中须有科技权威和声誉崇高的人士参与。为此，陕西省政府选定了姚熹。姚熹是中国改革开放后第一批公派赴美进行学术交流的学者，是改革开放后第一位在美国获得博士学位并从事过博士后研究的教授。他在美国宾夕法尼亚州立大学以一年零十个月的最短时间取得固态科学博士学位的事迹被美国多家报纸、电台报道过，在美国学术界和科技界有着广泛的影响。姚熹在美国宾夕法尼亚州立大学的导师曾亲笔致函我国高等教育部部长蒋南翔及有关部门，对姚熹在美国进行学术交流和科学研究所取得的优异成绩予以大力褒扬。所以，姚熹在当时中国教育和科技界有着不俗的影响。对于确定姚熹参与里根总统在西安的参观陪同活动，美国有关方面还专门到姚熹留美的宾夕法尼亚州立大学做了调研考察，得出了满意的结论，因而中美双方一致同意时任陕西省省长李庆伟和西安交通大学教授姚熹作为主要人员陪同里根总统参观秦始皇兵马俑博物馆。

1984 年 4 月 26 日，美国总统里根和夫人一行到达北京，开始对我国进行国事访问。4 月 29 日，里根总统乘坐空军一号专机飞抵西安阎良机场。陕西省省长李庆伟和姚熹专程到机场迎接。里根总统的出访阵容庞大，随同空军一号总统专机来的，还有几架运输机，运来了大批随行记者、安保人员以及防弹汽车和总统的生活用品。里根总统和夫人南希·里根（Nancy Reagan）走下舷梯，李庆伟省长和姚熹教授走上前去，对总统和夫人致以欢迎，简单仪式之后，李庆伟省长陪同里根总统，姚熹教授陪同总统夫人南希，一同驱车前往临潼县，先去参观了华清池，这里是当年唐玄宗恩赐其爱妃杨玉环沐浴的地方。骊山美景，温泉名胜，让里根夫妇赞叹不绝。

午餐之后，大家便直奔秦始皇兵马俑博物馆。姚熹主陪总统夫人南希，二人在参观中多有交谈。因为姚熹儒雅的表现、潇洒的风度、流利的英语、渊博的学识，南希便问道："你是外交人员吗？"姚熹笑着回答："我是西安交通大学教授。"对于姚熹的交际才能，南希报以赞许的微笑。

里根总统夫妇进入秦始皇陵兵马俑一号俑坑，眼前的景象让他们惊叹不已。这是一个长方形的秦代兵马俑坑，东西至少长 203 米，南北至少宽 59 米。这是中国目前仅见、在世界上其他地方从未发现过的大规模的陪葬坑。8000 多个真人大小的陶制兵马俑整齐有序地排列成行，军阵严密，栩栩如生，令人叹为观止。这些兵马俑形态各异，武姿威严，表情生动，构成一个威武雄壮的庞大军阵，显示出秦军战无不胜的强大力量。里根兴趣浓郁，想近前仔细观赏陶俑的容颜，得到允许后，李庆伟省长和姚熹陪同里根总统夫妇下到坑内仔细观看。听了专业人员的介绍，里根总统和夫人对中国古代文明的成就惊诧不已。

走出秦始皇兵马俑博物馆大厅，里根总统一行信步走到外边的集贸市场，只见这里人头攒动，熙熙攘攘，形形色色的露天商铺和摊位一街两行，五彩斑斓，摆放着各种具有地方特色的旅游纪念品。络绎不绝的游客有的漫步欣赏街景，有的精心挑选纪念品，一派繁华热闹的景象。总统夫人南希对各种风格别致的民俗工艺品特别感兴趣，不时向姚熹询问她所看到的新奇的民间工艺品的名称和用途，还饶有兴致地选购了几件她特别中意的工艺纪念品，对中国深厚的历史文化底蕴和丰富多彩的民间工艺品赞叹不绝。

参观完了兵马俑，李庆伟省长和姚熹等送里根总统一行到西安阎良机场飞往北京。

三、创建实验室

实验室是科学的摇篮，是科学研究的基地，是科学发展的源泉，对新科技成果的诞生起着非常重要的作用。按归属实验室可以分为三类：第一类是从属于大学或者由大学代管的实验室；第二类属于国家机构，有的甚至是国际机构；第三类直接归属于工业企业部门，为工业技术的开发与研究服务。

姚熹教授在实验室工作

为了更好地为教学和科研服务，多出人才和科技成果，姚熹于1985年开始筹建电子材料研究实验室。科学研究在经历了"文化大革命"的重创之后，既缺资金也缺设备，科研条件十分艰苦。姚熹和张良莹凭着对科学的不懈追求，克服资金短缺、设备匮乏、人手紧张等重重困难，千方百计地筹建材料科学实验室。

为了给姚熹主导的电子材料学科建一个专业实验室，西安交通大学副校长、校学术委员会副主任汪应洛陪同姚熹一起去国家计划委员会相关部门汇报材料。当时向国家计划委员会申报建立电子材料专业实验室的单位很多，竞争十分激烈。汪应洛反复向国家计划委员会的相关负责同志阐述西安交通大学建立电子材料专业实验室的迫切性和所具备的有利条件，表达出一定会办好专业实验室的信心和决心，使得负责这项工作的同志有了把电子材料专业实验室设在西安交通大学的意向。当时汪应洛和姚熹已订好了返回西安的飞机票，且离飞机起飞时间不远了，但他们放心不下，再次去找国家计划委员会的同志商谈，等到商谈完毕，飞机已经飞走了，他俩只好在航空旅馆住了一夜，第二天才飞回西安。

国家计划委员会最终批准把电子材料专业实验室建在西安交通大学。但是，建设电子材料专业实验室的资金严重不足。当时，联合国拨给西安交通大学一笔基金，这笔基金本来计划分配给汪应洛主管的管理学院使用，为了尽快把电子材料专业实验室建好，汪应洛毅然决然将这笔基金拨付给了电子材料专业实验室，使这个项目得以尽快上马开建。

当时姚熹和张良莹都已年过五旬且身体虚弱，但为了及早建成实验室，他们顾不得自身健康和家庭困难，天天泡在实验室，累了就趴在实验桌上小憩片刻，饿了就用白开水就着面包充饥。有一次，为了购买一台关键设备，他们不辞辛劳，前后跑了几十个部门，最后终于买到这台设备。为了保护这个来之不易的"心肝宝贝"，避免因为搬运不当而影响仪器的精度，他们还为此专门设计了一种自动搬运机械装置，将这台关键设备安全地搬运并放置到了实验室内。

为了尽快完善实验设备，姚熹对学校过去的旧有实验设备进行了清理，千方百计修旧利废，最大化地发挥它们的作用。对于一些当时购买不到的设备，他组织人员研究自制，以节省费用，解决燃眉之急。经过几年的不懈努力，一个具有现代化水准的电子材料实验室投入使用。1989 年，实验室被国家教育委员会和国家计划委员会批准为国家专业实验室，并被国家计划委员会与世界银行联合审定为全国重点学科发展计划的七个试点实验室之一，姚熹教授担任实验室主任。

姚熹在这个电子陶瓷领域的国内第一个百级超净实验室内开展了一系列的研究工作。他领导的 863 计划新材料领域关于精细（纳米）复合功能材料的研究，发现了精细（纳米）复合材料在电场诱导下的光散射、光透射和光学双折射多种效应，观测到了这种复合材料的二次谐波发生（SHG）效应和简并四波混频（DFWM）效应等现象。1990 年 8 月，姚熹领导的课题组成功制备了 10—50 纳米的钛酸铅微粒，并可控制生成球状、针状、片状多种形状，比国外同类研究工作早了十多年。1990 年底，863 计划、"七五"成果检查专家组对该课题组的工作给予了高度评价。

多年来，在学校的大力支持下，实验室依靠自身的优势，积极争取国家教育委员会、国家科学技术委员会、国家计划委员会、国家自然科学基金委员会和 863 计划新材料专家委员会等多方面的支持，使实验室的建设得到了长足的发展。在实验室主任姚熹教授和实验室副主任张良莹教授的领导下，实验室认真建立健全和严格检查落实各种规章制度，借鉴国内外先进实验室的管理经验，实行集中统一管理和研究生参与管理这种行之有效的管理办法，全面提升研究生的思想素质和业务素质，不断提高其思想觉悟和道德水准，充分锻炼其工作能力和科研能力，努力树立良好的工作作风和思想作风，自觉形成自我教育、自我约束的自律风尚，使实验室的科研工作取得了丰硕成果，研究生培养出现了可喜的局面。

姚熹在电子材料国家专业实验室学术委员会第三次会议上发言

实验室实行主任负责制，由主任对实验室的行政工作、科研工作、研究生培养教育、人员聘任、学术交流、资产、技术、开发、财务等方面实行集中统一管理。根据实际工作的需要，实验室先后制定了 50 多个规章制度，以保证科研、教学和管理工作正常进行，使各项工作有据可依、有据必依，有章可循、有章必循。同时，为了充分调动教职工和研究生的积极性，在他们努力承担完成科研任务的前提下，让他们大胆地参加管理仪器设备，处理日常事务，负责重要活动，这种集中管理和分工负责相结合的管理方式，使实验室始终处于有理有序的高效良性运作之中。

作为国家专业实验室，首要任务是创造出一流的高水平科研成果，还要培养出高水平的一流人才，作为高层次人才的培养基地，不但要使人才的业务水平高，更重要的是要使人才的素质高、思想好、作风硬。实验室所建立和实施的一系列管理制度就是为培养高素质、高层次、高水平人才提供有力措施和重要保证，培养和造就学生强烈的社会责任感、较高的思想觉悟、良好的道德风尚和扎实的工作作风，使学生得到锻炼、陶冶、净化和感染，不断自我约束、自我完善自己的思想和言行，不断提高自己的思想修养和业务修养。

姚熹指导研究生进行实验

实验室的科研经费主要来自 863 计划和国家自然科学基金的重大、重点项目，每年到位的经费由实验室专人负责集中管理、统一掌握。参与课题的科研人员根据需要，经课题组组长同意后可以很方便地使用这些经费。若要购置贵重仪器设备或改造某个实验室，经实验室主任批准同意后，可以及时得以实施。好钢用在刀刃上，把有限的经费集中起来，可以有计划地合理配置和使用这些经费，以保障科研工作的顺利进行。实验室严格执行经费管理制度，按政策规定从科研经费中提取的一定比例的酬金也由实验室统一掌管，用于实验室全体人员的津贴和其他支出。姚熹和张良莹教授是大多数课题的主要负责人，他们从不把经费装入个人腰包，归己所有，而是全部交给实验室，与大家一视同仁，平等取酬。即使是姚熹教授因为自己的声望而自筹的科研经费也一同由实验室统一管理，同时，又让使用者以最大的便利合理使用科研经费。实验室所有的仪器设备都指定专人负责管理，根据工作需要，每个课题的研究人员可以很方便地操作使用，真正做到资源共享。这样有利于保障科研工作顺利进行，消除有些实验室经费和仪器分散管理、重复购置、使用收费、互相摩擦等问题，使大家能集中精力，最便利地开展科研工作。

实验室实行坐班制度。全实验室人员每天上下班必须签到登记，15分钟内签到完毕，有事外出必须登记去向和说明离开时间，以便实验室全面掌握每个人的出勤情况，并与业务考核和奖金发放挂钩。当时执行这一制度很是费了一番周折，有些人不理解，当时西安交通大学也只有少数单位才实行坐班制。经过大家的认真执行和共同努力，这一制度已顺利地坚持了多年，大家自觉地养成了遵守纪律、坐班签到的良好习惯和自我约束的自律风气，所有人员精神饱满和有足够的时间投入科研工作与管理工作。姚熹教授为大家做出了表率，他带头坚持坐班，按时上班，很晚才离开实验室，更是利用节假日和寒暑假这些本该休息的时间来处理工作事宜，即使晚上出差回来，也顾不上旅途的疲劳，第二天一早就赶到实验室。有一年，张良莹教授在整个寒假期间一直为国际会议忙碌着，直到大年三十上午还在处理国际会议稿件。他们这种废寝忘食、不知疲倦的忘我工作作风教育和感动了大家，也默默影响和感染着大家。榜样的力量是无穷的，每年寒暑假放假，大家都坚持到最后一天下午才踏上归途，开学时，按时报到率达100%。大家每天坚持在实验室工作，恪守职责。有一次有位某大学的老师下午五点半来实验室联系工作，原本担心找不到人，可当他到达实验室后发现大家仍在有条不紊地工作，这令他很惊讶。他说自己所在的实验室下午这么晚了很少还有人在工作，与这里相比差距很大。几年来通过实行坐班制，大家经受了锻炼和考验，组织纪律性得到加强，遵守各种规章制度的意识得到提高，保证了足够的工作时间来完成自己所承担的工作，收到了良好的效果。实验室所取得的重要科研成果和发表的数量可观的学术论文与实行这一制度是密切相关的。

实验室的规章制度不断根据工作需要和实际情况的变化进行修订与完善，确保管理工作制度更加健全。例如，实验室原规定工作人员出国三个月以上要扣除部分工资，后来根据大家建议将时间改成一个月以上。现已对在国外交流的几位教师执行了这一规定，包括对去新加坡访问讲学才一个月的姚熹教授，也做到严格管理，坚持原则，公私分明，不徇私情。又如，实验室的仪器设备未经批准同意不得私自让外单位人员使用，有位研究生私自让其弟弟使用实验室的计算机，被发现后，对他进行了严肃的批评，并扣发了他当月的部分津贴，这让大家都受到了深刻的教育。

管理工作是十分复杂的系统工程，大胆、严格、坚持不懈地进行管理是很不容易的。张良莹教授为此呕心沥血、废寝忘食，付出了极大的精力和心血。她科研、教学、管理一肩挑，以身作则，严于律己，事无巨细，事必躬行，工作热情极高，工作责任心极强，对每项工作她都要进行认真部署，具体指导，检查落实，善始善终；对不良言行进行坚决的抵制和严厉的批评；对每个人进行耐心细致的帮助和关心。她统筹有道、管理有方，使实验室的管理独具特色，闻名遐迩。为了提高实验室的管理水平，1990年实验室在全国重点实验室中率先开发了一套国家重点实验室计算机动态管理系统软件，整套系统适应于实验室的科研管理和日常事务处理，包括实验室简介、科研项目、经费、资产、人事档案、人员培养管理等12个部分，还可进行记录、查询、统计、结算等，该系统被国家教育委员会选定为推广方案，于1993年12月通过技术鉴定，并举办了两期推广培训班，向全国近30所高校的重点实验室推广，第三期培训班于1995年3月举办。

实验室的博士研究生、硕士研究生不仅是重要的科研力量，而且是得力的管理力量。姚熹鼓励他们在完成科研项目的同时，积极参与管理和实验室建设，在实际工作中增加才干，锻炼能力，不断提高综合能力和管理水平，最终成长为思想素质好、科研水平高、管理能力强、能适应社会需求和发展的复合型高层次人才。实验室制定和实施的一系列规章制度，在姚熹和张良莹教授的榜样示范作用，以及日益形成的自我约束的自律风气下，为研究生参与管理提供了有力的保证，实验室可以放心大胆地吸收研究生参加管理工作，相信和支持他们能够做好各自负责的管理工作。例如，遴选研究生负责重要仪器设备的使用和维护工作，在实际工作中，他们精心操作，妥善管理，不仅提高了设备运行效率和使用水平，锻炼了他们操作、维护仪器设备的能力，而且解决了实验室固定人员少、无专职人员管理仪器设备的困难，同时也为研究生"三助"（助研、助教、助管）提供了有利的机会。目前几乎所有的大型设备都是由研究生负责管理的，他们每月可得到一定数量的酬金，年终还可得到一定数额的奖金。1994 年秋建立的计算机区域网络由几位研究生自己安装、调试、运行、维护和管理，在很短的时间内就投入使用，极大地提高了实验室全体人员的文字处理能力和计算能力，该网络与中国教育和科研计算机网联通，进一步加强了国际信息传播和学术交流与合作。由于实验室加强了管理和教育，气正风廉，研究生的思想素质和觉悟有了很大的提高，购置设备、改造实验室等可以放心地由他们自行进行市场调研、询价、定价和购买，他们自觉拒绝和抵制各种回扣。在由研究生管理的各种设备中，他们从不私自接受别人和外单位的有偿或无偿服务，不让无关人员操作仪器设备，从不接与科研课题无关的私活，从不在计算机上玩游戏和为他人复制软件，坚持原则，不徇私情，秉公行事，公私分明，这成了实验室全体人员的思想规范和行为准则。复印机、计算机、激光打印机、电话机等办公设备全部开放，在自觉遵守使用规章制度的前提下，他们可以敞开使用，自行操作，自我管理。这些优越的工作条件极大地方便了科研教学和管理工作，在一定程度上也反映了大家良好的精神风尚和素质水准。

　　让研究生参与管理，不但提高了实验室的整体管理水平，而且加强了研究生的科研能力。实验室举行两周一次的研究生学术交流活动，实行开学初制订工作计划、期中期末做科研报告和工作报告制度，以及时了解和掌握每个研究生的研究动态，督促、检查和总结科研进展，这些都收到了良好的效果。实验室支持研究生独立申请课题，让他们亲自向有关部门汇报 863 计划课题和国家自然科学基金重点项目的研究进展，参加国际学术会议，组织科研成果鉴定，筹备国际学术会议，编辑学术专刊等。到 1995 年，实验室已有 8 项科研课题取得重大进展，有些甚至达到了国际先进水平，已发表的科研论文数百篇，中国专利发明奖多项，科技成果奖多项，已毕业博士 14 人、硕士 29 人，出站博士后 2 人。据不完全统计，到 1995 年，实验室毕业的研究生中已有教授 1 人、副教授 4 人，担任国家重大项目课题负责人 9 人，不少硕士在国外取得博士学位并在国外从事博士后研究。1994 年，研究生中 4 人获三好优秀研究生，4 人获校级、院级三好研究生，1 人获陈大燮奖学金一等奖，1 人获宝钢教育奖一等奖，3 人获 505 奖学金，2 人获阳光工程奖学金。

　　在姚熹的领导下，实验室的科研成果斐然，研究生培养效果显著，实验室建设和管理独具特色，在国内外具有一定的声誉和影响。

国家对西安交通大学电子陶瓷与器件教育部重点实验室进行评估

　　弛豫铁电体是电子技术领域重要的功能性材料，在电子通信、生物医学、航空航天、国防科技等高新技术产业和国防装备等领域有着广泛应用。西安交通大学电子陶瓷与器件教育部重点实验室在姚熹的带领下，历经几代人 50 多年的不懈研究，在国际上原创性地提出了弛豫铁电体"微畴-宏畴转变"理论、"新玻璃模型"理论等国际广泛承认的弛豫铁电体理论，开发了一系列高性能铁电纳米复合、薄膜、陶瓷和单晶材料等，为推动国内外电子元器件行业的发展做出了重要贡献。实验室研发的弛豫铁电单晶体的压电性能比压电陶瓷高 4—6 倍，电致应变高 10 倍，已经成功应用于国防尖端装备，电子陶瓷与器件教育部重点实验室也成为国内外少数几个能够批量生长高性能弛豫铁电单晶的单位。2009 年至今，实验室荣获国家自然科学奖二等奖一项、教育部自然科学奖一等奖 3 项。在学校和上级管理部门的支持下，2009 年成立了西安交通大学国际电介质研究中心，2014 年底获批成立多功能铁电材料与器件研究创新引智基地，2014 年获批成立陕西省电介质材料与器件国际合作研究中心，2015 年加入教育部微纳制造与测试技术国际合作联合实验室，2016 年获批成立科学技术部多功能铁电材料与器件国际联合研究中心。

姚熹率领徐卓、魏晓勇、李振荣、李飞团队历经多年研究，建立了"微畴-宏畴转变"和"新玻璃模型"理论，揭示了纳米尺度微畴在弛豫铁电体中的重要作用，构建了弛豫铁电体"微畴-宏畴理论"体系，发现了弛豫铁电单晶 / 陶瓷材料高性能的物理机制，研发出高性能弛豫铁电单晶 / 陶瓷材料及器件，并应用于国防装备。20 篇核心论文发表在所在领域的国际一流学术期刊上，研究成果得到美国国家工程院院士、英国皇家学会院士、澳大利亚科学院院士和电气与电子工程师协会会士等本领域权威学者的引用和高度评价，他们指出"姚理论影响深远""'新玻璃模型'完全可以替代 Vogel-Fulcher 关系""证明了单晶高性能的起源"。作为项目主持人的姚熹在国际学术会议做大会报告和邀请报告 30 余次，出版了广为使用的《电介质物理》教材，创办了英文国际期刊 *Journal of Advanced Dielectrics*（中文名：《先进电介质学报》），创建了亚洲铁电联盟及亚洲铁电学系列会议，获电气与电子工程师协会铁电学成就奖和何梁何利基金科学与技术进步奖，入选美国国家工程院外籍院士和美国陶瓷学会会士。团队的"弛豫铁电体的微畴-宏畴理论体系及其相关材料的高性能化"项目获得 2015 年国家自然科学奖二等奖。

在国家和学校相关高层次人才引进计划、高等学校学科创新引智计划（简称"111 计划"）等相关政策的支持下，实验室积极引进海外高水平学术人才，帮助他们组建研究队伍、搭建研究平台和申请国家项目，使他们尽快适应并融入国内的科研教学环境，早日产出高水平的

姚熹院士（右一）参加教育部重点实验室学术委员会会议

研究成果。同时，实验室也利用机会支持优秀青年人才出国深造，充分利用国外的优势条件和资源，使年轻人在学术成长期内更快更好地发展。

客座教授叶作光是加拿大西蒙菲莎大学（Simon Fraser University）终身教授，由于在铁电压电材料与应用方面的突出贡献当选为电气与电子工程师协会会士和加拿大皇家科学院院士。叶作光院士是电子陶瓷、铁电压电材料领域的国际知名学者，长期致力于电子材料结构与性能、新型多功能多铁性材料和弛豫铁电体极化与弛豫行为的研究，在弛豫铁电体、压电单晶和薄膜、新材料及新合成方法等方面进行了许多开创性的研究工作，取得了一大批具有国际影响力的创新性研究成果，并得到国际同行的广泛认可。在《科学》、《自然-材料》（Nature Materials）、《先进材料》（Advanced Materials）等顶级学术期刊上发表学术论文450余篇、综述论文21篇及书籍章节等。他曾担任国际压电单晶标准化委员会主席及电气与电子工程师协会超声、铁电与频率控制（UFFC）学会标准化委员会主席。

叶作光在《亦师亦友——我和姚熹老师的师生缘分》一文中深情地回顾了姚熹带领他创建电子材料研究实验室的艰苦历程，很有感触地认为，是姚熹亲力亲为的严谨求实的作风，带领他走上了科学研究的成功之路。

徐卓教授领导课题组开展弛豫铁电单晶材料的研究工作长达25年，培养了李飞教授等一批优秀的青年人才，近年来在压电单晶领域取得了国际一流的学术成果，在《科学》《自然》正刊发表学术论文4篇，表明西安交通大学压电单晶团队的学术研究达到了国际领先水平，《科学》《自然》分别发表专题文章评述这几项研究成果。相关成果荣获"中国科学十大进展"、军队科技进步奖一等奖等奖励12项。

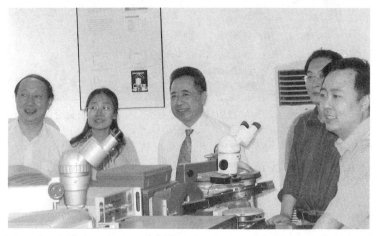

姚熹院士（中）同徐卓（左一）、李振荣（左二）、冯玉军（右二）、魏晓勇（右一）在实验室

西安交通大学"腾飞"特聘教授刘明自2013年加入实验室以来，成功组建了集成铁性材料与器件研究团队，在磁电存储器及存储介质、磁电传感器、自旋电子元器件、介电储能材料以及多铁材料与器件等方向开展了高水平学术研究，在国际知名学术期刊《科学》、《自然-通讯》、《先进材料》、《先进功能材料》（*Advanced Functional Materials*）等高水平学术期刊上发表论文100余篇，论文总被引次数超过60 000次。他是国家级特聘教授、享受国务院政府特殊津贴专家。

近年来，电子陶瓷与器件教育部重点实验室不断取得佳绩。2018年姚熹荣获"中国电介质物理终身成就奖"，2016年和2019年姚熹两次被教育部推荐为国家最高科学技术奖候选人，2023年姚熹获得陕西省最高科学技术奖。徐卓获得全国创新争先奖（2022年）、中国专利金奖（2023年）。徐卓、李飞获得美国陶瓷学会"罗斯·科芬·珀迪奖"（2020年）。李飞获得陈嘉庚青年科学奖（2022年）、霍英东青年教师奖

（2022 年）和中国电介质物理"优秀青年奖"（2018 年）。李飞和张楠分别获得 IEEE/UFFC 优秀青年奖。实验室还引进和培养了一批优秀的青年人才，如周迪、靳立、严永科、王志广、胡忠强、牛刚等，青年教师李景雷、董国华、刘鑫先后入选西安交通大学"十大学术新人"称号，充分凸显了实验室在青年人才培养方面的成绩。

电子陶瓷与器件教育部重点实验室一贯注重国际合作交流及其平台建设，与美国、俄罗斯、德国、澳大利亚等国家的著名电介质研究单位和团队长期保持着紧密的合作关系，承担科学技术部、国家自然科学基金等国际科技合作项目 10 余项，"金砖国家"自然科学基金国际合作项目 1 项。2013 年，实验室向教育部和国家外国专家局申报的"111 计划"项目"多功能铁电材料与器件研究创新引智基地"成功获批，这为实验室开展更广泛的国际学术交流和批量引进海外优秀学术团队提供了新的途径与支撑，进一步提升了实验室的国际学术交流水平。从 2014 年"111 计划"启动至 2019 年，实验室共邀请海外知名专家学者来基地工作 70 人次，其中院士、电气与电子工程师协会会士等国际著名学者十余人次，为推动西安交通大学电子科学与技术学科的发展和国际化进程做出了贡献。

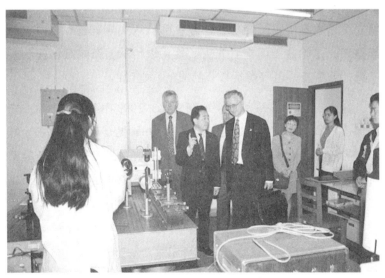

姚熹（左三）向来宾介绍实验室相关情况

美国加利福尼亚大学伯克利分校教授、诺贝尔化学奖获得者
达德利·赫施巴赫（Dudley Herschbach，右一）参观实验室
左一为姚熹

实验室十分注重学术交流，为了扩大学术影响力，创办了介电铁电前沿学术论坛，成功举办了多场国际会议，包括弛豫铁电体结构与性能关系国际研讨会、中俄介电与铁电材料论坛暨高性能压电铁电单晶国际研讨会、无铅压电与新型铁性材料国际研讨会和中德铁电国际研讨会等。通过这些学术交流活动，实验室的学术影响力不断提升。

西安交通大学电子陶瓷与器件教育部重点实验室教授、博士研究生导师李振荣，是姚熹的博士研究生，她薪火传承，在姚熹创建的实验室里继承恩师的事业，也取得了卓著的成就，她说：

我是姚老师1996级的博士研究生，1999年毕业并留校任教。

最早知道姚老师是通过1994年中央电视台的一期《东方时空》栏目的《东方之子》节目，姚老师目光炯炯，畅谈了电子陶瓷材料对我国未来科技发展的重要性，给我留下了深刻印象。由于我本科硕士都是材料科学专业，于是决定报考姚老师的博士研究生。1996年3月博士研究生入学后，我阅读的第一篇文献就是姚老师的文章《试论材料科学与工程的内涵与研究方法》，这使我对材料科学与工程有了新的理解和认识。姚老师多次略带调侃地讲道，材料学家是"四不像"，既不是物理学家又不是化学家，既不是科学家又不是工程师。姚老师又郑重地说，材料学家应该既是物理学家又是化学家，既是科学家又是工程师。他深刻地道出了对材料学家的高要求。姚老师和张老师（姚老师的夫人张良莹教授）为我们提供了国内乃至国际上很好的研究平台，我从读博到留在电子材料研究实验室任教，从讲师到教授博导，这么多年一路走来，在科研工作中取得的点点滴滴的成绩，都离不开恩师的教导。衷心地感谢姚老师和张老师。

以色列学者西德尼·朗（Sidney Lang）曾在西安交通大学电子材料研究实验室工作过一段时间，对姚熹的科研成果和实验室的先进设备留下了深刻的印象，他回忆说：

> 我在世界上许多地方都见过姚熹，特别是在中国的西安。我最早遇见他是在1981年的第五届国际铁电学会议（美国宾夕法尼亚州立大学）和1985年的第六届国际铁电学会议（IMF-6，日本神户）上，他和殷之文先生（来自中国科学院上海硅酸盐研究所）共同组织了中国铁电研究领域较早的一本英文论文集，由我担任编辑以专刊的形式于1990年在《铁电体》（Ferroelectrics）期刊上出版，这本专刊很好地描述了铁电研究在当时中国的快速发展情况。1990年我和我儿子迈卡（Micah）在西安短暂地访问了三天。姚熹和他夫人邀请我们在他们家吃了一顿非常美味的晚餐，并带我们参观了西安的著名历史古迹。最让我难忘的是我们参观了他们在西安交通大学的实验室，这个实验室配备了当时非常现代化的电子仪器和计算机控制设备。1993年，姚熹邀请我到他们实验室工作访问三周，这使我有机会与实验室的学生单独交流，进一步了解了他们正在进行的令人兴奋的研究。他们实验室的研究设施确实非常优秀，达到了国际领先标准。姚熹和我在后来的国际会议上又多次见面，我们共同讨论了许多研究和其他方面的话题。我很自豪能和姚熹成为好朋友，祝愿他身体健康，快乐进步。

四、参加中共十三大

1987 年 3 月 27 日，国家教育委员会教师管理办公室通知西安交通大学，经国家科学技术委员会批准，姚熹、蒋正华获"国家有突出贡献中青年专家"称号，并从 1986 年 12 月起晋升 3 级工资。

4 月，姚熹、蒋正华、戴景宸三位教授荣获"陕西省劳动模范"称号。

5 月 4 日，以姚熹教授为首的新超导材料研究攻关小组获得零电阻温度为 90 开尔文、起始转变温度为 92 开尔文的钇钡铜氧化合物超导体。国家教育委员会副主任邹时炎、副秘书长郝克明、朱育理等领导同志来到实验室，听取了姚熹的详细汇报，观看了测试过程。邹时炎副主任对姚熹教授刻苦攻关、勇攀科学技术高峰的精神予以高度褒奖，称赞他为即将召开的中国共产党第十三次全国代表大会（简称中共十三大）献上了厚礼。

鉴于姚熹忠于党的教育事业，认真贯彻党的教育方针，在教书育人和科学研究方面取得的显著成绩，为我国教育事业和科学研究做出了重大贡献，他被推选为出席中共十三大的陕西省代表。

中共十三大召开前夕，学校通知姚熹，时任陕西省委书记张勃兴要专程到西安交通大学看望姚熹教授。姚熹做了一些准备，把自己的家里整理了一下，尤其是对自己的教学科研工作进行了梳理，以便向省委书记汇报。张勃兴书记在陕西省工作了较长时间，对陕西省的情况比较了解，对西安交通大学有较深的感情。他轻车简从地走进姚熹家里，没有领导的架子，没有客套的官话，一见如故地同姚熹拉起了家常。张勃兴书记对姚熹说，他敬重西安交通大学的教授，他是来同科学家交朋友的，对姚熹取得的丰硕教学和科研成果给予了高度评价，祝贺他获得一系列荣誉。姚熹也向张勃兴书记表示，感谢党和政府及学校对自己的关怀、支持和鼓励，今后要继续努力工作，为我国的科学技术发展做出更大贡献！

中共十三大要开幕了。参加会议的陕西省代表在西安集中，姚熹同张勃兴书记等一起开会，安排好代表分组等有关参会前的准备工作，就一同赴北京开会了。

《西安交大》校刊报道了姚熹当选为中共十三大代表的消息

陕西省参加中共十三大部分代表合影
从左至右：姚熹、侯宗斌、董继昌、孙克华、周雅光

姚熹参加中共十三大期间在会场留影

姚熹参加中共十三大期间在人民大会堂前留影

1987 年 10 月 25 日中共十三大在北京举行，姚熹作为 1936 名代表中的一员，代表全国 4600 多万党员在人民大会堂出席了会议。姚熹听了大会报告，感觉到报告坚持了毛泽东同志倡导的实事求是的思想路线，把马克思主义基本原理同中国建设和改革开放的具体实际紧密地结合起来，论证了我国社会仍处于社会主义的初级阶段。这个正确的论断，对于防止和纠正"左"的与"右"的干扰，将建设中国特色社会主义伟大事业推向前进，具有重大深远的历史意义。

从 10 月 27 日下午开始，姚熹同陕西代表团的代表一起，对大会主席团提交的中央委员会委员、中央委员会候补委员、中央纪律检查委员会委员预选人名单和中央顾问委员会委员候选人名单进行了两天认真的酝酿讨论。

10 月 29 日下午和 10 月 30 日上午，姚熹同全体代表一起参加无记名投票，差额预选选举中央委员会委员、中央纪律检查委员会委员和中央委员会候补委员候选人，提出了中央顾问委员会委员候选人。10 月 31 日，姚熹在陕西省代表团中参加对大会主席团第三次会议通过的中央委员会委员、中央委员会候补委员、中央纪律检查委员会委员、中央顾问委员会委员候选人名单进行酝酿讨论，他明确表示同意这些名单。11 月 1 日，姚熹参加大会正式选举，以无记名投票差额选举的形式选出第十三届中央委员会委员 175 名、中央委员会候补委员 110 名、中央顾问委员会委员 200 名、中央纪律检查委员会委员 69 名。姚熹还以举手表决方式赞成通过了《关于十二届中央委员会报告的决议》《关于中央顾问委员会工作报告的决议》《关于中央纪律检查委员会工作报告的决议》等。

姚熹在选举大会上投票

中共十三大结束后，姚熹于 11 月 6 日下午在全校教职工大会上传达了中共十三大会议精神。会上，校党委书记潘季就学习、宣传、贯彻中共十三大文件做了初步安排。他指出，认真学习和领会中共十三大报告，努力掌握报告所阐述的重要理论、观点和基本方针，是当前一个时期党的组织生活和全校政治学习的重点。他强调在学习中，我们要注意密切联系思想实际和工作实际，注重实效，把学习引向深入。校党委宣传部、组织部于 11 月 6 日、7 日分别下发了学习中共十三大文件的有关计划、安排，学校各系组织学生听取了姚熹的讲话录音。

11 月 9 日，姚熹在陕西省委礼堂参加了陕西省十三大代表团传达中共十三大会议精神报告会。张勃兴在会上做了中共十三大会议精神传达报告。他指出，中共十三大报告坚持了党的实事求是思想路线，提出的我国社会仍处于社会主义初级阶段的理论，具有重大的现实意义和深远的历史意义。11 月 11 日，姚熹陪同张勃兴书记，在陕西省体育馆向 5000 多人再次做了中共十三大会议精神传达报告。

1987 年 11 月 15 日，姚熹在《西安交大》校刊上，发表了自己参加中共十三大的体会文章《感受和体会》。在文中，他写道：

党的十三大是我们走向未来的新起点。十三大强调，要把发展科学技术和教育事业放在首要位置，使经济建设转到依靠科技进步和提高劳动者素质的轨道上来，这就对我们战斗在科教战线的共产党员和广大知识分子提出了新的任务和更高的要求。我想，摆在我们面前的首要任务，就是要认真学习，领会十三大精神，不断提高贯彻执行党的基本路线的自觉性，坚定不移地促进和深化改革，艰苦奋斗，努力建设富强、民主、文明的社会主义国家。只有保持和发扬顽强的拼搏精神和不屈不挠的献身精神，才能实现民族复兴，跻身于世界先进民族之林。

五、中国科学院院士

中国科学院院士是国家设立的科学技术方面的最高学术称号，为终身荣誉。

1991 年当选为中国科学院院士

姚熹一贯遵守宪法和相关法规法律、热爱祖国、品行端正、学风正派，在科学技术领域取得了系统性和创造性的重要成就，为中国科学技术事业和人类文明做出了突出贡献。

姚熹院士的推荐资料中对他的政治品质、思想境界、敬业精神和学术科研成就做了全面真实的论述。

姚熹 1957 年毕业于交通大学电工器材制造系，1958 年以青年教师的身份随交通大学西迁到西安，根据国家需要选择了当时并不算热门的绝缘专业，扎根西部奋斗六十多年，带领研究团队在电子陶瓷材料的基础理论与应用开发方面取得丰硕的科学技术成就。

（1）针对新一代电子材料——弛豫铁电体机理不清、无法指导实际应用的难题，发展了新的介质极化理论，建立了弛豫铁电体"微畴-宏畴转变"以及"新玻璃模型"理论。这些理论推动和引领了国际铁电学研究的热潮，成为学术界公认的弛豫铁电体理论，成功用于指导铁电材料的高性能化研制工作。

（2）率先开展和引领了一系列高性能铁电材料的研制，倡导了Ⅱ型陶瓷介质材料、低维铁电材料的产业化研制，推动了弛豫铁电单晶、反铁电陶瓷在国防领域的应用研究，解决了国防领域的关键技术难题，满足了国家重大需求。微畴理论促进了弛豫铁电体的高性能化研究工作，研制的铁电单晶、陶瓷、薄膜和纳米复合材料性能大幅度提升，铁电单晶和反铁电陶瓷材料已用于尖端装备研制。

（3）推动了新材料领域 863 计划、973 计划的实施，引领了行业龙头企业的技术进步；创建了国际学术组织和学术平台，为中国争取了国际学术界的话语权；为学术界和产业界培养了一大批领军人才，带领中国电介质研究走在了世界前沿。

经过严格评审，1991 年 11 月，姚熹当选为中国科学院院士。

1991 年姚熹当选为中国科学院院士（学部委员）证书和 1993 年获颁的院士证书

当选为中国科学院院士后，姚熹教学和科研的劲头更足了。他认真履行院士的义务和职责，积极参加学部组织的学术活动，参加学部安排的各种咨询评议工作，积极对国家科学技术重大决策提出自己的意见和建议。院士的身份促使他在自己擅长的电子陶瓷材料的前沿基础与应用开发研究领域不断攀登新的高峰，使中国在这一领域保持着世界先进水平。他努力推进科学技术队伍建设，加大硕士、博士研究生培养力度，使自己开拓的电子陶瓷材料学科研究后继有人，为国家的科技进步和经济建设做出更大的贡献。

学生们等庆祝姚熹当选为中国科学院院士

1992 年第 1 期西安交通大学《科技动态》报道了姚熹当选为中国科学院院士的消息。文中写道："我校姚熹教授入选为技术科学部的学部委员，连同周惠久教授、陈学俊教授一起成为我校进入中国科学院的第 3 位学部委员。"

姚熹当选为中国科学院院士后，1995 年西安交通大学党委书记张迈曾撰文《纳米结构追寻——记中国科学院院士姚熹》对姚熹在教学科研领域的重大贡献予以宣传和赞扬：

1957 年，姚熹从交通大学毕业，开始了对陶瓷材料结构的追寻，走进材料科学这个令人痴迷的领域。

20世纪60年代，从讲授"特种电瓷"课程起，他就开始了对电子陶瓷的研究。他的专著《无机电介质》的问世，使中国在电瓷方面的教学和研究，从对经验和事实的描述，开始转向材料科学。他在铁电体极化弛豫现象的研究方面，在当时已达到与美苏等国科学家不相上下的水平。

1979年至1983年，姚熹作为访问学者，来到美国宾夕法尼亚州立大学。用不到两年的时间，他走完了通常需要五六年时间的攻博之路，取得了固态科学博士学位。这一时期，姚熹在电子材料的广阔领域纵横驰骋，多年被压抑积蓄的梦想，像一团团火在胸中燃烧，爆发出惊人的创造力。仅1982年一年，他就发表了19篇论文，获得一项美国专利。

他的著名论文《铌酸锂陶瓷的晶粒压电共振对其介电谱的影响》，在世界上第一次发现了铁电陶瓷中晶粒压电共振现象，对高介电系数陶瓷在现代电子系统中的广泛应用具有极为重要的意义，引起国际陶瓷学界的强烈反响。姚熹获得1985年美国陶瓷学会的"罗斯·科芬·珀迪奖"，是获此大奖的第一个中国人，也是迄今唯一的中国人。

更为惊人的是，他在对弛豫铁电体进行的研究中，发现了电场诱导下的纳米结构调整，在世界上第一次提出了"微畴-宏畴转变机制的设想和重现材料的纳米非均匀性"研究，为材料科学的深入研究打开了一扇新的窗口。

回国以后，姚熹和著名科学家严东生一起主持了国家"七五"自然科学基金重大项目"精细材料的组成、微结构与性质"的研究。4年的心血就是这厚厚的几大本书中那些闪烁着思维火花的科学结论。这大大缩短了我国和国际上先进水平的差距。

1986年，姚熹在国内首次提出关于研究材料的纳米结构问题。他认为，有可能用人为的方式制成一种纳米复合材料，使其具有现有材料所没有的性质，形成新的光电子材料，并提出了开展研究的倡议。国家科学技术委员会副主任朱丽兰代表国务院高技术计划指导小组特别指出"选择纳米复合功能材料作为研究探索目标是挑得很准的，属于世界前沿课题，姚熹为开拓和推动这一研究方向做出了重要贡献"。

同年 6 月，美国有关科研机构以姚熹提出的这一理论为核心，拟定了庞大的旨在发现新一代光电子功能复合材料的"电子学中纳米复合材料"计划并付诸实施。不久，日本也制订出类似计划。

进入 20 世纪 90 年代，纳米材料科学成为世界范围的研究热点，而姚熹领导的研究室已经成功地制备出 10—50 纳米的钛酸铅微粉，其形状可以控制成球形、针形和片形。他们发展了一种液体中放电的新方法，实现了电场诱导下纳米复合材料的光散射、光透射和光学双折射等光学效应的控制；还观察到了这种复合材料的二次谐波发生效应和简并四波混频效应等。

世界陶瓷科学院创始院士、中国科学院院士、西安交大教授、博士研究生导师、十三大代表、国家有突出贡献中青年专家……在这些头衔中，姚熹最看重的是教师，最注重的是育人。他着力培养青年人在前沿科学上攻关的能力，鼓励他们的创造意识。他不仅给学生们指出研究的方向，而且不时地询问检查他们课题的进展情况，甚至连一些细节也不放过。辛勤的汗水浇灌出丰硕的果实，如今，姚熹已培养指导了 20 名博士研究生、31 名硕士研究生和 1 名外国博士后。在姚熹的实验室，每个人都是国家高技术和自然科学基金重点项目等"七五"攻关课题的负责人。仅 1992 年一年，他们就为国际会议提供论文 20 余篇。这个实验室已成为世界银行贷款的全国 7 个跟踪实验室之一。

在这个实验室，建起了中国第一个电子材料与器件博士点，其实验与测试手段达到国际先进水平。这是全国在电子陶瓷方面最早建立目前仍不多见的 100 级超净实验室。这个实验室的优秀管理已被作为经验向全国推广。

通向纳米结构巅峰的路崎岖又漫长，在这条路上攀登不息的中国科学家姚熹，为祖国的发展与强大将永远不会停歇他勤奋的脚步。

六、电子陶瓷新领域

从执教开始，姚熹就把教学和科研密切结合，以理论探讨指导科研，以科研成果充实和丰富教学内容，取得了教学科研双丰收的可喜成就。他致力于功能材料的研究，孜孜以求，大胆创新，取得了丰硕的成果。

2019 年，中国科学院上海硅酸盐研究所与清华大学共同承办第十五届陶瓷互联与陶瓷微系统国际会议（CICMT2019），姚熹在开幕式上致辞

（一）主要科学发现

针对新一代电子材料——弛豫铁电体机理不清、难以指导实际应用的难题，姚熹发展了新的介质极化理论，建立了弛豫铁电体"微畴-宏畴转变"以及"新玻璃模型"理论。

电子元器件是现代电子信息技术的基础与核心，在电子信息产业中的重要性不亚于传统工业中的钢铁。根据中国电子元件行业协会相关数据，2017 年我国该行业的产值已经超过 21 000 亿元，全世界 70%的电子元器件在中国组装为整机，而中国生产的元器件只占 5%—6%。这主要是由于我国在该领域基础性、原创性研究薄弱，许多产品只能满足低端市场需要，高端产品（包括关键原材料与器件）仍然依赖进口，许多类别（如电容、电阻、电感、频率元件、电接插件等）仍存在贸易逆差。这和我国电子类产品制造大国的地位不相匹配，也使得我们在关键材料与核心器件方面仍然受制于人，面临许多"卡脖子"难题。

电子陶瓷材料属于电介质学科，是凝聚态物质的一个重要组成部分，是电子元器件的先导和重要物质基础。在电介质中，弛豫铁电体是一类重要的新型材料，具有极其优异的介电、压电、热释电和电致应变以及非线性光学性能，可用于开发高性能的无源电子元器件，是许多电子系统（如海洋探测、水下侦察、雷达预警与医疗诊断等）技术升级换代的关键要素。早期研究发现，钛酸锶铋（BiST）和铌镁酸铅（PMN）弛豫铁电陶瓷具有奇特的扩散相变与介电色散现象。然而采用经典电介质极化理论却难以解释弛豫铁电陶瓷的这些特性，甚至其发现者——苏联学者斯卡维纳（Skanavi）和斯摩棱斯基（Smolensky）等人于 20 世纪 70 年代初提出的"成分起伏"理论也无法清楚地描述弛豫铁电体的结构性能关系。因此，如何理解其奇异介电行为的起源并大幅度提高材料性能，成为国际上亟须突破的瓶颈。

姚熹在 20 世纪 80 年代初期提出在化学组成复杂的铁电体中存在着线度为纳米级（10^{-9} 米）的极性微畴，这种微畴在偏置电场作用下可以通过热激活转变为通常的铁电畴，并在此基础上建立了"微畴-宏畴转变"理论，该理论揭示了纳米尺度微畴的重要作用。

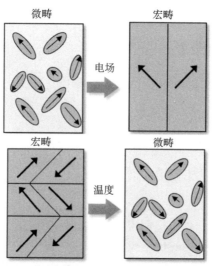

弛豫铁电体"微畴-宏畴转变"模型示意图
微畴在电场作用下合并成为宏畴，宏畴升温变成微畴，微畴是弛豫极化的主体，
"微畴-宏畴转变"是弛豫铁电体复杂介电行为的起源

　　国际铁电学研究泰斗、美国国家工程院院士克罗斯在 1983 年中美双边"陶瓷显微结构与性能"学术讨论会上评论称："微畴的发现是铁电体研究中的一个重大事件，在理论与应用方面均将产生重大影响。"这也引发了国内外"微畴-宏畴转变"的研究热潮。20 世纪 80 年代中期，美国理海大学哈默（Harmer）教授和中国科学院上海硅酸盐研究所殷之文院士在弛豫铁电体中用高分辨电镜观察到了微畴，姚熹团队又通过在偏压作用下的 X 射线衍射、小角散射和光散射等方法观察到了"微畴-宏畴转变"的实验证据，证实了微畴的存在和"微畴-宏畴转变"。微畴概念和"微畴-宏畴转变"理论的提出，使得弛豫铁电体的结构性能关系研究工作迈出了历史性的一大步，与较早提出的"成分起伏"理论和"有序-无序转变"理论并列成为弛豫铁电体的主流理论模型。80 年代后期克罗斯教授提出的"超顺电态"理论和 90 年代德国克勒曼（Kleemann）教授提出的"随机场"理论均是基于纳米尺度的极性微区提出的。

　　20 世纪 90 年代后期，姚熹研究团队建立了弛豫铁电体微畴动力学过程的"新玻璃模型"。该模型突破了描述微畴冻结行为的 Vogel-Fulcher 关系的制约，并发现了看似相互孤立、表述分散的非极性介质、玻璃介质、偶极介质、弛豫铁电体和正常铁电体弛豫极化的内在关联，提出一个反映弛豫极化有序程度的参量 p 将它们有机联系起来，使得"新玻璃模型"成为适用于上述多种介质弛豫极化的统一模型。弛豫铁电体研究先驱、俄罗斯圣彼得堡约飞物理技术研究所的伊苏波夫（Isupov）教授认为"'新玻璃模型'完全可以替代 Vogel-Fulcher 关系"。电气与电子工程师协会会士、美国宾夕法尼亚州立大学内野研二（Kenji Uchino）教授认为，"新玻璃模型"中 p 参量从一到无穷大的变化对应"从偶极介质到正常铁电体的演变过程"。

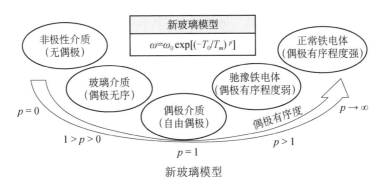

新玻璃模型

"新玻璃模型"建立了多种介质弛豫极化的统一模型。该模型更好地描述了弛豫铁电体的动力学行为，与微畴运动的物理图像相符，其参量 p 成为描述偶极有序度强弱的特征参量，p 从 0— $+\infty$ 变化时，可以统一描述非极性介质、玻璃介质、偶极介质、弛豫铁电体和正常铁电体，建立了介质弛豫极化的统一模型。

（二）主要技术发明与技术创新

姚熹率先开展和引领了一系列高性能铁电材料的研制和低维铁电材料的产业化研制，推动了弛豫铁电单晶、反铁电陶瓷在国家重点领域的应用研究，解决了关键技术难题。

1. 铁电纳米复合材料

20 世纪 80 年代，在纳米科技的重要性尚未被广泛认知的情况下，姚熹在国内首次提出关于研究材料的纳米结构问题，他认为在纳米尺度上把不同的材料复合起来，利用加和效应与耦合效应，可获得许多新型的电子和光电子学功能材料。他向国家科学技术委员会等部门提出了关于开展研究纳米复合功能材料的倡议和报告，并率先提出了纳米复合功能材料的创新思想，发明了钛酸钡、钛酸铅等铁电纳米晶与玻璃和聚合物等 0-3 型纳米复合材料制备技术。这类 0-3 型纳米复合材料的非线性光学折射率可增强一到两个数量级，为光波导器件、光开关和光耦合器件等集成光学的发展提供了新材料。

基于姚熹的倡议，精细（纳米）复合功能材料研究被列为 863 计划新材料领域的 11 个研究专题之一。原国家科学技术委员会在成都金牛宾馆召开 863 计划新材料领域首次论证会，国家科学技术委员会常务副主任朱丽兰在总结报告中指出，"纳米复合功能材料属于世界前沿性课题，姚熹为开拓和推动这一研究方向做出了重要贡献"。

同期，姚熹在纳米晶的基础上提出铁电微晶玻璃陶瓷的新概念。他通过原位析晶方法制备了多种铁电微晶玻璃陶瓷，获得了多功能、高性能的铁电、铁磁玻璃陶瓷材料，用于开发微波器件与高能量密度储能电容器等。

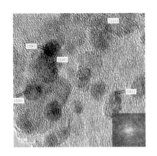

（a）纳米凝胶玻璃复合材料透射电子显微图

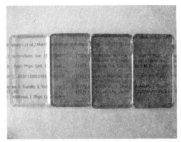
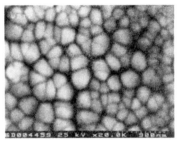

（b）纳米晶聚合物 　　　　　（c）铁电微晶玻璃陶瓷显微照片

铁电纳米复合功能材料样品与器件

2. 铁电薄膜

姚熹研究团队开展了多种铁电薄膜材料与集成器件的研究，以满足电子器件小型化、集成化、高频化的发展需要。他们率先提出 2-2 复合热释电结构，采用纳米微孔二氧化硅薄膜作为新型绝热层，发展出高性能全新结构的热释电红外探测器，开发了 32—128 元系列室温热释电红外成像阵列。姚熹研究团队还开发了环境友好的铌酸钾钠（KNN）和钛酸铋钠（BNT）基高性能无铅压电薄膜，研制出国际上第一台用于血管内超声成像的无铅压电薄膜超声换能器，研制出毫米级尺寸的 20 兆赫内窥镜超声换能器。

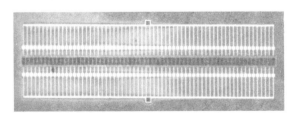

（a）128 元室温热释电红外成像阵列

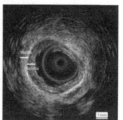

(b) 无铅压电薄膜超声换能器　　(c) 血管内超声成像图

铁电薄膜样品与器件

3. 铁电陶瓷

弛豫铁电陶瓷具有高介电常数、高电致应变、高介电可调等优异性能，如何筛选材料体系、优化性能，就需要对其微畴结构的调控和响应机理进行系统研究。姚熹团队针对重大需求，发展了铁电与反铁电陶瓷在等静压作用下的热力学唯象理论，发现等静压力可以使关联长度减小，宏畴变成微畴。姚熹团队研究开发了多种弛豫铁电和反铁电陶瓷材料体系，如铌镁酸铅-钛酸铅（PMN-PT）、铌锌酸铅-钛酸钡（PZN-BT）、钛锡酸钡（BTS）等，研制出低相变压力（70 兆帕）与温度稳定性好的离子注入镧掺杂锆钛锡酸铅（PLZST）反铁电陶瓷材料，开发了小型化高压脉冲电源和高储能密度反铁电多层陶瓷电容器（MLCC），用于高技术装备，设计和研制出大电致应变（＞2×10^{-3}）和细电滞回线的 PLZST 弛豫反铁电陶瓷，用于低频大功率小型化水声换能器，解决了关键技术问题。

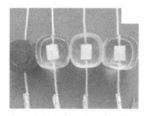

(a) 小型化高压脉冲电源原型　　(b) 高储能密度反铁电多层陶瓷电容器

(c) 低频水声器件

铁电陶瓷

4. 铁电单晶

20世纪90年代初期，具有超高压电性能的PMN-PT弛豫铁电单晶的发现是电介质领域的重大事件，被《科学》报道为压电陶瓷发现50多年来取得的重大突破。然而该单晶生长缓慢，大尺寸单晶的生长非常困难，全世界范围内只有极个别研究组具备实验室阶段的生长技术，而且单晶的高性能化机理尚不清楚，无法指导高性能单晶材料的设计与性能优化，单晶温度稳定性的问题也难以解决。姚熹团队攻克了单晶生长过程中的种种技术难题，掌握了5英寸①大直径弛豫铁电单晶的生长技术，与国际水平同步，并具备了单晶小批量生产能力，可满足新型声呐装备的国防急需；建立了PMN-PT单晶材料各向异性的电场-温度相图，发现了极化方向旋转、准同型相界附近结构和极性纳米区失稳等高压电性物理机制，发现了高温度稳定的剪切压电性能；基于微畴调控的思想，通过单晶畴尺寸的电场和温度调控，有效地提高了单晶的压电性能，其压电系数d_{33}比传统压电陶瓷高4—6倍，电致应变提高10倍。

在器件开发方面，姚熹团队与用户单位合作研发了多种水声换能器，这些水声换能器具有宽带、高灵敏度、高声源级等优异性能，体积和重量减小，探测距离成倍增加。姚熹团队研发了体积小、输出力矩大（增加2倍）、响应时间快、控制精度高、可用于液氮温度（-196℃）的单晶超声电机；研发了可用于检测高频微弱信号的高灵敏度（提高10分贝）计量探针水听器；研发了具有高可靠性的单晶医学超声检测器件。

(a) 弛豫铁电单晶　　　　(b) 单晶水声换能器

弛豫铁电单晶样品与单晶水声换能器

---

① 1英寸=2.54厘米。

5. 电子陶瓷元器件

姚熹长期悉心致力于我国电子陶瓷与元器件行业的发展，20世纪50年代作为西安交通大学的青年教师参与了西电公司我国第一个330千伏高压绝缘套管的研制，70年代为第四机械工业部制定了两项关于电容器的国家标准，20世纪90年代中期，在863计划新材料领域率先倡导产学研创新研究模式，与清华大学、电子科技大学、中国科学院上海硅酸盐研究所、电子工业部成都市第715厂、肇庆风华电子公司联合，组建863计划新材料领域重大项目团队，开发具有自主知识产权的低温烧结陶瓷材料，推动了国内多层陶瓷电容器技术的发展和进步，该成果被电子工业部鉴定评定为国际领先水平，创造了巨大的社会和经济价值。

上述工作是姚熹及其团队在电子陶瓷材料研究工作中的一部分，扎实地推进了中国铁电学的研究进程，为世界电介质科学的发展做出了突出贡献。可以说，弛豫铁电体微畴理论的提出和发展是中国电介质学人集体努力的时代缩影，使中国在电介质这个不大的领域走在了世界前列。1994年6月，国际铁电学界泰斗克罗斯教授访问西安交通大学后，对实验室的工作给予了高度评价，认为"姚熹实验室是一个非常优秀的实验室，做出了非常出色的工作"。

（三）推动学科发展及行业技术进步

姚熹推动了国家功能材料领域重要科技战略的制定和实施，引领了行业龙头企业的技术进步，培养了一大批领军人才，带领中国电介质研究走向世界，使中国从"跟随者"走向"引领者"。

姚熹在1992年第一期《硅酸盐通报》上发表了《功能陶瓷的现状与展望》，彰显了他在功能材料研究上所取得的显著成就，表明了我国在这一科学领域所处的先进地位。

姚熹是国际著名电子陶瓷专家，是中国在该领域的杰出代表。他的学术地位源于20世纪80年代初提出的弛豫铁电体微畴理论。该理论揭示了介观尺度微结构对铁电体性能的决定性影响，使得弛豫铁电体的结构性能关系研究工作迈出了历史性的一大步，成为国际上公认的主流理论之一。同时，因在铌酸锂双晶和陶瓷晶粒压电共振方面的研究，他获得了"施乐研究奖"及美国陶瓷学会的"罗斯·科芬·珀迪奖"。这些成就的取得，使姚熹获得了国际学术界的认可。

姚熹国际学术地位的提高得益于他在国际学术组织中发挥的重要作用。他长期担任国际铁电学会议顾问委员会委员，是中国在该组织的唯一代表。2009 年他在中国主持召开了历届规模最大的第十二届国际铁电学会议（12th International Meeting on Ferroelectricity，IMF-12），主导了国际铁电学会议顾问委员会的调整，增加了多名中国委员，扭转了由美国主导的局面，极大地提升了中国在国际学界的影响。1993 年姚熹发起成立了亚洲铁电学会，并担任首届学会主席，1995 年在西安召开了第一届亚洲铁电学会议（AMF-1），此后形成的系列会议轮流在亚洲国家和地区召开，促进了亚洲地区铁电学研究的发展。他倡导在学会内实行民主与协商相结合，创立轮值主席制度，以调动其他国家和地区学者的积极性，使该学会持续健康地发展。2014 年第九届亚洲铁电学会议（AMF-9，在上海召开）和 2018 年国际铁电联合会议（ISAF-AMEC-AMF-PFM-FMA，在广岛召开），分别专门设立"姚熹论坛"，以示对姚熹的尊敬和感谢。2005 年，姚熹主导筹建了第五届亚洲电子陶瓷会议（AMEC-5），使其发展成真正覆盖亚洲各国、推动各国电子陶瓷研究和开发的国际会议。目前这两个会议不仅是区域性的重要学术论坛，也是本领域在国际学术界最受关注的系列性国际学术会议之一。这些工作大大提升了我国乃至亚洲电子陶瓷在国际学术界的地位和影响力。

姚熹的这些学术活动得到了国际同行的广泛支持和国际学术组织的高度评价，进一步增强了中国电子陶瓷研究在国际学术界的声誉和影响。1998 年美国陶瓷学会成立 100 周年纪念年会召开期间，姚熹应邀代表我国做《中国的陶瓷科学与技术》报告。2002 年，姚熹当选为美国陶瓷学会会士。2000 年日本陶瓷学会年会庆祝新世纪到来，姚熹应邀代表中国陶瓷学界做大会主题报告。2007 年韩国陶瓷学会（KCerS）成立 50 周年，姚熹受邀代表中国出席并做大会报告，并被授予荣誉会员称号。2002 年电气与电子工程师协会授予他铁电学成就奖，以表彰其"对铁电学领域的技术创新、对中国电子陶瓷教育的领导作用，以及对国内和国际铁电学界的卓越贡献"。2007 年姚熹当选为美国国家工程院外籍院士，是我国继茅以升、郑哲敏、宋健等人之后第六位当选的科学家，美国国家工程院在公报中写道，"来自中国的工程专家姚熹，在电子陶瓷科学和工程创新方面做出了杰出的贡献"。这些成绩不仅是国际学术界对他个人学术地位的认可，也是对中国电子陶瓷学科的高度肯定。

姚熹利用自己的学术影响积极倡议和推动了我国科技发展战略规划的制定与实施。1982 年姚熹获得美国宾夕法尼亚州立大学固态科学博士学位，是我国改革开放后第一批在国外获得博士学位的中国学者。1991 年姚熹当选为中国科学院院士，是中国电子陶瓷材料方向的第一位院士。1986 年姚熹向国家自然科学基金委员会提出关于发展电子陶瓷学科重大项目的建议，承担了国家自然科学基金委员会材料与工程科学部无机非金属学科第一个自然科学基金重大研究项目"精细材料的组成、微观结构与性质"，与严东生院士一起组织中国科学院上海硅酸盐研究所和清华大学等国内优势高校与科研机构开展电子陶瓷方面的专题研究。1987 年姚熹担任 863 计划新材料领域第一届专家委员会委员，把精细（纳米）复合功能材料研究作为材料科学方面探索性较强的一个前沿研究方向列入了该计划的第一批研究专题，推动了北京大学和山东大学等优势单位开展这些前沿课题研究。2000 年前后，姚熹策划和协调国内电子信息功能陶瓷领域第一个 973 计划项目的立项，该项目现已连续滚动三次，有力地推动了中国电介质学科，特别是电子陶瓷基础理论、材料开发和产业发展的进步。

姚熹积极带动了电介质学科的发展与学术进步，使中国从跟随者走向引领者。1984 年他所在的西安交通大学电子材料与元器件学科设立了国内该学科的第一个博士点，他本人是该学科由国务院批准的第一位博士研究生导师。1988 年西安交通大学电子材料与元器件学科被评为当时全国唯一重点学科（现为微电子学与固体电子学重点学科）。姚熹在西安交通大学建立了精细功能电子材料与器件国家专项实验室、电子陶瓷与器件教育部重点实验室、国际电介质研究中心等研究基地。20 世纪 90 年代初，姚熹兼任电子科技大学博士研究生导师，先后担任中国科学院上海硅酸盐研究所功能陶瓷开放实验室主任、中国科学院上海硅酸盐研究所高性能陶瓷和超微结构国家重点实验室副主任与学术委员会副主任、清华大学新型陶瓷与精细工艺国家重点实验室第一届学术委员会主任等学术职务。他先后担任科学技术部 863 计划新材料领域第一至第三届专家委员会委员，国家自然科学基金委员会材料与工程科学部第一至第三届评审组成员，国务院学位委员会电子学与通信学科第二届至第四届评议组副主任和学术委员会副主任、清华大学新型陶瓷与精细工艺国家重点实验室第一成员，国家发明奖评审委员会电子学第一届评审组成员，国家教育委员会科技委员会材料与工程组副组长，中国材料研究学会、中国陶瓷学会、中国电子学会、中国物理学会电介质物理专业委员会等全国性学会或专业委员会的常务理事、理事、成员、顾问，电子工业部电子材料与固体器件教材指导委员会主任，陕西省科学技术协会副主席等。

姚熹长期悉心致力于我国电子陶瓷与元器件行业的发展。20世纪50年代，中国的电子陶瓷行业处于起步阶段，姚熹作为西安交通大学的青年教师参与了西电公司西安高压电瓷厂我国第一个330千伏高压绝缘套管的研制。20世纪70年代，姚熹为第四机械工业部制定了关于陶瓷电容器的国家标准，规范了陶瓷固定电容器和电容器非线性的测试方法。改革开放后，姚熹着眼于电子陶瓷领域的产业布局，组织代表性企业和重点高校，在863计划新材料领域倡导实践了产学研创新研究模式，与清华大学、电子科技大学、中国科学院上海硅酸盐研究所、电子工业部成都第715厂、肇庆风华电子公司联合，组建863计划新材料领域重大项目团队，开发具有自主知识产权的低温烧结陶瓷材料，推动了国内多层陶瓷电容器技术的发展和进步，该成果被电子工业部鉴定评价为国际领先水平，创造了巨大的社会和经济价值。进入21世纪以来，姚熹一直在倡导电子陶瓷研究成果的产业化推广，使得弛豫铁电单晶水声换能器、反铁电脉冲电源、薄膜超声换能器等成果逐步推向实用化，填补了多项国内外空白，并解决了国防"卡脖子"技术问题。

姚熹着力推动中国学术研究的国际化，采取多种措施，提升中国在国际学术界的话语权。他倡议在西安交通大学成立国际电介质研究中心，得到国际电介质同行的积极响应和支持。2011年姚熹在国内率先创办了英文国际学术期刊《先进电介质学报》并担任主编，在国际学术出版界发出中国的声音。姚熹陆续倡议召开了中法、中俄、中日、中德等双边国际学术会议，担任这些双边会议的主席或名誉主席，极大地推动了中国与国际同行的学术交流和合作研究。姚熹发起和倡导的这些国际学术活动，极大地增强了中国电子陶瓷材料和电介质研究在国际上的认可度，提升了中国学者在国际学术事务中的话语权，使中国从"跟随者"走向"引领者"。

姚熹非常重视对人才的培养，他认为："在世界一流科学家的行列里，要有一大批中国科学家走在世界前头，这个希望虽然要在现在的年轻人身上来实现，但责任却在我们这些人身上。"姚熹培养了100余名博士研究生，许多人成长为国内外著名高校和研究机构的教授与研究员，以及行业骨干企业的领军人物乃至上市公司的创始人。姚熹的许多学生入选国家杰出青年科学基金、中国科学院"百人计划"等国家级人才计划。正如瑞士科学院院士纳瓦·塞特（Nava Setter）所说："无论走到全世界哪里，都能碰到姚熹的学生。"加拿大西蒙菲莎大学化学系主任叶作光教授，于20世纪80年代初在西安交通大学受教于姚熹教授，目前已经成为国际弛豫铁电体研究的新一代领军人物，2014年成为继姚熹之后又一荣获电气与电子工程师协会铁电学成就奖的华人学者，2017年入选电气与电子工程师协会会士，2021年当选为加拿大皇家科学院院士。

姚熹在人才培养方面取得的成绩得到了国内外的高度认可，1994年荣获中国教育工会全国委员会颁发的"三育人"先进个人荣誉称号，电气与电子工程师协会将2002年铁电学成就奖颁发给姚熹，颁奖词中专门肯定了他"对中国电子陶瓷教育的领导作用"。

七、屡获殊荣

（一）光华工程科技奖

1995年11月，姚熹荣获光华科技基金奖一等奖。

光华工程科技奖是工程科技类奖项，用以表彰在工程科学技术及工程管理领域做出重要贡献、取得杰出成就的华人工程科技专家。这是中国社会力量设立的中国工程界的最高奖项。后来国家科学技术奖励工作办公室批准光华工程科技奖成为一项社会力量科技奖项，并将1995年度的光华工程科技奖定名为首届"光华科技基金奖"，姚熹院士荣获1995年度的光华科技基金奖一等奖。1995年度光华科技基金奖颁奖大会于12月30日在北京举行。

奖励证书

姚熹同志，在发展中华民族科学技术事业中取得重要成绩，荣获1995年度光华科技基金奖一等奖。

光华科技基金会

一九九五年十一月

姚熹获光华科技基金奖一等奖证书

姚熹敢于创新、勇于开拓，因而在电子陶瓷材料领域科研成果迭出，理论研究不断突破，屡屡斩获多项国内外科技大奖。早在1982年9月他在美国宾夕法尼亚州立大学攻读博士学位时，因其博士学位论文《铌酸锂双晶与多晶陶瓷的介电、压电性质》就获得了材料科学最佳博士论文的"施乐研究奖"。1985年4月，姚熹在《美国陶瓷学会学报》上发表论文《铌酸锂陶瓷的晶粒压电共振对其介电谱的影响》，揭开了铌酸锂陶瓷的压电共振和介电谱之间的内在关系，为铌酸锂陶瓷的广泛应用开辟了道路，为陶瓷科学的发展做出了重大贡献，获得了美国陶瓷学会1985年度的"罗斯·科芬·珀迪奖"。这是世界陶瓷科学领域的一项含金量极高的奖项。姚熹受邀亲自赴美出席美国陶瓷学会年会，参加颁奖仪式。2002年5月，姚熹荣获电气与电子工程师协会铁电学成就奖，这是一项重大的铁电学领域的世界大奖。

姚熹不但自己致力于科技创新，屡受嘉奖，还注重培养科技新人，扶持后学，组建攀登电子材料科学高峰的科研团队，使他所钟爱的电子陶瓷材料研究后继有人。他精心指导博士研究生包定华进行铁电理论基础研究，取得了可喜的进展，其毕业论文《溶胶凝胶制备的成份梯度铁电薄膜的基础研究》被评为全国百篇优秀博士学位论文奖。他指导博士研究生魏晓勇进行新型电瓷材料研究，取得了突破性的发现，其毕业论文《钛锡酸钡铁电陶瓷的介电性能及电场可调机理研究》被评为全国百篇优秀博士学位论文奖。姚熹和他的教学科研团队，经常保持导师获奖不断、学生新秀辈出的可喜局面，这充分表明姚熹既是一位卓越的科学家，也是一位优秀的教育家。

（二）何梁何利基金奖

姚熹潜心教学科研事业，孜孜以求，勇敢开拓，取得了多项具有突破性的科研成果，为发展我国的科学技术和推进世界材料科学的进步做出了重大贡献，受到党和国家及世界科技教育界的高度赞誉，社会各界给予了他多种表彰和奖励。

1990 年，"铁电体电滞回线计算机测试方法"获发明专利，发明人为何忠亮、姚熹。1996 年，因在科学研究、科技发明创造中的突出贡献，经四川省社会科学院"科教兴国丛书"编辑委员会筛选，姚熹被编入《中国当代发明家大辞典》一书。

姚熹被编入《中国当代发明家大辞典》

1997 年，姚熹荣获何梁何利基金科学与技术进步奖，赴香港出席授奖仪式。9 月 23 日，第四届何梁何利基金颁奖典礼在香港恒生银行总行举行。国务院副总理朱镕基、香港特别行政区第一行政长官董建华、国务院参事室主任徐志坚、国家科学技术委员会副主任及何梁何利基金评选委员会主任惠永正、国家科技奖励工作办公室主任工葆青等出席了颁奖大会。

在颁奖大会上，姚熹见到了杨振宁、钱伟长等科技界老前辈。同这些科学泰斗的接触，让姚熹受到了极大鼓舞和鞭策。老科学家强烈的爱国情怀和矢志不渝献身科研事业的精神为姚熹再接再厉攀登科学高峰鼓起了强劲的风帆。姚熹聆听了国务院副总理朱镕基作为主礼嘉宾在大会上的讲话，深为党和国家对科学技术发展的重视以及对科学家的尊重与关爱感到欣慰，更加激发了他百尺竿头再创佳绩的信心和决心。朱镕基在大会上赞扬了我国现代信息产业突飞猛进的发展，这正与姚熹所从事的电子信息和控制工程学科息息相关。自己的研究成果有效地促进了我国的科技进步和产业发展，姚熹对此感到振奋和欣慰。

"铁电体电滞回线计算机测试方法"获 1990 年发明专利

（三）国家自然科学奖

2016 年 1 月 8 日上午，中共中央、国务院在北京隆重举行国家科学技术奖励大会。党和国家领导人习近平、李克强、刘云山、张高丽出席大会并向获得国家自然科学奖、国家技术发明奖、国家科学技术进步奖和中华人民共和国国际科学技术合作奖的代表颁奖。李克强在大会上发表讲话。

根据《国家科学技术奖励条例》的规定，经国家科学技术奖励评审委员会评审，国家科学技术奖励委员会审定和科学技术部审核，报国务院批准，2015 年度国家自然科学奖授奖项目 42 项，其中一等奖 1 项、二等奖 41 项；国家技术发明奖授奖项目 66 项。

西安交通大学姚熹院士领导的团队在铁电陶瓷研究方面取得了突破性进展，其弛豫铁电体的"微畴-宏畴转变"理论达到了国际先进水平，以其理论为根据研创的高性能相关材料在国防科技工业等领域发挥了重要作用。姚熹院士团队的科研攻关项目"弛豫铁电体的微畴-宏畴理论体系及其相关材料的高性能化"被评为国家自然科学奖二等奖。

"弛豫铁电体的微畴-宏畴理论体系及其相关材料的高性能化"
荣获 2015 年度国家自然科学奖二等奖

《中国科学报》2016 年 3 月 28 日发表文章，报道了姚熹荣获国家自然科学奖的消息，文中写道："微畴-宏畴转变"理论的提出极大地推动了国际上铁电领域的学术进展，产生了广泛的学术影响，在国际上被广泛认可为弛豫铁电体理论之一，被写入铁电物理学经典专著与教材。

事实上，这项殊荣的获得并非偶然。这背后有姚熹不同凡响的科学人生，也有多项国家自然科学基金重大项目和重点项目的及时支持。

（四）奖牌盈屋

姚熹院士勇于开拓创新，努力攀登科学高峰，科研成果丰硕，在国内外影响巨大。他忠诚于教育事业，精心育才，桃李满天下。德艺双馨的人格魅力、爱国恤民的博大胸怀，使他在世界科技界和教育界享有崇高的威望，各种荣誉纷至沓来。许多奖项都是主办单位主动慕名褒奖他的，连他自己也记不清究竟获得了多少奖项，甚至有的奖牌他至今说不清其来龙去脉。

日本电子陶瓷科技领域的精英人物，崇尚姚熹在电子陶瓷科技领域所取得的巨大科研成果，以及在推动亚洲及世界电子陶瓷科技快速发展方面所做出的重大贡献，推荐提名姚熹参评日本京都奖。根据日本京都奖推荐提名的规则和要求，日本学者主动联系中国科技界的著名学者浙江大学陈湘明教授同他们一起联袂推荐姚熹为京都奖候选人。

京都奖由日本京瓷公司创始人稻盛和夫于1985年捐资设立，是一个表彰对人类科学和文明发展做出突出贡献的国际奖项。该奖项由稻盛财团每年颁发一次，分为"先进技术""基础科学""思想和艺术"三大奖项，有"日本诺贝尔奖"之称。每一分支奖项的获奖者原则上为一人，候选人不受国籍、人种、性别、年龄和信仰等限制。

京都奖的含金量和在世界上的盛誉比肩诺贝尔奖，世界科技界和文化界的著名人士对其崇尚有加，然而因其严格的要求和公正科学的遴选原则，能够荣获此殊荣者寥寥无几，就是能够成为候选人也是许多人难以企及的奢望。

为了推荐姚熹参评京都奖，日本学者和陈湘明教授做了大量艰苦细致的工作，准备了翔实且丰富的推荐资料，受到京都奖评审委员会的好评和重视，将姚熹遴选为为数不多的几个候选人之一，这已经是一种崇高的荣誉了。

推荐信的内容包括姚熹院士的学历、职业经历、加入的专业学会及任职、所获奖项、发表著述及出版著作、指导的博士硕士研究生及其论文情况、所获专利、职业成就等。

由于京都奖激烈的竞争机制和三大领域各限一人的获奖规定，再加上当时一些特殊的客观因素的影响，姚熹最终未能获得京都奖，但他能成为京都奖候选人已弥足珍贵。

香港理工大学是一所世界著名大学，十分注重与全国杰出学者的联系，他们多次邀请姚熹院士莅临学校进行学术交流。香港理工大学校长潘宗光非常钦佩姚熹院士在电子陶瓷领域所取得的卓越成就，十分推崇姚熹院士的科研精神和治学理念。鉴于姚熹作为访问学者对推动学校教学和科研工作的重大贡献，1995 年 5 月，香港理工大学授予姚熹"杰出中国访问学人"称号。5 月 9 日上午，姚熹在香港理工大学钟士元楼理工剧院出席了 1995 年度杰出中国访问学人奖励计划开幕暨颁奖典礼。5 月 10 日和 12 日，姚熹分别做了《纳米复合材料》和《智能/机敏材料前景综述》两场大会公开讲座。

香港理工大学 1995 年度杰出中国访问学人奖励计划开幕暨颁奖典礼邀请函

一九九五年度傑出中國訪問學人獎勵計劃
DISTINGUISHED CHINESE VISITING SCHOLAR AWARDS SCHEME '95
五月五日至十八日 May 5 - 18

傑出中國訪問學人公開講座
Public Lectures by Distinguished Chinese Visiting Scholars

主講學人 Speaker	講題/研討會主題 Title of Lecture/Seminar	日期 Date	時間 Time	地點 Venue	主講語言 Language
李三立教授 Prof. Li San-li	公開講座 Public Lecture 超級計算機之新趨勢 On Modern Approaches of Establishing Super-Computing Environment	五月十一日 May 11	十時至 十一時三十分 10:00 - 11:30	AG708	英語/普通話 English/Putonghua
	公開講座/研討會 Public Lecture/Seminar 指令級並行處理 Instruction Level Parallel Processing	五月十二日 May 12	五時 5:00	DE636	英語/普通話 English/Putonghua
	公開講座/研討會 Public Lecture/Seminar 國內計算機工程及計算機科學碩士及博士課程 MSc & PhD Programs in Computer Engineering & Computer Science in China & Their Validation Process	五月十六日 May 16	五時 5:00	DE636	英語/普通話 English/Putonghua
李國豪教授 Prof. Li Guo-hao	公開講座 Public Lecture 武漢長江大橋的震動問題 A Story about the Vibration of the Wuhan Bridge	五月十二日 May 12	三時至 五時三十分 3:00 - 5:30	AG708	英語 English
	研討會 (限邀參加) Seminar (By invitation) 有關橋樑工程的研究 Research in Bridge Engineering	五月十五日 May 15	三時三十分至 五時三十分 3:30 - 5:30	W709	英語/普通話 English/Putonghua
周叔蓮教授 Prof. Zhou Shu-lian	公開講座 Public Lecture 中國企業改革與工業發展 Enterprise Reform and Industrial Development	五月十日 May 10	四時至 五時三十分 4:00 - 5:30	AG708	普通話 Putonghua
	研討會 (限邀參加) Seminar (By invitation) 中國企業改革與就業問題 Enterprise Reform & Employment Problem in China	五月十一日 May 11	四時至六時 4:00 - 6:00	AG718	普通話 Putonghua
姚熹教授 Prof. Yao Xi	公開講座 Public Lecture 納米複合材料 Nanocomposite Materials	五月十日 May 10	十一時至十二時 11:00 - 12:00	AG708	英語 English
	公開講座 Public Lecture 智能/機敏材料前景綜述 Smart/Intelligent Materials System, An Overview	五月十二日 May 12	十一時至十二時 11:00 - 12:00	AG708	英語 English
柳冠中教授 Prof. Liu Guan-zhong	研討會 (限邀參加) Seminar (By invitation) 中國的設計教育 Design Education in China DATE CHANGED	五月十五日 May 15	二時三十分 2:30	AG708	英語/普通話 English/Putonghua
	研討會 (Open to public) 中國設計理論的應用和實踐 Design Practice in China DATE CHANGED	五月十六日 May 16	二時三十分 2:30	Lecture Theatre	英語/普通話 English/Putonghua
	研討會 (歡迎理大設計系學生參加) (PolyU SD Students only) 中國設計理論的應用和實踐 Design Practice in China DATE CHANGED	五月十七日 May 17	二時三十分 2:30	AG101	普通話 Putonghua

歡迎出席 All are welcome
詳細查詢 General enquiries : 2766 5100 / 2766 5375

香港理工大学杰出中国访问学人公开讲座安排

1995 年 5 月 9 日，姚熹院士（右二）与同济大学校长李国豪（左二）
同获香港理工大学 1995 年度杰出中国访问学人称号

会议的宣传资料中是这样介绍姚熹的：

　　姚熹教授 1935 年 9 月 28 日出生于江苏省苏州市。现任西安交通大学教授，电子与信息工程学院院长、电子材料与电子器件研究所所长、精细功能电子材料与器件国家专业实验室主任、中国科学院院士。

　　姚教授 1957 年毕业于交通大学电工器材制造系，1957—1979 年担任西安交通大学电工器材制造系、电机工程系助教及讲师，1979 年往美国宾夕法尼亚州立大学进修，1982 年获得固态科学博士学位。他是改革开放后最早在美国获博士学位的中国访问学者。1983 年回国后担任西安交通大学电子工程系副教授，并于 1984 年由高等教育部与国务院学位委员会特批为教授、博士研究生导师。他是我国电子材料与元器件专业第一位博士研究生指导教师。

　　1989 年，姚教授获选为世界陶瓷科学院的首批院士。他是美国电气与电子工程师协会高级会士，美国陶瓷学会、美国材料学会成员；是国际《铁电体》《铁电体快报》的编委，欧洲《固体化学学报》与《无机化学学报》科学委员会成员；1991 年受聘担任法国国家科学研究中心二级研究员。

1982年姚教授由于在铌酸锂双晶方面获杰出研究成果,被美国宾夕法尼亚州立大学和施乐公司授予1982年材料科学最佳博士学位论文的"施乐研究奖"。1985年,由于发现了铌酸锂陶瓷中的晶粒压电共振现象,被美国陶瓷学会授予"罗斯·科芬·珀迪奖",为迄今获得该奖的唯一的中国学者。由于多方面的研究成果,姚教授还获得了国家标准局、机械电子部和陕西省的多项科技成就奖。

姚教授主编和编写了多本专著教科书、会议论文集,并在国际及国内的学术刊物上发表论文近二百多篇。

2002年5月,姚熹荣获电气与电子工程师协会铁电学成就奖。电气与电子工程师协会铁电学成就奖是电气与电子工程师协会颁发的具有重大国际影响的奖项,用以表彰在计算机、信息科学、工程学或计算机技术领域突出的创新性贡献。获奖成果要求是在最近10年之内必须显著推动本领域技术进步的成果。姚熹获得了电气与电子工程师协会铁电学成就奖,充分表明其研究成果的巨大科学价值和实用价值。

THE INSTITUTE OF ELECTRICAL AND ELECTRONICS ENGINEERS, INC.

Ultrasonics, Ferroelectrics, and Frequency Control Society

 2002 FERROELECTRICS RECOGNITION AWARD

to

Yao Xi

For technical innovation in the ferroelectric field, educational leadership in electronic ceramics in China, and outstanding service to the ferroelectric community both domestically and internationally.

2002年5月,姚熹获美国电气与电子工程师协会铁电学成就奖

布塞姆奖是由美国宾夕法尼亚州立大学电介质和压电中心于1989年设立的,以表彰威廉·鲁道夫·布塞姆博士在介电领域的杰出贡献。这个奖是国际介电领域最知名的奖项之一,是介电领域科学家人人追求的崇高目标。

The Wilhelm R. Buessem Award

Wilhelm Rudolf Buessem was born on March 27, 1903 in Oberhausen, Germany. He attended the Universities of Freiburg and Munich and received his doctorate in engineering from the University of Berlin. He was a department head at the Kaiser Wilhelm Institute in Berlin from 1930 to 1938; from 1938 to 1947, he was head of the Ceramic Research Laboratory at Siemens in Berlin. He immigrated to the United States in 1947, where he served as a consultant to the Wright Air Development Center until 1950. From 1950 until his retirement as professor emeritus in 1968, he was professor of ceramic science at the College of Earth and Mineral Sciences at Penn State University. During those years, his research was centered primarily on physical properties of inorganic materials such as thermal shock resistance and dielectric and magnetic properties.

The Wilhelm R. Buessem Award was created in 1989 by the Center for Dielectric Studies to honor Dr. Buessem's outstanding contributions to the field of dielectrics.

Center for Dielectrics and Piezoelectrics

Buessem Award Dinner

Friday, May 16, 2014

Social Hour—6:00 p.m.
Dinner—7:00 p.m.

Ramada Conference & Golf Hotel
1450 South Atherton Street
State College, PA 16801

颁奖大会会议资料中对布塞姆奖的介绍

美国宾夕法尼亚州立大学电介质和压电中心将 2014 年度布塞姆奖授予姚熹。美国宾夕法尼亚州立大学电介质和压电中心对姚熹的学术成就与科研成果给予了高度评价：

姚熹 1957 年毕业于交通大学电气绝缘和电缆技术专业。1957—1979 年，任西安交通大学电子工程系助教、讲师。1979 年，他作为访问学者来到宾夕法尼亚州立大学材料研究所。1982 年获美国宾夕法尼亚州立大学固态科学博士学位，并在宾夕法尼亚州立大学进行博士后研究，1983 年回国，任西安交通大学副教授。他很快被授予正教授职称和博士研究生导师，是国内电子材料与器件领域的第一位博士研究生导师。1986 年，他在西安交通大学创建并组织了电子材料研究实验室。在他的推动和建议下，2009 年西安交通大学国际电介质研究中心成立，由他担任中心主任。

姚熹的主要研究方向为介电材料及器件、铁电、压电及热释电材料及器件、氧化物及化合物半导体及器件、功能纳米复合材料及器件、集成铁电等。他发表论文 500 余篇，撰写或合著著作 7 部，在中国、新加坡和美国拥有 12 项专利。

2006 年，他设计并开始在中国出版"介电学经典丛书"，为中国学生和科研人员获取这些具有里程碑意义的书籍带来了极大的便利。与此同时，他开始寻求支持，创办了一个新的介电学期刊，并于 2011 年创办了英文期刊《先进电介质学报》，并担任主编。

1982 年，他获得了"施乐研究奖"，以表彰他在铌酸锂双晶体研究中的贡献，并获得了材料科学最佳博士论文。1985 年，他获得了美国陶瓷学会颁发的"罗斯·科芬·珀迪奖"。1997 年，他获得何梁何利基金科学与技术进步奖。2002 年，他因在铁电领域的技术创新、中国电子陶瓷教育领域的领导地位以及对国内外铁电界的杰出服务而被电气与电子工程师协会授予铁电学成就奖。

姚熹，中国科学院院士，美国国家工程院外籍院士。他是世界陶瓷学会创始成员之一，亚洲铁电学会创始人和首任主席，国际铁电学顾问委员会成员。他是美国陶瓷学会会士，电气与电子工程师协会高级成员，是该协会的超声、铁电与频率控制委员会成员。

2014 CENTER FOR DIELECTRICS AND PIEZOELECTRICS BUESSEM AWARD TO HONOR YAO XI

Xi Yao graduated from Jiaotong University, China in 1957, majoring in Electrical Engineering. From 1957 to 1979, he served as an assistant, lecturer of the Electrical and Electronic Engineering Department, Xi'an Jiaotong University. In 1979, he visited the Materials Research Laboratory, Penn State University, USA, where he received his Ph.D in Solid State Science in 1982 and completed his postdoctoral research. He returned to China in 1983 as an associate professor of Xi'an Jiaotong University. He was soon granted full professorship and became supervisor of doctorate students, the first doctorate supervisor in the field of Electronic Materials and Devices in China. In 1986, he founded and started to organize the Electronic Materials Research Laboratory (EMRL) in Xi'an Jiaotong University. With his promotion, and at his suggestion, in 2009 the International Center for Dielectric Research (ICDR) at Xi'an Jiaotong University was founded, and he became the director and chair of the Center.

Yao's research interests include dielectric materials and devices, piezoelectric/pyroelectric materials/devices, oxide and compound semiconductors and devices, functional nano composite materials and devices, and integrated ferroelectrics. He has published more than 500 refereed papers, authored or co-authored 7 books, and holds 12 patents in China, Singapore, and USA.

In 2006 he designed and began to publish a Classical Dielectric Science Book Series in China, a wonderful resource for Chinese students and researchers in obtaining these milestone books. At the same time, he began to discuss and seek support for the launching of a new journal focusing on dielectrics: in 2010, an academic journal Jurnal of Advanced Dielectrics (JAD) was first published, and he served as the Editor in Chief.

He received the 1982 Xerox Award in recognition of his contributions in the study of lithium niobate bicrystals, as the best PhD thesis in Materials Science. In 1985, he won the Ross-Coffin-Purdy Award from the American Ceramic Society. In 1997, he was honored with the Science and Technology Award from the HLHL Foundation, Hong Kong. In 2002, he was awarded by IEEE the Ferroelectric Recognition Award for "technical innovation in the ferroelectric field, educational leadership in electronic ceramics in China, and outstanding service to the ferroelectric community, both domestically and internationally."

Xi Yao is a member of the Chinese Academy of Sciences, and Foreign Associate of the National Academy of Engineering of the USA. He is one of the founding members of the World Academy of Ceramics, founding chairman of the Asian Ferroelectric Association, and member of the International Ferroelectric Advisory Committee. He is a fellow of the American Ceramic Society, a senior member of IEEE, and a member of the UFFC committee of the Institute.

Center for Dielectrics and Piezoelectrics
Wilhelm R. Buessem Award Dinner

The annual Buessem Award Dinner will be held at the Ramada Conference & Golf Hotel in State College, Pennsylvania, on Friday, May 16, 2014.

We are pleased to announce that the 2014 Buessem Awardee is Yao Xi, director of the International Center for Dielectric Research (ICDR) at Xi'an Jiaotong University. Dr. Yao was chosen for his many accomplishments and contributions to the field of ceramic science.

The social hour will begin at 6:00 p.m., and dinner will be served at 7:00 at the Ramada Conference & Golf Hotel. Please join us in honoring Dr. Yao.

Clive A. Randall
Center for Dielectrics and Piezoelectrics (PSU)

Buessem Award Recipients

May 10, 1989	W.R. Buessem, Penn State University
May 1, 1990	Harold W. Stetson, DuPont, RCA
May 7, 1991	L. Eric Cross, Penn State University
March 23, 1992	Donald Smyth, Lehigh University
September 22, 1993	Truman C. Rutt, AVX Corporation
October 4, 1994	Donald W. Hamer, State-of-the-Art, Inc.
October 19, 1995	John M. Herbert, Plessey Research Laboratory
November 7, 1996	Kikuo Wakino, Murata Manufacturing Co. Ltd.
November 11, 1997	Robert E. Newnham, Penn State University
October 29, 1998	Gene H. Haertling, Clemson University
November 16, 1999	James V. Biggers, Penn State University
October 12, 2000	Gottfried Arlt, IWE-RWTH
October 16, 2001	Robert S. Roth, Nat. Inst. of Standards & Technology
April 24, 2003	Musatomo Yonezawa, NEC Corp. (2002 recipient)
October 27, 2003	Ian Burn, IBC, Inc.
October 28, 2004	Detlev Hennings, Philips Research Laboratories
November 15, 2005	Karl Heinz Härdtl, Universität Karlsruhe
October 18, 2006	Manfred Kahn, Naval Research Laboratory
October 15, 2007	Galeb H. Maher, MRA Laboratories, Inc.
October 13, 2008	Nobutatsu Yamaoka, Taiyo Yuden Co., Ltd.
October 15, 2009	David Payne, University of Illinois at Urbana-Champaign
October 26, 2010	Yukio Sakabe, Murata Manufacturing Co. Ltd.
October 24, 2011	Nava Setter, Swiss Federal Institute of Technology (EPFL)
May 21, 2013	Mike S.H. Chu, Ferro Corp./TAM Ceramics (2012 recipient)
November 7, 2013	Takeshi Nomura,TDK Corp./Materials Laboratory of Creative Ceramics (MLCC)
May 16, 2014	Yao Xi, Xi'an Jiaotong University

颁奖大会会议资料中对姚熹的介绍

美国宾夕法尼亚州立大学电介质和压电中心主任克莱夫·兰德尔给姚熹颁发了布塞姆奖奖牌。

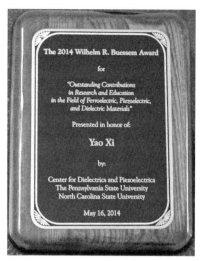

2014年授予姚熹博士的布塞姆奖奖牌

　　2024年7月26日，陕西省科技大会暨科技成果转化"三项改革"推进会召开，大会为2023年度陕西省科学技术奖获奖个人和项目代表颁奖。2023年度共有9位科技工作者和300个项目获得陕西省科学技术奖励。其中，姚熹荣获陕西省最高科学技术奖。

姚熹荣获陕西省最高科学技术奖励证书

第四章　内引外联促发展

一、兼职教授

鉴于姚熹丰硕的科研成果和崇高的人格魅力及严谨的治学精神，多所著名大学纷纷邀请姚熹加盟，华南理工大学、电子科技大学、西安电子科技大学、北京信息工程学院（现北京信息科技大学）、西北工业大学、四川大学、湖北大学、天津大学、中山大学、北京工业大学、西华大学、湘潭大学等学校均聘请姚熹为兼职教授。现代科技的发展和网络技术的广泛应用，使姚熹这位"科技红人"解决了"分身乏术"的难题，他充分利用远程教育系统，与各所大学合作攻关。他利用在线会议、电子邮件、社交软件等科技手段，指导分散在天南海北的博士研究生，使他们得以有条不紊地进行博士课程的学习和科学研究。

电子陶瓷元器件产业的创新能力在一定程度上反映了国家的科技发展水平和国际产业竞争力。发达国家的大学和研究机构都在新原理、新材料、新技术、新器件等方面斥巨资进行研究开发，成效卓著，我国的电子陶瓷元器件行业虽然规模很大，但当时多处于产业链的低端，高附加值、高技术含量的产品在很大程度上依靠进口，这严重制约了我国电子元器件和相关行业的发展。作为中国电子陶瓷科学的领军人物，姚熹认为必须加强电子陶瓷材料与器件共性和关键性问题的基础研究，大力

1990 年西安电子科技大学聘请姚熹为
兼职教授

1989 年中国人民解放军海军电子工程学院
聘请姚熹为硕士学位授予权初审专家组成员

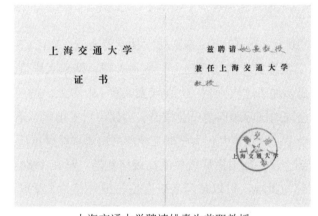

上海交通大学聘请姚熹为兼职教授

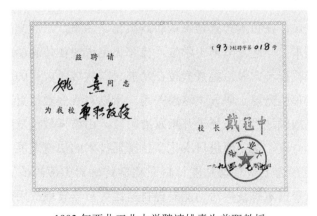

1993 年西北工业大学聘请姚熹为兼职教授

培养和组建这一领域的创新队伍，聚天下英才于一体而共同奋斗，所以应高等教育和科研事业的发展趋势，他尽最大努力地参与诸多高校的教学和科研攻关，以期促进中国电子陶瓷的快速发展。

姚熹在《人民日报·大家手笔》栏目中撰文，阐述自己发展电子陶瓷科学的宏愿与目标。他在文中写道：在国家科技政策的支持下，我国的电介质学科得到了蓬勃发展，中国已成为国际上电介质研究团队规模最大的国家，优秀人才辈出，高水平的研究成果层出不穷。中国人发起创建了国际学术组织，组建了国际化的电介质研究中心，创办了中国人主导的学术期刊，在国际学术界有了越来越大的话语权和影响力，使中国的电介质研究逐步从"跟随者"走向"引领者"。

二、赴日研讨

1993 年 10 月 12—13 日，东亚化学传感器会议（EACCS）在日本九州福冈市太阳宫举行。西安交通大学姚熹教授、清华大学周志刚教授等七位学者赴日参加了这次大会。大会代表共有 180 多人，姚熹教授和周志刚教授担任会议的国际顾问委员会成员。会议由日本电化学学会、日本化学传感器协会主办，日本九州大学理工学部的山添昇教授担任会议主席。

姚熹受到会议主席山添昇教授的高规格礼遇。早在 1984 年，姚熹得到高等教育部的批准，可以带两名研究生与国外相关大学或科研单位合作培养。姚熹把研究生叶作光推荐到了法国，把研究生郑旭光推荐给了日本九州大学理工学部的山添昇教授。郑旭光在山添昇教授的指导下，学业长进很快，在日本传感器领域崭露头角。后来，郑旭光把妻子徐超男也接到日本，一起攻读博士学位，徐超男也很快在传感器领域有所建树。山添昇教授一向佩服姚熹教授在功能材料领域所取得的成就，再加上联合培养郑旭光博士研究生这层关系，所以对姚熹教授更加尊重。日本传感器科技领域当时正处于开拓发展阶段，山添昇教授发起召开东亚化学传感器会议，意在促进日本化学传感器技术的快速发展。他特别邀请姚熹教授在会上做新型功能材料在化学传感器中应用的大会邀请报告，以期改变日本科技界对功能陶瓷材料在传感器领域应用研究薄弱的状况。姚熹到日本九州后拜会了山添昇教授，山添昇教授的妻子用日本迎接贵宾来访的传统礼节迎接，足见其对姚熹的敬仰和尊敬。

　　山添昇教授是世界化学传感器领域最著名的学者之一，在化学传感器、固相催化、固体电化学、无机功能材料以及纳米科学等方面取得了杰出的成就，曾获日本天皇紫绶勋章、日本化学会学术奖、电化学学会奖、催化学会奖、化学传感器国际会议奖、电子稳定控制系统（ESC）传感器杰出贡献奖等一系列国际和日本国内奖项。山添昇教授撰写专著52部（日文44部、英文8部）、学术论文700余篇，获日本专利100余项，SCI文章引用超过10 000次。他担任14次国际学术会议的主席，并曾45次受邀做国际会议大会报告和特邀报告。

　　日本电子陶瓷领域的科研人员中，一部分人注重理论研究，认为这是电子陶瓷发展的根本所在；一部分人注重电子陶瓷的实际应用和产品开发，认为这是电子陶瓷学能向前发展的基础。这两部分的骨干人员都对姚熹十分尊崇，和姚熹保持着密切的联系，山添昇教授极力邀请姚熹参与日本电子陶瓷领域的各种学术活动，除进行学术交流之外，还要借助姚熹的威望和影响，整合日本电子陶瓷的科研力量，促进日本电子陶瓷的快速发展。不负山添昇教授的厚望，姚熹本着理论指导实践、实践结晶升华理论的辩证观点，在参加注重理论研究组织的学术活动时，力谏他们邀请从事电子陶瓷开发应用的领军人物参加会议。同样在他受邀参加日本电子陶瓷开发应用团体组织的活动时，也建议他们邀请从事电子陶瓷理论研究的骨干学者参加会议。经过姚熹苦心孤诣的运筹协调，该会议取得了很好的效果。日本电子陶瓷领域的各学派学识观点得以融合，日本科研队伍加强了团结，有效地促进了日本电子陶瓷研究的深入发展。

　　传感器是将各种非电量（包括物理量、化学量、生物量等）按一定规律转换成便于处理和传输的另一种物理量（一般为电量）的装置，一般由敏感元件、转换元件和变换电路三部分组成，有时还需外加辅助电源。

　　传感器的应用非常广泛，在许多科技领域起着十分关键的作用，因而世界科技界对其研究和创新非常重视，经常举行一些国际性研讨会，交流研究经验，商讨公关策略，力促这一领域快速发展。在多次国际传感器会议的启发下，1991年日、韩两国举行化学传感器双边会议，取得了丰硕成果，于是山添昇教授于1993年10月发起召开了第一次东亚地区性的化学传感器国际性会议。

这次会议共宣读论文 76 篇，其中大会邀请报告 3 篇、分组邀请报告 8 篇。会议除大会邀请报告外分成 2 个分会场、12 个会议进行。其中涉及的领域有温度传感器、气体传感器、生物传感器、石英谐振子、离子传感器、光学传感器。从会议宣读的论文来看，东亚地区科研人员对气体传感器（包括湿度传感器）和生物传感器比较重视。气体传感器研究工作的重点是 H_2、CO_2、NO_2、NH_3、碳氢化合物及烟气的检测。现在，人们对生活环境中各类氛围的识别和检测，包括对食物释放的香味与臭味及新鲜程度的检测、鲜味的判别等已高度重视，所以对这方面的传感器精度和灵敏度要求日益严格。气体传感器所选用的材料主要有掺杂 Fe_2O_3、SnO_2、WO_3、ZnO、$LnMO_3$、LaF_3 及各种离子导体等。其中 SnO_2 仍为研究工作较集中的材料。气体传感器所用的材料则涉及陶瓷、厚膜、薄膜、有机聚合物和半导体，其中以薄膜（包括超微颗粒膜）及半导体方面的工作较为集中，块状陶瓷方面的工作不多，主要用于材料的筛选。

在生物传感器方面的研究主要是检测与生物体有关的葡萄糖、氨基酸、蛋白质、抗原、抗体等技术，直接利用生物体作为传感器的研究不活跃。在离子传感器方面的研究工作似呈停滞状态，以光现象为检测基础的化学传感技术逐渐增长。

姚熹是陶瓷材料领域的权威人士，他作为会议的国际顾问委员会成员受到了大家的尊重和推崇。他应邀做了大会邀请报告《用于传感器的多孔陶瓷》（*Porous Ceramics for Sensor Application*）。该报告让与会者看到了化学传感器材料研究产生新飞跃的希望，大家对他的报告给予了高度评价。

多孔陶瓷是一种新型陶瓷，又称多孔功能陶瓷，是一种成型后高温烧制的陶瓷，在体内有大量的连通或闭合的孔。多孔陶瓷材料具有体积密度小、比表面积大、导热系数低等独特的多孔结构，具有耐高温、强度高、化学稳定性好等特点，在环保、节能、化工、冶炼、食品、制药、生物医药等领域应用广泛。多孔陶瓷常用于 8 个领域：过滤分离装置用多孔陶瓷材料、用于吸声降噪装置的多孔陶瓷材料、用作催化剂载体的多孔陶瓷材料、用于敏感元件的多孔陶瓷材料、隔膜用多孔陶瓷材料、空气分配装置用多孔陶瓷材料、隔热多孔陶瓷、用于生物医疗的多孔陶瓷材料。

陶瓷是一种公认的高弹性、抗腐蚀、抗磨损、抗冲击和振动的材料。陶瓷的热稳定特性及它的厚膜电阻可以使其工作温度范围达-40—135℃，而且具有测量的高精度、高稳定性。电气绝缘程度大于2000伏，输出信号强，长期稳定性好。高特性、低价格的陶瓷传感器将是压力传感器的发展方向，在欧美国家有全面替代其他类型传感器的趋势，在中国越来越多的用户使用陶瓷传感器替代扩散硅压力传感器。

陶瓷传感器适用于过程控制、环境控制、液压和气动设备、伺服阀门和传动、化学制品和化学工业及医用仪表等众多领域。

姚熹夫妇应邀参观日本横滨市著名汽车火花塞工厂时与该厂创始人兼总工程师合影

会议期间，会议程序委员会及国际顾问委员会于10月12日及13日中午开会讨论了东亚化学传感器会议的今后发展，决定东亚化学传感器会议应每隔两年在东亚地区轮流举办，以便促进东亚地区化学传感器的发展，并与国际化学传感器会议衔接。会议一致决定第二届东亚化学传感器会议（The Second East Asia Conference on Chemical Sensors，EACCS'95）于1995年10月在姚熹的工作单位西安交通大学所在地西安举行。

第二届东亚化学传感器会议于1995年10月5—8日在西安如期举行。会议由中国电子学会电子元件分会、中国电子学会敏感技术分会以及电气与电子工程师协会北京分会等联合发起，由西安交通大学承办。

该届会议由姚熹院士担任主席。他向大会做了热情洋溢的致辞，对出席大会的各位代表表示热烈欢迎。姚熹说，第一届东亚化学传感器会议的召开取得了丰硕成果，很好地激发了东亚地区广大科技工作者投入传感器科技研究的积极性，有效地促进了这一领域研究的快速发展。第二届东亚化学传感器会议的参会人数大大增加，会议发表论文、大会特邀报告、分组邀请报告均比第一届大会显著增加，这说明东亚化学传感器会议是卓有成效的会议。

会议得到了国家自然科学基金委员会、清华大学和传感技术联合开放国家实验室等单位的支持。会议共发表论文94篇，其中大会特邀报告5篇、分组邀请报告16篇，分布在气敏、湿敏、离子敏、生物敏、光敏、敏感材料和环境监控7个方面。中国、日本、韩国、越南、意大利、德国、美国和澳大利亚等11个国家和地区的96位学者参加了会议。

会议期间还举行了国际顾问委员会会议，并做出决议，一致认为在中国召开的第二届东亚化学传感器会议是成功的，对姚熹院士作为该届大会主席为大会成功举办所付出的努力与贡献表示赞赏和敬意。

姚熹在主持第二届东亚化学传感器会议的同时，担任同期在西安举行的第一届亚洲铁电学会议总主席。这也是一次规模宏大的重要国际会议。姚熹同时主持两个不同科学类别的大型国际学术会议，充分彰显了他在国际科学界的重大影响和显赫地位。

三、出访法国

1991年9月，姚熹受聘担任法国国家科学研究中心（CNRS）研究员（二级），出访法国波尔多，在法国国家科学研究中心固态化学研究所实验室做科学研究。

这次赴法国做访问学者，是由法国国家科学研究中心院士、波尔多第一大学（University of Bordeaux）教授保罗·哈根米勒（Paul Hagenmuller）教授主导和办理的。

姚熹和保罗·哈根米勒结识在1981年于美国宾夕法尼亚州立大学举办的第五届国际铁电学会议上。那是一次规模很大的国际学术会议，全世界在铁电领域有影响的著名科学家都参加了这次大会。当时在美国宾夕法尼亚州立大学攻读博士学位的姚熹也参加了这次大会。姚熹的导师克罗斯是大会的明星人物之一，他在铁电陶瓷领域的卓越贡献以及在铁电陶瓷人才培养方面所取得的显著成就受到了与会科学家的高度评价。保罗·哈根米勒十分看好克罗斯教授指导的博士研究生姚熹当时正在进行的"铌酸锂双晶与多晶陶瓷的介电、压电性质"课题研究所取得的突破性进展，认为姚熹是一位很有发展前途的铁电领域的具有开创性研究潜能的专家，于是便经常主动和姚熹交流，一来二往，二人变成了学术至交。

姚熹在法国埃菲尔铁塔前

保罗·哈根米勒是一位具有传奇色彩的科学家，出生于 1921 年。1939 年，28 岁的保罗·哈根米勒即将大学毕业，当时第二次世界大战正在激烈地进行着，他响应号召，中断学业，投笔从戎，参加了戴高乐将军领导的反法西斯德国的抵抗运动，在战斗中屡立功勋，成为名噪一时的"二战英雄"。1945 年第二次世界大战结束后，保罗·哈根米勒重返学校读书，大学毕业后进入科技教育界，致力于固体化学的研究和人才培养，成果斐然。他共发表论文 796 篇，有些著作因前瞻性和深奥性曾不被出版社、学术界所重视，为此"沉睡"过很长一段时间。1993—2010年，他的一些学术著作才陆续引起了学术界的高度关注，井喷式地被他人引用16 000余次。学术界列出了他的七大贡献，他被誉为固态化学的"七大睡美人"。

保罗·哈根米勒于2017年去世，他一生未婚，潜心于科研和教学。他非常重视同亚洲学术界的交流，每年都要去越南进行讲学，也希望到中国进行访问。1983年姚熹从美国回到中国后，保罗·哈根米勒便以自由行的身份到北京游览。他在北京天安门游览时，向一位游客打听西安交通大学和姚熹教授的情况，西安交通大学在全国有很高的知名度，这位游客居然侃侃而谈地介绍了西安交通大学所在的地理位置及有关情况，保罗·哈根米勒十分惊喜，于是他立即专程去西安寻访姚熹。

保罗·哈根米勒找到西安交通大学姚熹教授的家，一见面，他就对姚熹说："你们西安交通大学和你姚熹很有名啊，我在北京一打听就打听到了你们了！"朋友见面分外高兴。保罗·哈根米勒性格开朗，说话声音洪亮，举止豪放，到姚熹家中后，毫不拘束。就在这次会面中，保罗·哈根米勒向姚熹发出邀请，希望姚熹作为访问学者到法国国家科学研究中心搞科研，希望为姚熹提供一个更为广阔的科研舞台，以便更好地发挥他的开拓创新才能，为世界科学研究工作做出更大的贡献。保罗·哈根米勒认为法国国家科学研究中心在电子陶瓷材料理论研究方面具有很高的水平，但在实际应用方面有缺陷，例如对其高温超导性未能予以高度关注和应用，使法国在这一领域与诺贝尔奖失之交臂。他知道姚熹在这一领域是一贯重视理论与实践相结合的科学家，所以力邀姚熹赴法国开展科研合作。保罗·哈根米勒承诺，一切手续由他来办，无须姚熹操心。

借着改革开放的东风，姚熹也想了解世界科技发展的新进程、新动态，于是便欣然接受了保罗·哈根米勒的邀请。1991年9月，姚熹受聘担任法国国家科学研究中心研究员（二级）出访法国波尔多。

他先乘飞机到了法国巴黎，很顺利地办好了中转手续，转机飞到波尔多。在波尔多办理有关手续时，波尔多当局说姚熹拿的是长期居住的绿卡，问他打算在这里住多长时间。姚熹明确地回答："我只在这里待半年时间，不常住！"

法国国家科学研究中心是法国国家级公共科研机构，成立于 1939 年 10 月 19 日，隶属于法国高等教育、研究与创新部，是法国最大的政府研究机构，也是欧洲最大的基础科学研究机构，同时也是世界顶级的科学研究机构之一。法国国家科学研究中心因其在科学领域的卓越贡献而在国际上享有盛誉，被认为是科学技术发展的"风向标"。

姚熹履职的法国波尔多固态化学研究所隶属于波尔多第一大学和法国国家科学研究中心，是法国著名的实验室，也是法国固体化学的发源地，其首任所长保罗·哈根米勒是国际固体化学界的知名人士，是法国固体化学的奠基人。该实验室技术力量雄厚，设备先进完善，每年都有丰硕的科研成果问世。

法国国家科学研究中心研究人员从低到高可以分为研究助理和研究员两大等级，其中研究助理分为二级研究助理、一级研究助理；研究员分为二级研究员、一级研究员和特级研究员。科研中心定期向社会公开招聘一定数量的研究人员。科研中心人员和非科研中心人员均可参加这种招聘。但特级研究员不对外招聘，而是从科研中心内部有杰出贡献的人士中聘任。研究人员一旦被录用，就成为中心正式科研人员，享受国家公务员的待遇。姚熹被聘为二级研究员。

波尔多固态化学研究所科研人员很多，姚熹被安排在靠近办公室大门的位置办公，有时人员进出，姚熹还不得不起身予以避让。就在这样的环境中，大家尽职尽责地工作着，学术气氛十分浓厚。给姚熹安排的住处环境十分优美，旁边就是一座极具法国浪漫风情的葡萄庄园，闲暇之余，饮酒散步，倒也十分惬意。

在法国波尔多固态化学研究所工作期间，姚熹在进行课题研究的同时，还注意同周围的科研人员进行学术交流，学习他们的科研方法和经验，借鉴他们的学术成果，他也受到大家的尊敬和爱戴。工作之余，经常有人陪他逛当地的中国超市，陪同他参观波尔多的风景名胜，邀请他参加波尔多的啤酒狂欢节活动，这些为他繁忙紧张的科研交流生活增添了不少乐趣。保罗·哈根米勒对姚熹的工作和生活更是十分照顾。姚熹工作期满回国前，保罗·哈根米勒特地给姚熹安排好巴黎一家他熟悉的家庭旅馆，安排好了一周时间的巴黎游览参观活动，这让姚熹深受感动。

1984 年，姚熹推荐其学生叶作光到法国国家科学研究中心固态化学研究所攻读博士学位，师从保罗·哈根米勒教授，他还应保罗·哈根米勒的邀请于 1988 年参加了叶作光的博士学位论文答辩委员会。

1991 年，姚熹在法国卢浮宫广场玻璃金字塔前留影

1991 年姚熹在法国波尔多市政府前

1991 年姚熹在法国卢浮宫

四、南洋理工

1995 年 1 月，姚熹受聘到新加坡南洋理工大学做访问学者，协助该校开展电子陶瓷与器件和铁电体的研究。

促成这项合作项目的是新加坡南洋理工大学朱伟光教授。朱伟光出生于上海一个干部家庭，上初中时从上海到内蒙古去插队劳动，后来又转到东北当下乡知识青年。恢复高考后，朱伟光凭借努力自学的毅力，考到上海交通大学攻读硕士学位，后来又到美国拿到了博士学位。1994 年，朱伟光到新加坡南洋理工大学工作，是电气与电子工程学院教授。

南洋理工大学校门

作为新加坡的一所科研密集型大学，南洋理工大学十分重视纳米材料、生物材料、功能陶瓷和高分子材料等领域的研究，在世界范围内广纳英才，以期把这些学科创办成世界顶尖级的学科。任教于南洋理工大学的朱伟光教授深知，中国科学院院士姚熹是国际功能陶瓷方面的权威，在这一领域有着非凡的建树和许多前瞻性的研究，因而极力牵线联络姚熹赴南洋理工大学进行学术交流和科学研究。

到了南洋理工大学后，姚熹给学生开设了"电子陶瓷"这门课程，这是南洋理工大学新设立的课程。在这门课程中，姚熹阐述了电子陶瓷在功能材料领域的最新科研成果和发展前景，并结合自己的科研体会，指出了在新型电子材料研究中应遵循的科学途径和应把握的正确方向，受到了同行的高度评价和学生们的热烈欢迎。姚熹在亲自授课的同时，也参与了一些课题的研究工作，还指导了几位研究生。其中，他和朱伟光教授共同指导的博士研究生陈伟强是一位很优秀的教师，陈伟强后来担任新加坡南洋理工大学副校长。

姚熹在南洋理工大学任教一年时间，在教育界产生了很好的影响。新加坡国立大学慕名聘请姚熹给他们学校的学生授课。姚熹便给新加坡国立大学开设了"电子陶瓷材料与器件"课程，又在新加坡国立大学执教一年时间。

姚熹同南洋理工大学建立了很好的合作关系，回国后，南洋理工大学持续聘任姚熹为教授，每年寒暑假邀请他到新加坡讲学，这种关系一直持续到 2005 年。

姚熹利用自己在南洋理工大学的影响，多次推荐他的学生到该校深造，为他们创造了开阔国际视野、学习世界先进科学技术的条件。姚熹的博士研究生姚奎深情地回忆了姚熹推荐他到南洋理工大学做博士后的情景。他在《我心中的姚熹老师》一文中写道：

> 1995 年在我博士毕业之际，姚老师正在新加坡南洋理工大学做客座教授。他在那里积极建立了一个跨越中国和新加坡两地的合作项目。为加强新中两地的合作交流，也为我能开阔国际视野，他推荐我到新加坡南洋理工大学做博士后。当时刚刚博士毕业的我，第一次跨出国门，囊中羞涩，初来乍到，也不了解国外的生活环境。姚老师就告知我他住的公寓还有一个空余的房间，并主动提出让我在过渡时期暂时住进他住的公寓里，不仅分文不收，他还慷慨地借给我 1000 新币，帮我度过了在新加坡相对困难的最初几个星期。一直到后来找到合适的出租房我才搬离和姚老师同住的公寓。

五、亚洲铁电学会

在铁电学领域，20 世纪 60 年代开始就有一个国际铁电学会议，每四年举办一次，亚洲地区主办一次，欧洲地区主办一次，美洲地区主办一次，轮流主办。1979 年 6 月 13 日，电气与电子工程师协会的超声频率控制和铁电分会在美国明尼阿波利斯市召开国际铁电体应用会议，16 个国家的约 230 名代表参加，宣读学术论文约 100 篇（包括投稿和邀请的）。中国第一次参加这种专业性会议，会议程序主席克罗斯教授在开幕式上特为此表示热烈欢迎，中国有 4 名代表宣读了 3 篇论文。

会议内容分为材料、热电、换能器、压电聚合物、光铁电、电光波导和器件、介电、薄膜与声表面波器件、护目镜、新的领域等有关声换能器研究动态和进展方面，反映了近年来铁电体材料及应用研究方面的进展。

姚熹参加了 1981 年在美国召开的国际铁电学会议。那次会议规模很大，全世界在铁电领域的著名科学家都参加了这次大会。1989 年，姚熹作为中方代表参加了在德国召开的国际铁电学会议顾问委员会会议。会议讨论了 1993 年在亚洲举行的下一届会议的举办地，姚熹在会上提议在中国召开，不少国家代表支持在中国开，韩国代表又提出到韩国去开，最后只好投票表决。投票结果是，中国只差一票，会议最终定在韩国召开。1993 年在韩国召开过国际铁电学会议后，许多铁电领域的科学家向姚熹建议，中国和亚洲其他国家在铁电方面的研究很有成效，可以自己另外组织一个铁电学术会议，他们会全力支持。在很多人的积极推动下，1993 年 9 月在美国盖瑟斯堡举行第八届国际铁电学会议（IMF-8）期间，姚熹邀请亚洲各国的铁电学术界朋友一起开会，倡议成立亚洲铁电学会，开始筹备召开亚洲铁电学会议，姚熹当选为协会主席，并一直连任至 2003 年，后辞去主席职位改任顾问。1995 年 10 月，姚熹在西安主持召开了第一届亚洲铁电学会议，并担任会议总主席。会议召开得非常成功。

1995年10月姚熹在西安主持召开第一届亚洲铁电学会议，并担任会议总主席

克罗斯教授在第一届亚洲铁电学会议上做报告

第一届亚洲铁电学会议现场

来自韩国的个别代表在会上态度不友好，断定亚洲铁电学会议是个"短命"的会议。姚熹回应，亚洲铁电学会议一定会越办越好。亚洲铁电学会议一届接一届地举办了下来，影响越来越大，亚洲各国都争相要求举办亚洲铁电学会议，马来西亚、泰国、越南、印度尼西亚、埃及、土耳其等都积极争取举办亚洲铁电学会议权。第二届亚洲铁电学会议于1998年12月7日至11日在新加坡举行，来自22个国家和地区的200多人与会。会议收到了论文摘要345篇、口头报告309篇，其中邀请报告43篇。会上讨论了铁电薄膜、介电、压电和热释电等专题。

2003年，姚熹与在新加坡参加第三届亚洲电子陶瓷会议的学生合影

日本陶瓷学会想要广交电子陶瓷方面的朋友，倡议召开亚洲电子陶瓷会议（Asian Meeting on Electroceramics，AMEC）。第一次会议在日本召开，姚熹是会议嘉宾之一。会议召开期间，大家讨论了下次会议应该怎么开。姚熹提议，既然是亚洲电子陶瓷会议，就应该在亚洲地区轮流召开，这个提议得到了大家的认同。日本方面说，他们已做好了第二次会议的召开准备工作，希望第二次会议仍在日本召开，大家认可了这个建议。第三次会议在新加坡召开。第四次会议于2005年在中国杭州召开，姚熹是这次会议的轮值主席，这次大会是首次在中国举办的亚洲铁电学会议和亚洲电子陶瓷会议的联合会议，共包括4个大会报告、102

个邀请报告、186 个口头报告以及 396 张墙报。口头报告共设 6 个分会场，墙报展示共设 2 个分会场。与会代表就弛豫铁电体的相变和临界现象、压电材料及应用、微波介电材料、陶瓷集成和封装、薄/厚膜、多层电子陶瓷、能量应用及存储、多铁和磁学材料、复合功能材料、多相及纳米陶瓷、无铅压电材料、单晶生长、织构化及陶瓷工艺、微结构表征、存储器、电子陶瓷传感器以及介电和压电材料的前沿等共计 16 个主题进行了广泛而深入的学术交流。同时，这次大会还设立了优秀学生奖以及优秀墙报奖，评选出了来自中国、日本、韩国、泰国、加拿大、印度等国家共计 20 个优秀学生奖和 20 个优秀墙报奖。

会议期间还特别举行了先进电介质和铁电材料前沿研讨会，姚熹院士、朱静院士、南策文院士、艾哈迈德·萨法里（Ahmad Safari）、纳瓦·塞特、鹤见敬章（Takaaki Tsurumi）、弗拉基米尔·舒尔（Vladimir Shur）等多位国际著名学者参会并做精彩报告，引起了与会学者的极大兴趣和热烈讨论。这次大会的成功举办加强了国内外同行之间的交流与合作，为进一步提升我国在铁电学基础研究及功能陶瓷应用开发领域的研究水平和国际影响力起到了极大的推动作用。

2009 年 8 月，姚熹出席了在敦煌举行的首届中日铁电材料及其应用双边会议，这次会议是在中国科学院的大力支持下，由中国科学院上海硅酸盐研究所及日本富山县立大学共同发起的，由中国科学院上海硅酸盐研究所主办。

作为铁电材料领域高层次的双边会议，该次会议吸引了中日两国众多知名学者以及来自美国、英国的华人科学家近 60 名参会者。该次会议共发表口头报告 31 个，展示墙报 13 个。会议期间，参会代表就铁电陶瓷、薄膜及复合材料、铁电材料相关工艺、多铁性体、铁电材料的铁电、压电、电光性能及相关器件应用等议题进行了热烈的讨论。同时，参会代表还讨论了中日双方可能的合作领域及今后中日铁电材料及其应用论坛的举办形式，并确定 2010 年在日本富山县召开第二届中日铁电材料及其应用论坛。

在中日铁电材料及其应用论坛的开幕式上，姚熹强调了在铁电材料领域中日双边合作的必要性和重要性。他指出，虽然日本有日美、日俄等一系列的双边学术会议，但是至今尚无中日双边的学术会议。中国和日本作为亚洲乃至世界的铁电材料研究大国，两国的密切合作对促进两国铁电材料及其应用水平的提高尤为重要。他希望这次论坛能够促进中日两国年轻一代的科学家更加紧密地合作。同时，姚熹对大会组委会的工作给予了高度的评价。为了保证此次会议的顺利召开，组委会进行了精心的安排，在会议期间提供了细致周到的服务，给参会代表留下了深刻的印象。

2006 年，姚熹在第五届亚洲铁电学会议上致辞

2008 年 8 月，姚熹在第六届亚洲铁电学会议（AMF-6）开幕式上做大会报告

2008 年 8 月，姚熹在第六届亚洲铁电学会议开幕式上
与部分报告人合影留念

包定华，中山大学教授、博士研究生导师、"逸仙学者"，曾任中山大学物理系系主任、凝聚态物理研究所所长、材料科学与工程学院学术委员会主任等，是第十二届广东省政协委员。他在《师恩难忘》一文中写道："'一个人遇到好老师是人生的幸运'，我很幸运地遇上了姚老师。感谢姚老师在我读博期间及后来对我的悉心指导和谆谆教诲，让我发现了更好的自己，改变了我的人生。师恩难忘，我会铭记在心！"

六、同济大学

1997 年 9 月，姚熹受聘为同济大学筹建功能材料研究所，并任首任所长。

材料是现代文明的三大支柱之一，新材料被视为新技术革命的基础和先导，新材料的发展及趋势深刻影响着时代的变化、人类生活和社会发展。新一轮技术革命带来的制造业升级压力空前巨大，世界政治格局发生深刻变化，国家间的竞争越来越激烈，关键材料的快速迭代正日渐成为竞争主流。发展环境友好型的新能源材料，其实质是通过环境友好的方式完成能量捕获、能量存储和能量使用过程。世界各国都在这一领域进行大力开发和激烈竞争。我国对新材料研究极为重视，各科研机构和大专院校都把新材料研究作为重要的选题,因而急需这方面的权威人物领军开拓。在这种历史背景下,作为国际上铁电材料研究领域的权威人物,姚熹受到了国内外许多科研机构和高校的追捧,他频频被邀请开展学术交流和科研合作。

同济大学的"民选校长"吴启迪是一位具有开拓创新性的学者型教授,她求贤若渴,极力邀请姚熹到同济大学筹建功能材料研究所,为同济大学开创功能材料研究的先河。吴启迪校长的诚意和创新精神令姚熹深受感动。1997 年 8 月,姚熹受聘于同济大学,主持筹建功能材料研究所,专门开展信息功能材料与器件的研发。

姚熹以"双聘教授"的身份从西安交通大学带了几位助手到同济大学开展工作。同济大学校长吴启迪对姚熹的工作非常重视,在学校用地十分紧张的情况下,专门给姚熹划出一块地方筹建功能材料研究所,还给姚熹安排了几位研究生协助其开展工作。就在她调任教育部领导岗位的前一天,吴启迪还召开了专门会议,研究功能材料研究所的发展计划,并做出几项重要决议。姚熹对功能材料研究所的总体规划、设施配置、研究方向、规章制度和工作流程做了具有前瞻性并符合同济大学实际情况的科学设计,很快就开展了教学和科研工作。

姚熹给同济大学功能材料研究所设置的研究方向是研究以电介质、磁介质和氧化物半导体为基础的信息功能材料与器件,开发其在电子学、光电子学以及其他高新技术领域的应用。他组织科研队伍重点研究材料的合成与制备、组成与结构、性能与应用,以及它们之间的相互关系。同济大学功能材料研究所陆续开发了一系列具有介电、铁电、压电、热释电、铁磁性能以及传感与制动性能的先进功能材料和器件。在姚熹的苦心经营和几任领导的持续开拓创新下,该所目前已拥有完整、先进的电子陶瓷材料及器件制作、铁电薄膜及器件、纳米复合材料及其开发应用的工艺设备;具有世界一流的介电、铁电、静态热释电、动态热释电以及有关微波方面的测试设备及测试系统,成为一个专门从事信息功能材料与器件研究的研究机构,具有硕士、博士研究生及博士后培养资格,并在材料科学与工程一级学科下自主设置了信息功能材料与器件二级学科。

姚熹在加强同济大学功能材料研究所硬件建设和研究领域开拓的同

时，还特别注重研究团队的建设，加大博士研究生及博士后培养力度，培养出了一批很快就能挑大梁的科研骨干。姚熹的博士研究生陈建文从同济大学毕业后，就到佛山科学技术学院建立起自己的实验室开展科技攻关活动。他说，自己一入职就敢于独立创业，其底气来源于恩师姚熹院士的教导和支持。

七、赴美演讲

1998 年 4 月，应美国 W. D. 金格瑞（W. D. Kingery）教授邀请，姚熹出席美国陶瓷学会百年庆典年会。美国陶瓷学会是美国有关陶瓷科学、技术、教育的学术性群众团体，美国陶瓷学会百年庆典活动的主席是《陶瓷导论》（*Introduction to Ceramics*）一书的作者——麻省理工学院的金格瑞教授。《陶瓷导论》是一本关于陶瓷科学的权威著作，是一本内容丰富的陶瓷材料科学专著，对材料科学与工程，特别是陶瓷材料科学与工程领域的科学技术人员及高等院校相关专业的师生具有很强的实用性和重要的参考价值。

《陶瓷导论》中译本扉页

　　姚熹应邀代表中国在美国陶瓷学会百年庆典上做《中国的陶瓷科学与技术》报告。为了做好这个报告，他事前做了充分的准备。他拜访了中国科学院上海硅酸盐研究所的李家治教授。李家治是一位中国古陶瓷研究专家，他大力支持姚熹代表中国去美国参加美国陶瓷学会百年庆典活动并做大会邀请发言，并提供了大量的中国古陶瓷研究成果资料，还让姚熹鉴赏了他收藏的 12 000 年前的中国古陶瓷实物等珍贵藏品，极大地丰富了姚熹的演讲内容。姚熹还拜访了时任中国科学院副院长严东生。严东生是中国科学院陶瓷专业组组长，是结构陶瓷研究权威（姚熹是中国科学院陶瓷专业组副组长，侧重功能陶瓷的研究）。姚熹综合了李家治和严东生的研究成果，结合自己多年来对中国陶瓷科学理论研究和产品开发的经验体会，撰写了由姚熹、严东生和李家治三人联署的《中国的陶瓷科学与技术》的大会发言稿。

1989 年，姚熹被推选为世界陶瓷科学院院士

　　美国陶瓷学会百年庆典活动在美国波士顿举行，大会共安排了美国、日本、欧洲、中国 4 个邀请报告。根据这次庆典活动的宗旨，大会邀请报告的内容要求以讲述各国的陶瓷科学发展史为主。日本代表在发言中谈到日本陶瓷来源于中国，其发展史可上溯到 24 000 年前，这一论点引起了与会学者的质疑。因为发言者没有列举出任何考古成果和实物佐证，缺乏严格的科学依据。姚熹在做《中国的陶瓷科学与技术》的大

会发言时，指出中国陶瓷已有 12 000 年的历史，并出示了李家治教授收藏的 12 000 年前中国古陶瓷的实物照片和考古研究资料，这让与会者心悦诚服，纷纷赞美中国陶瓷的悠久历史和辉煌成就，赞美中国学者的科学求实精神。

姚熹把中国的陶瓷科学与技术称作"来自古代文明的一只凤凰"，他说，陶瓷在中国有着悠久的历史。考古发掘证明，中国的陶器可以追溯到 10 000 多年前的新石器时代。原始瓷器出现在 3000 多年前。中国古代的陶瓷技术发展到了极高的先进水平，在中国历史上扮演了非常重要的角色，产生了非常重要的影响。与丝绸纺织品一样，陶瓷在古代的世界贸易中也扮演着重要的角色，并对亚洲和欧洲的陶瓷技术产生了强烈的影响。值得注意的是，在英语中，"china"是高级瓷器的别称。陶瓷真是中国古代文明的一个"指纹"。然而，由于许多复杂的原因，中国的陶瓷技术在过去的一个世纪里出现了衰落。中国社会经济的巨大变化，为中国陶瓷科技的蓬勃发展提供了新的契机。好似凤凰的浴火重生。通过中国陶瓷科技的五大里程碑和三大技术突破，追溯了中国陶瓷对世界的影响，分析了中国陶瓷衰落与坎坷并从古代文明中重生的原因。

姚熹在发言中说，中国对先进陶瓷的研究和开发始于 20 世纪 50 年代初。虽然陶瓷是中国古代史上的骄傲之一，但先进的陶瓷产业以及相关的教育和研究机构几乎是从零开始建立起来的。经过近 30 年的艰苦努力，中国建立了现代陶瓷工业，在 20 世纪 80 年代几乎赶上了现代陶瓷科学技术水平。大多数先进的陶瓷材料、零件和器件现在都可以在中国制造，以满足自身经济发展的需求。他的报告讨论了结构陶瓷、功能陶瓷、医用生物陶瓷的研究与发展，讨论了中国陶瓷前沿领域的研究与发展。

姚熹的大会邀请报告受到了与会科学家的高度评价。他以实事求是的科学态度研究和梳理了中国陶瓷产生与发展的全过程，客观公正地展示了中国陶瓷科学发展的现状和取得的显著成就。与会科学家从姚熹所论述的中国陶瓷科学研究发展思路中受到了诸多启发，对中国陶瓷科学的快速发展表示赞扬和钦佩。

鉴于姚熹在电子陶瓷科学研究中取得的成就以及对世界陶瓷科学研

究的重要贡献，在美国陶瓷学会百年庆典之后不久的 2002 年，美国陶瓷学会授予姚熹美国陶瓷学会会士称号。

2002 年 5 月 1 日姚熹（右）当选为美国陶瓷学会会士后
与克罗斯教授（左）合影

八、亚洲电子陶瓷学会

2005 年 6 月 27—30 日，第四届亚洲电子陶瓷会议在杭州之江饭店隆重举行。此次会议由姚熹任大会主席、浙江大学陈湘明教授与清华大学南策文教授担任大会执行主席，并分别主持开幕式与大会晚宴。浙江大学党委副书记叶高翔教授代表浙江大学出席了开幕式并致欢迎词。

第四届亚洲电子陶瓷会议是亚洲电子陶瓷会议系列国际会议首次在中国举行。大会主席姚熹院士以其崇高的国际声誉吸引了世界顶级电子陶瓷科学家踊跃参会，大会盛况空前，共有 376 名代表出席此次大会，其中境外代表 120 人，共收到 412 份摘要，其中境外 127 份。

此次会议代表了亚洲电子陶瓷研究领域理论发展的最高水平，各个国家在此领域的专家相聚在中国杭州交流学术科研信息，探讨学术难题。大会代表云集了一大批国内外顶级电子陶瓷学家，其中包括国际电子陶瓷学界泰斗克罗斯教授、韩国化学学会会长和韩国陶瓷学会前会长尹冀铉教授、日本著名电子陶瓷学家木村（T. Kimura）教授与盐崎（T. Shiosaki）教授，以及欧洲著名陶瓷学家 M. 科泽克（M. Kosek）教授与 J. 福塞克（J. Fousek）教授等。克罗斯教授与姚熹院士分别做了精彩生动的大会报告。同济大学功能材料研究所 18 名师生参加了此次会议，有 18 篇研究论文参加了学术交流。

姚熹在会上做了《中国先进电子陶瓷研究》的大会报告。在报告中介绍了西安交通大学电子材料研究实验室和同济大学功能材料研究所的情况以及所开展的研究工作，研究和开发的重点是电子与光电子陶瓷材料及器件、介电与微波陶瓷及器件、铁电、压电陶瓷材料及器件、弛豫铁电陶瓷、单晶及器件、反铁电陶瓷及器件、铁电薄膜、厚膜及器件、玻璃铁陶瓷及应用、纳米复合材料及应用、周期性结构复合材料及应用，以及研究陶瓷材料及器件在电子和光电子领域的应用。

姚熹在报告中着重介绍了中国铋基高频介质陶瓷的研究和发展过程。焦绿石结构的介质陶瓷的烧结温度低、介电常数高、介电损耗低、介电常数温度系数可调。开发的主要问题是复杂的晶体结构和缺陷结构，结构-性质关系和微波行为仍然没有被很好地理解。

铋基高频介质陶瓷最早在 20 世纪 60 年代后期开始在中国受到关注，作为 900℃左右低温烧结的多层陶瓷电容器的介质，有关的电子陶瓷工厂开发生产出了 Bi_2O_3-MgO-Nb_2O_5、Bi_2O_3-ZnO-Nb_2O_5、Bi_2O_3-NiO-Nb_2O_5 等陶瓷电容器。然而由于材料的化学成分和相组成非常复杂，产品的可靠性以及生产的重复性很差，最后在 70 年代末不得不停止生产。80 年代中期，西安交通大学电子材料研究实验室和同济大学功能材料研究所在 863 计划、973 计划、国家自然科学基金的支持下开展了基于该类材料的晶体结构、相图和结构-性质关系的系统性研究；80 年代后期和 90 年代，美国、日本、英国、韩国等国家兴起了一种该类陶瓷的平行研究。

姚熹认为，亚洲电子陶瓷会议经过四次会议的召开，已经相对比较成熟，他建议成立亚洲电子陶瓷协会作为协调地区性电子陶瓷学术活动和交流沟通的平台。姚熹的提议得到了大家的赞同，大家把这个协调机构称为亚洲电子陶瓷协会，作为第四届亚洲电子陶瓷会议大会主席，姚熹在会议上宣布亚洲电子陶瓷协会正式成立。

2005年第四届亚洲电子陶瓷会议的大会主席姚熹在会议上发言

大会主席姚熹宣布亚洲电子陶瓷协会正式成立

　　成立亚洲电子陶瓷协会是为了指导和协调亚洲电子陶瓷会议，以推动亚洲乃至世界电子陶瓷的研究和开发活动的交流与沟通，加强学校、研究单位和工业企业人员之间的交流与信息沟通，促进他们之间的紧密联系，促进电子陶瓷产品的商业化进程。在这一重要而有吸引力的领域培训和教育学生与青年科学家，将推动亚洲电子陶瓷会议成为这一日益重要的研究领域的国际论坛，并加强国际合作。亚洲电子陶瓷协会目前由执行委员会和咨询委员会组成。

第四届亚洲电子陶瓷会议全体代表合影（前排左九为姚熹）

在姚熹的推动下，亚洲电子陶瓷会议按照协会章程规定一届接一届地有序举办，为加强亚洲电子陶瓷科学家联合攻关、促进世界电子陶瓷学科发展发挥了重要作用。

参加亚洲电子陶瓷协会会议的部分人员合影（坐者右三为姚熹）

九、美国国家工程院

2007 年 2 月 10 日，美国国家工程院宣布，西安交通大学姚熹教授被增选为外籍院士。

美国国家工程院院长威廉·A. 伍尔夫（William A. Wulf）当天宣布，此次新增院士共 64 名，其中外籍院士 9 名，包括中国的姚熹教授及来自英国、加拿大、西班牙、德国、日本、荷兰、以色列、法国的

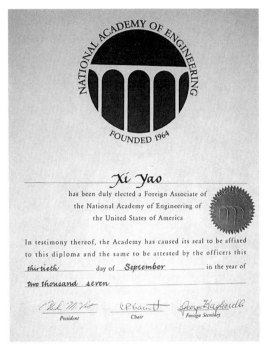

2007 年 2 月 10 日，美国国家工程院宣布增补姚熹为外籍院士

各一位工程领域专家。至此，美国国家工程院院士达 2217 名，其中外籍院士 188 名。

美国国家工程院在声明中特别强调："来自中国的工程专家姚熹，在电子陶瓷科学和工程创新方面做出了杰出贡献。"

美国国家工程院是美国工程科技界最高水平的学术机构，成立于 1964 年 12 月，是世界上较有影响的工程院之一。当选为美国国家工程院院士是工程领域专家的最高专业荣誉之一。

美国国家工程院院士的评选历来以严格和公正著称，外籍院士还要额外增加多位科学家进行独立评审，每次当选的外籍院士名额不超过 10 位。曾经有人这样说：当选为美国国家工程院外籍院士，就像把一只骆驼从针眼里拖过去一样难。

姚熹在美国进行博士后研究时取得的突破性的科学研究，已让导师对他刮目相看。回国后姚熹科研成果迭出，在国际铁电领域声名鹊起，更让他的美国导师对其寄予厚望，希望他在这一领域百尺竿头，勇攀高峰。鉴于姚熹领衔的在中国和亚洲开展的电子陶瓷与铁电领域研究所取得的丰硕成果，这也是美国国家工程院的重点科研项目之一，于是克罗斯

姚熹夫妇与美国宾夕法尼亚州立大学教授、美国国家工程院院士克罗斯（左一），
拉斯图姆·罗伊（右一），德拉·罗伊（右二）在美国国家工程院门前合影

教授牵头组织五六位美国国家工程院院士联名推荐姚熹为美国国家工程院院士。克罗斯教授让姚熹填写了一份详细的履历表，他告诉姚熹，遴选美国国家工程院外籍院士的要求非常严格，当选的机会很小，但试一试也没有坏处。最后，姚熹通过了美国国家工程院的种种遴选关卡，顺利当选。

2007年9月，姚熹经北京去美国参加美国国家工程院2007年年会，9月30日在举行仪式上被授予外籍院士证书。

授予姚熹（中）美国国家工程院外籍院士证书

姚熹同他的导师克罗斯教授经常在各种国际学术会议上聚首。

1993 年，克罗斯教授（左）访问西安交通大学期间与姚熹合影

2007 年 2 月 12 日，《人民日报》第 7 版发表了姚熹当选为美国国家工程院外籍院士的消息。

2007 年 4 月 4 日下午，西安交通大学科学馆 207 房间内气氛热烈，鲜花和掌声献给了新当选的美国国家工程院外籍院士姚熹。郑南宁校长，以及学校科技处、人事处、宣传部、研究生院、国际处等职能部门负责人，电子与信息工程学院书记、院长及部分师生代表在这里座谈，热烈祝贺姚熹当选为美国国家工程院外籍院士。参加座谈会的还有西安电子科技大学副校长杨银堂。徐宗本副校长主持座谈会。

西安交通大学热烈祝贺姚熹当选为美国国家工程院外籍院士

"我校电信学院姚熹院士当选为美国国家工程院外籍院士，是值得我们全体师生为之自豪和骄傲的事。姚院士的当选，不仅是国际学术界对他奋斗一生学术的肯定，同时也是对西安交大的莫大鼓舞。"郑南宁校长在发言中高度肯定了姚熹院士的学术成就和对学校的贡献，他从亲身经历出发，深情回顾了姚院士严谨治学的作风，感悟他"认认真真做人、勤勤恳恳做学问"的大师风范。他说，姚院士无论在人才培养还是在科学研究方面都为西安交通大学做出了重要贡献，他是我们这一代人和年轻学子学习的楷模与榜样，激励着全校师生奋发图强，为学校的发展做出更多贡献。他表示学校要支持和依托姚熹院士的优秀团队，希望凝聚和培养出更多的人才，在队伍建设、科研成果、科研环境方面为全校做出表率。

杨银堂副校长代表西安电子科技大学对姚熹教授当选为美国国家工程院外籍院士表示祝贺，作为姚熹的学生，他畅谈了姚院士献身科学的精神和严谨的科学态度。他说，姚院士的言传身教，让他一生受益匪浅。姚熹作为西安电子科技大学的兼职教授，对西安电子科技大学在电子技术、电子材料的学科发展和人才培养方面，付出了心血，做出了贡献。

电子与信息工程学院常务副院长冯祖仁教授代表全院教师祝贺姚熹教授当选为美国国家工程院外籍院士，他回顾了姚熹院士扎根交通大学的学术历程，为学校能够走出这样一位学术大师深受鼓舞。他说，姚熹院士于20世纪50年代毕业于交通大学，始终保持着远大的学术志向，如今为中国铁电陶瓷研究进入国际行列树起一面旗帜。

参加庆祝活动的师生纷纷以不同的方式向姚熹当选为美国国家工程院外籍院士表达了由衷的祝贺和深切的敬佩之情，共述了姚熹院士在学术上的博学和敏锐，赞叹他突出的学术成就和国际影响。他们有的深情回顾了姚熹院士谆谆教诲的点滴往事，有的感悟了姚熹院士春风化雨般教书育人的大师风范，有的感谢了姚熹院士提携前进、关心学生的大爱之情……姚熹院士的经历和成就，其坚定执着的信念、持之以恒的积累和甘于寂寞、淡泊名利、润物无声的行为风范，激励着西安交通大学全校师生勇往直前。

姚熹对大家的祝贺表达了诚挚谢意，在回顾自己50多年来的学术历程中，他特别感谢上百位与他在学术研究生涯中共同奋斗的教师和学生。他说，个人的力量是有限的，没有他们的支持和帮助，自己就无法在中国做出这样的成绩，更无法在国际铁电陶瓷领域听到来自中国的声音。他希望今后我国在铁电陶瓷领域能有更好的发展。

在座谈会上，姚熹的学生代表向他献上鲜花表达感谢与祝贺。

十、赴韩演讲

2007年11月，姚熹作为特邀嘉宾赴韩国首尔参加韩国陶瓷学会成立50周年庆典，代表中国陶瓷学会向大会致贺词，并在大会上做《电子陶瓷的现状与展望》报告。韩国陶瓷学会授予姚熹荣誉会员称号。

2007年11月8日，姚熹在韩国陶瓷学会成立50周年庆典上做报告

2007年11月8日，韩国陶瓷学会授予姚熹荣誉会员称号

2007 年 11 月 8 日，姚熹在韩国陶瓷学会 50 周年庆典上的祝词如下：

主席先生，女士们、先生们：

我来自中国的北京，代表中国陶瓷学会向大家致以最热烈的问候！

我要对韩国陶瓷学会成立五十周年表示诚挚的祝贺。祝愿韩国陶瓷社团未来五十年蓬勃发展。

陶瓷是我们的共同关注。我们许多人已经从事陶瓷工作多年，未来还将成为我们的终身事业。陶瓷有着悠久的历史。考古学的发现表明，中国的陶器历史起源于新石器时代，大约有 12 000 年的历史。原始瓷器始于中国历史上的商代，大约有 4000 年的历史。虽然现代工程陶瓷的历史还不到 100 年，但工程陶瓷在现代科学技术的发展中起着至关重要的作用，是现代社会的主要支柱之一。让我们共同努力，打造陶瓷业更美好的未来，为新世纪人类的发展做出更多贡献。

谢谢。

在《电子陶瓷的现状与展望》大会报告中，姚熹首先介绍了设在西安交通大学的电子陶瓷与器件教育部重点实验室，同时介绍了同济大学物理化学材料重点研究实验室——功能材料研究所。

姚熹的报告受到了与会科学家的高度评价。韩国陶瓷学会的领导和学者十分钦佩姚熹在陶瓷科学研究领域所取得的巨大成就，认为姚熹院士对陶瓷科学研究方向的展望具有高度的前瞻性和科学性，建议中韩两国联手建立亚洲区域性陶瓷科学研究会，整合亚洲地区各国的科研力量，在陶瓷科学研究领域攀登世界科学高峰。姚熹回国后向我国有关部门转达了韩国方面的设想和建议，但由于多种客观因素的影响，这个以中韩两国为主导的亚洲区域性的陶瓷科学研究机构未能成立。

中韩两国陶瓷科学家合影留念（左二为姚熹）

十一、国际铁电会议

由西安交通大学等单位承办的第 12 届国际铁电学会议（IMF12）暨第 18 届国际铁电学应用会议（ISAF-18），于 2009 年 8 月 23—26 日在西安召开。来自全球 30 多个国家和地区的 600 余名专家学者参加了这一电子材料和功能电介质领域最重要的会议。这是国际铁电学会议和电气与电子工程师协会国际铁电学应用会议首次在中国召开，也是它们首次联席召开，是历届规模最大的国际铁电会议。

开幕式由姚熹主持。西安交通大学副校长程光旭、电气与电子工程师协会国际铁电学应用会议大会主席任巍、著名铁电物理学家克罗斯均在开幕式上发表讲话。日本东京工业大学鹤见敬章、瑞士洛桑联邦理工学院纳瓦·塞特、美国罗格斯大学艾哈迈德·萨法里和清华大学朱静教授应邀做大会报告。为了纪念在结晶学、压电复合材料、电子陶瓷领域做出突出贡献的纽纳姆教授，大会特地安排了他的学生苏珊·特罗莱尔-麦金斯特里做了纪念性演讲。

大会收到研究摘要 1118 份，会议期间共有 6 场大会报告、121 场受邀报告、338 次口头演讲，讨论话题涉及磁场的相变和临界现象、纳米结构的大小影响和特性、无铅压电陶瓷及应用、铁电粒状材料等 14 个方面。

姚熹（前排左二十三）与第 12 届国际铁电学会议全体代表合影

2009 年 8 月 23 日第 12 届国际铁电学会议期间，姚熹（左）院士
和清华大学朱静院士在聆听会议报告

会议期间，姚熹（前排左七）院士与参会弟子及海内外知名同行合影

这次会议全面展示了我国在铁电和电介质方面的研究进展与所取得的成果，探讨了铁电材料在新领域的应用，对于促进我国铁电和电介质的研究向国际化发展，以及加强国际学术交流与合作具有非常重要的意义。

在姚熹的精心安排和科学部署下，大会对顾问委员会的人员组成进行了合理调整，增加了多名中国委员，改变了该顾问委员会长期仅有姚熹一名中国委员的状况，提高了中国在这一领域的话语权，扭转了该协会一直由美国主导的局面。

第 12 届国际铁电学会议暨第 18 届电气与电子工程师协会国际铁电应用会议结束后，2009 年 8 月 28 日上午，国际电介质研究中心成立大会暨第一届全体理事会议在西安交通大学召开，美国宾夕法尼亚州立大学克罗斯教授，西安交通大学姚熹、宋晓平副校长为国际电介质研究中心授牌，为国际电介质研究中心理事会和顾问委员会成员颁发聘书，西安交通大学的第一个国际性学术研究中心由此成立。

姚熹介绍了中心及理事会的详细情况，说明了国际电介质研究中心的学术和行政管理构架，宣布了理事会和顾问委员会成员名单。理事会由 24 位电介质及相关研究领域的知名专家学者组成，西安交通大学郑南宁校长任理事长，姚熹院士、副校长宋晓平任副理事长，来自中国、美国、加拿大、德国、日本等 10 多个国家和地区的专家学者任理事会会员。理事会是中心的最高管理机构，日常管理机构为执行委员会，同时设有国际顾问委员会和行政办公室。顾问委员会由克罗斯教授等 10 位国际电介质领域享有盛誉的知名学者组成。

国际电介质研究中心成立大会会场

姚熹院士（左）为国际电介质研究中心理事会和顾问委员会成员颁发聘书

　　国际电介质研究中心是为发挥西安交通大学电介质研究 50 多年深厚的学术积淀，在西安交通大学微电子学与固体电子学和电力设备电气绝缘两个重点学科与重点实验室的基础上组建的。

　　电介质是在电子信息、电力电气技术中起举足轻重作用的、应用广泛的关键材料，是物理学、化学、材料科学、电子学和电气学等多学科交叉与融合的基础学科与应用学科，电介质科学和工程的发展对推进学术进步、促进电子电气产业的发展具有重大意义与深远影响。

西安交通大学国际电介质研究中心奠基仪式（左五为姚熹）

在西安交通大学国际电介质研究中心奠基仪式上，姚熹院士（中）与他的学生
国际电介质研究中心主任徐卓教授（右）、任巍教授（左）合影

　　国际电介质研究中心副理事长姚熹院士介绍说，西安交通大学在电
介质研究方面有着 50 多年的深厚学术积淀，成立国际电介质研究中心，
旨在建立国际一流的国际学术交流中心。中心通过引进国内外高水平的
研究人才等来带动西安交通大学电介质科学的持续发展，通过创办电介
质国际期刊等来搭建高水平的学术交流平台，通过出版经典电介质丛书
等来提高西安交通大学的学术声誉，在学术中心的框架内建立一整套有
益的人才机制和学术交流机制。中心的发展定位是建立国际一流的国际
学术交流中心，吸引和培养国际一流的人才，产生一流的学术成果。这
一国际性的学术交流机制，将对西安交通大学电力设备电气绝缘国家重
点实验室的发展，以及电子陶瓷与器件教育部重点实验室建设国家重点
实验室提供有力的支撑，也将有力地带动西安交通大学电介质学科的迅
速发展，促使西安交通大学电介质学科瞄准国际前沿，开展国际合作，
取得关键性成果的突破，扩大在国内外学术界一流的学术影响，带动校
内物理、材料、电气、电子等突破学科限制，打破原有框架，共求
发展。

　　2013 年 5 月 17—19 日，由西安交通大学国际电介质研究中心主办
的中俄介电与铁电材料论坛暨高性能压电铁电单晶国际研讨会在西安交
通大学曲江校区召开，来自俄罗斯、美国、加拿大、日本、韩国和中国

西安交通大学电子陶瓷与器件教育部重点实验室

等国家的科研院所的 100 多名师生参加了研讨会。西安交通大学电子与信息工程学院院长管晓宏教授出席研讨会开幕式并致辞。姚熹介绍了创立国际电介质研究中心论坛的初衷及历史渊源。西安交通大学教授、电子陶瓷与器件教育部重点实验室主任任巍教授，国际电介质研究中心主任徐卓教授担任会议主席。

研讨会分为学术报告和展板展示两个环节。学术报告分为 7 个单元，共有 45 个邀请报告。与会专家围绕压电晶体、性能与结构关系、储能材料、聚合物厚膜与薄膜、陶瓷与单晶材料、纳米尺度现象与畴结构在压电铁电体理论和实验研究中的应用等问题进行了充分且深入的讨论。大家自由发言、各抒己见，会场气氛十分热烈。这次会议还设置了最佳墙报奖项。

"国际电介质研究中心系列论坛"由姚熹教授倡议创办，该次研讨会已是第二届。会议论文集及研讨成果以专刊的形式在国际电介质研究中心创办的国际学术期刊《先进电介质学报》上发表。

2019 年 10 月，西安交通大学电子陶瓷与器件教育部重点实验室、国际电介质研究中心主办的先进介电、铁电材料与器件国际研讨会（International Workshop on Advanced Dielectric and Ferroelectric Materials and Devices）在西安召开。来自俄罗斯、白俄罗斯、英国、美国、加拿大、日本、韩国、葡萄牙等国家和地区的 20 多名知名专家学者，以及清华大学、中国科学院上海硅酸盐研究所、中国科学院上海微系统与信息技术研究所及香港理工大学等单位的 80 多名代表和研究生参加研讨会。

参加先进介电、铁电材料与器件国际研讨会的代表合影

本次研讨会由姚熹担任主席，叶作光、魏晓勇、任巍、徐卓、刘明、李飞等共同组织。会议组委会主席叶作光致开幕词并简要介绍了国际电介质研究中心论坛系列学术会议的发展历程。电子与信息学部副主任李永东代表学部对参加本次学术会议的代表表示欢迎并预祝会议圆满成功。电子陶瓷与器件教育部重点实验室主任魏晓勇和国际电介质研究中心主任徐卓分别代表实验室与研究中心对来访的各位专家学者表示热烈欢迎。

姚熹院士的学生、加拿大西蒙菲莎大学教授、皇家科学院院士叶作光做大会发言

本次学术会议围绕"PZT 的结构与性能""结构与化学无序性""畴的设计与模型""高性能压电材料""存储器与 RRAM""混合与传统钙钛矿""电介质与电容器""柔性与二维材料""无铅压电材料"等 9 个主题共安排了 40 场邀请报告。与会者就电介质材料领域的前沿问题进行了深入交流，会场气氛热烈且融洽。本次研讨会为电介质材料领域搭建了良好的国际交流平台，极大地促进了西安交通大学科研人员同海内外学者的交流广度和深度，同时对进一步提升西安交通大学的科研水平、促进学科发展、扩大国际影响力产生了重要的推动作用。

电子陶瓷与器件教育部重点实验室主任魏晓勇（前左二）聆听大会发言

姚熹注重提携自己的学生参加各种国际学术会议，以使其开阔眼界，尽快成才。他的学生李飞对此深有感触，他说：

从本科毕业设计开始，也就是 2005 年秋，我有幸进入姚熹院士创立的电子材料研究实验室，在徐卓老师的指导下开始从事铁电压电材料的研究工作。

还记得第一次与姚老师深入交流是在武汉。2007 年 11 月，武汉理工大学主办了第六届中国功能材料及其应用会议暨国际功能材料专题论坛，姚老师负责铁电材料国际论坛的组织工作，姚老师邀请了全世界最知名的铁电材料科学家，其中就包括姚老师的博士研究生导师、美国宾夕法尼亚州立大学的克罗斯教授以及我后来在宾夕法尼亚州立大学联合培养时期的导师托马斯·R. 施劳特

（Thomas R. Shrout）教授。克罗斯教授在大会报告中简要介绍了姚老师在弛豫铁电体"宏畴-微畴转变"理论方面的贡献，至今令人印象深刻。

我和姚老师的深入交流是发生在会议间歇的一天晚上，我与徐卓教授、魏晓勇教授前往姚老师下榻的酒店，讨论了"电介质物理"课程的建设与精品课程的申报。当时，虽然姚老师已年过 72 岁，但是精神仍十分矍铄，思维敏捷，他为我们细致讲述了陈季丹先生在西安交通大学创建"电介质物理"课程的过程，以及他本人在 20 世纪 80 年代将美国和苏联相关教学内容引入本课程的原因与意义，最后姚老师重点强调了"电介质物理"课程对我国电子元器件发展的重要意义。在姚老师的悉心指导下，西安交通大学的"电介质物理"课程于 2009 年入选国家精品课程，随后陆续又开设了线上-线下混合课程和"慕课"（MOOC）课程。

姚老师的治学精神和事迹一直潜移默化地激励着我在学术道路上不断前进。我举个例子，姚老师仅用了 1 年零 10 个月的时间就在美国获得了通常需要 4 到 6 年时间才能取得的博士学位，时至今日，他仍是该校有史以来用时最短的博士毕业生。不仅如此，他之后的研究工作还获得了当年美国陶瓷学会的最佳研究成果奖。我在美国宾夕法尼亚州立大学材料科学与工程系也工作了过一段时间，当那里的教授得知某个人是来自姚老师的实验室的时候，都会或多或少对其更加重视，期望值也会提高。在这种环境下，就不得不更加努力，让自己变得更加优秀。因此，我在美国宾夕法尼亚州立大学工作的那几年，几乎每天都是最早到达实验室的博士后，这一点得到了时任实验室主任克莱夫·兰德尔（Clive Randall）教授的认可。

一位科学家的治学态度和精神总是在潜移默化地被继承、传播并发扬光大，姚老师的治学精神也必将由我们这一代人继续去书写，去创造。

十二、出访俄罗斯

2010 年 9 月 19—26 日，姚熹率团出访俄罗斯，可以说是圆了自己 1952 年和 1959 年两度留学苏联未果的梦想。

中国的电介质研究在很大程度上起源于俄罗斯。早在 20 世纪 50 年代，苏联援助中国建设 156 项重点工程，其中包括西安电力机械制造公司所属的西安高压电瓷厂、西安高压开关厂等工厂和研究所。交通大学的陈季丹教授率先在国内开展电介质物理教学，他从苏联引进了电介质的一系列教材和专著，并以西安电力机械制造公司的一些工厂和科研单位为实验基地，在交通大学开设了"电介质物理"课程，姚熹是最早一批学习陈季丹教授开设的这门课程的学生中的一员。

为了学习苏联的先进技术，姚熹曾有两次去苏联留学的机会，均因种种原因未能成行。改革开放之后，中国科技界向世界先进国家学习，电介质和电子元件领域也是如此。姚熹一直希望建立中俄之间在电介质领域的交流合作关系，为此做了大量的联络和沟通工作，终于达成了访俄计划，于 2010 年 9 月率团出访俄罗斯。

2010 年 9 月 19 日，姚熹率西安交通大学的徐卓、冯玉军、李振荣、魏晓勇诸教授及长春中俄科技园的部分人员出访俄罗斯。访问的第一站是莫斯科国立大学物理学院。

2010 年 9 月，姚熹（左三）带团访问莫斯科国立大学

姚熹教授在莫斯科国立大学做报告

姚熹率领西安交通大学的学者访问莫斯科国立大学物理学院，是因为这个学院的 39 个院系，尤其是实验与理论物理、固体物理、放电物理与电子学、核物理、地球物理、天文学、应用数学、附加教育 8 个系，在经典基础教育与科学研究方面几乎涵盖了所有现代领域的实验和理论物理学、地球物理学、天文学、核和粒子物理学、加速器、固体物理学和纳米系统、无线电物理学和量子电子学、非线性光学和激光物理学、经典和量子场论、引力理论、数学建模和数学物理学、医学物理学、地球和行星物理学、海洋和大气、宇宙射线物理学和空间物理学、黑洞和脉冲星的天体物理学、宇宙学和宇宙演化等许多领域，且均有不凡的成就和前卫的开创，对西安交通大学电子陶瓷材料学科的研究有很好的参考和借鉴作用。

姚熹一行先后拜访了莫斯科国立大学物理学院鲍里斯·斯特鲁科夫（Boris Strukov）教授，他是国际著名铁电学专家、俄罗斯科学院铁电与介质材料分部委员。代表团还参观了晶体生长实验室，进行了学术交流活动，会见了物理学院院长，讨论了科教合作事宜。

之后，姚熹率团乘火车赴圣彼得堡，访问了位于圣彼得堡市中心的圣彼得堡国立电子工程技术大学。这所大学原名列宁格勒电工学院（ETU），创建于 1886 年，其前身是俄罗斯邮政电报部的技术学校，1891年改为皇家电工学院，是欧洲第一个电工领域的专业性高等院校。世界上无线电的发明人 A. C. 波波夫曾任皇家电工学院的教师和第一任院

姚熹教授与斯特鲁科夫教授互赠纪念品

代表团成员与莫斯科国立大学物理学院
院长弗拉基米尔·特鲁欣（Vladimir Trukhin）交流

长。1992 年，皇家电工学院更名为圣彼得堡国立电子工程技术大学。20世纪上半叶，该大学创立了一批著名的学科，如无线电技术、电能学、无线电电子学和控制论、超声波探伤学、电热学等。圣彼得堡国立电子工程技术大学既是一个教学中心，也是进行基础及应用科学研究的中心。姚熹一行拜会了圣彼得堡国立电子工程技术大学的文迪克（Vendik）教授，双方讨论了微波可调材料与器件的合作。

姚熹教授（左）等与圣彼得堡国立电子工程技术大学文迪克教授交流

代表团接着访问了位于圣彼得堡的俄罗斯科学院物理技术研究所（又名约飞物理技术研究所）。同该所的几位教授进行了学术探讨，取得了可喜的成效。

访俄工作之余，姚熹带领代表团成员参观了克里姆林宫、十月革命广场、阿芙乐尔号巡洋舰、冬宫、彼得大帝夏宫等著名的历史文化和革命圣地，留下了美好的印象。

访俄代表团在约飞物理技术研究所交流

代表团成员在克里姆林宫前合影

姚熹的这次访俄圆梦之旅开启了西安交通大学对俄科技合作的新纪元。

在中俄全面战略协作伙伴关系框架的指引下，西安交通大学与俄罗斯同行开展了多方面的科技合作。其中国际电介质研究中心同莫斯科国立大学、圣彼得堡国立电子工程技术大学和约飞物理技术研究所等高水平研究型大学与研究院所在铁电弛豫铁电单晶、可调介电陶瓷、铁电阴极、高储能电介质材料方面开展了广泛且深入的合作研究，通过项目的实施与俄罗斯同行在电介质研究方面建立起了稳定的合作关系，引进了俄罗斯科学院和莫斯科国立大学的学术大师及学术骨干来华交流与工作，在深度挖掘俄罗斯在铁电体和电介质领域深厚的学术积累、提升中国电介质和铁电材料研究水平、促进中俄科技外交等方面起到了积极的支撑与推动作用。

2012 年，斯特鲁科夫教授代表莫斯科国立大学物理学会向俄罗斯科学院铁电与介质材料分部汇报了物理学院与西安交通大学国际电介质研究中心及其他中国同行的合作交流情况，俄罗斯科学院铁电与介质材料分部对此进行了讨论，并成立了与中方开展科研合作的三人小组，指定莫斯科国立大学校友、俄罗斯技术大学（MIREA）校长、俄罗斯科学院院士亚历山大·西戈夫（Alexander Sigov）教授担任组长，在铁电陶瓷、单晶材料、储能材料等几个方向上与中国开展合作研究。2013 年 3 月，莫斯科国立大学伊利亚·施耐德施泰因（Ilya Shnaidshtein）副教授受斯特鲁科夫教授委托到国际电介质研究中心访问，沟通国际项目的实施情况和第一届中俄介电铁电材料国际研讨会的筹备情况。在双方的共同努力和推动下，2013 年 5 月在西安交通大学国际电介质研究中心召开了第一届中俄介电铁电材料国际研讨会，亚历山大·西戈夫带领十几位俄罗斯同行参加了此次研讨会。2013 年底，"多功能铁电材料与器件研究创新引智基地"获教育部和国家外国专家局批准立项，这是西安交通大学第 6 个获准立项的"111 计划"项目。国家外国专家局每年将提供专项经费用于引进海外学者来中国长期工作或短期交流。2014 年，双方联合申报的新能源介质材料国际联合研究中心通过了陕西省认证成为陕西省国际合作基地。2015 年，国际电介质研究中心获批成为科学技术部国际合作基地。以上基地均通过了上级管理部门组织的考核验收，其中"111 计划"多功能铁电材料与器件研究创新引智基地在陕西省科技厅2020 年组织的年度评估中考核结果为优秀。

在"111 计划"项目的支持下，每年都有多位俄罗斯专家来中心工作交流，除进行合作研究之外，俄罗斯专家还以专题讲座的形式为中国的老师和学生带来了精彩的课程，如圣彼得堡约飞物理技术研究所的戈洛斯科科维奇·伊戈尔（Golosovskii Igor）开设的"中子散射及其在材料科学中应用"、乌拉尔联邦大学弗拉基米尔·舒尔教授开设的"畴结构与畴工程"和俄罗斯科学院基伦斯基（Kirensky）物理研究所亚历山大·维尤林（Alexander Vtyurin）教授开设的"拉曼技术原理及应用"等课程，受到了中心师生的热烈欢迎和广泛好评。中心青年教师胡庆元博士与博士研究生赵烨、刘鑫先后以访问学者和联合培养学生的身份到俄罗斯乌拉尔联邦大学学习交流，通过在俄罗斯较长时间的学习，他们掌握了先进技术，回国后进 步提升了中心在弛豫铁电单晶畴结构方面的研究水平。2015 年 9 月，第二届俄中介电铁电材料国际研讨会在俄罗斯沃罗涅日召开，国际电介质研究中心的徐卓教授、魏晓勇教授、冯玉军教授和李振荣教授及国内其他高校的近 20 位代表到俄罗斯沃罗涅日参加了这次会议。2015 年 10 月，西安交通大学邀请俄方合作者来西安参加中俄文化交流周，俄罗斯科学院院士、俄罗斯技术大学校长亚历山大·西戈夫教授，副校长弗拉基米尔·潘科夫（Vladimir Pankov）教授，莫斯科国立机械制造大学（MAMI）副校长德米特里·斯特罗加诺夫（Dmitry Stoganov）教授，沃罗涅日国立大学（VSU）教授亚历山大·西多尔金（Alexandr Sidorkin），乌拉尔联邦大学教授弗拉基米尔·舒尔一行来访西安交通大学。西安交通大学王树国校长在科学馆107会议室会见来宾并与西戈夫校长签署两校合作协议。俄方来宾与西安交通大学电子与信息工程学院、能源与动力学院、材料科学与工程学院、电气工程学院、机械学院5所工科学院的负责人进行了学术交流与合作对接。

第三届中俄介电铁电材料国际研讨会于2017年10月在湖北武汉召开。第四届中俄介电铁电材料国际研讨会于2019年8月在俄罗斯叶卡捷琳堡召开。第五届中俄介电铁电材料国际研讨会原计划于2021年5月召开，因故延期，于2024年5月在上海召开。2021年11月25日中俄工科大学联盟会议召开，徐卓教授受邀做大会报告。

第五章　杏坛育英永流芳

一、诲人不倦

国际上科学技术的竞争，越来越突出地表现为人才的竞争。姚熹认为，作为一位大学教授，首要的任务是培养人，除了搞好科研工作，必须要给学生上课，必须做到教书育人。他常说："我们这一代人的历史使命就是要排除障碍，创造一个优良的工作环境，让年轻一代踏着我们的肩膀去攀登。"他把一生绝大部分的时间和精力都用到了教书育人的工作中。

姚熹的父亲姚剑初早年毕业于东吴大学数理系，先后在中学和上海市教师进修学院执教，1954年曾被评为上海市优秀教师。他的母亲长期担任小学校长。得益于良好的家庭教育，姚熹从小学、中学到大学一直是品学兼优的好学生。

现在，他也要求自己的学生必须做到品学兼优。他常年抓研究生的入学教育工作，亲自做《坚持做"四有"人才》的入学教育报告，以自己在中华人民共和国成立前后以及在国内外的经历与切身体会，对研究生进行爱国主义教育。

他陆续开设了"晶体的物理性质""电介质研究专论""功能电介质导论""晶体的化学原理"等研究生学位课程。这些课程全部采用英文教材，姚熹又编写了英语教学大纲，用英语授课。他还对教学内容和方法进行了改革，受到学生的普遍欢迎和好评。

为解决学生知识面较窄、分析问题和解决问题能力不够的问题，姚熹除让他们经受更多的科研实际工作的锻炼之外，还亲自主持了为研究生举办的讲座。在讲座中，有时是由研究生自己讲在做学位论文或科研工作中遇到的困难以及是怎样解决的，有时由高水平教师或外国专家学者讲，有时由姚熹亲自讲一些分析问题和解决问题的方法。这些讲座启发了学生的思路，扩大了学生的知识面。研究生们普遍对讲座有着浓厚的兴趣，感到受益匪浅。

针对有些青年学生轻视实验室工作的问题，姚熹总是利用各种机会，言传身教，帮助他们认识实验工作的重要意义，并常常亲自动手帮助他们解决试验研究中的一些关键问题。有一次，两个研究生在做实验时，从美国进口的一台双极性高压放大器出了故障，这台仪器没有图纸，维修人员无法维修。学校与美方多次联系索要图纸，但美方坚持按规定要求他们将仪器送回美国检修。如果这样做，不但需要支付高昂的费用，而且会严重影响两个研究生论文工作的按期完成。于是姚熹抽出时间，摸索着进行检修，终于在较短的时间里搞清了仪器的内部结构，排除了故障，修复了仪器，确保研究生按期完成了学业，也为学校节约了经费。

1996 年参加第九届国际驻极体研讨会（ISE-9）会议留影
（从左至右：翟继卫、姚熹、师文生、汪宏、邹小平、刘芸、樊慧庆、李东林）

对研究生中存在的一些问题，姚熹发现了也总是严肃指出。在教研室的一次研究生工作会议上，姚熹针对研究生劳动纪律差的问题说："一次我到实验室看到我们系的一位近70岁的老教授在擦玻璃，而我们的研究生在心安理得地做实验。对这样的现象，我很看不惯，从中国的传统习惯来讲，这样也是不对的，以后再也不能允许这种现象发生。"这次会议上，他还指出了研究生中存在的一些生活作风散漫的问题，宣布醋瓶子、酱酒瓶子等不许放在寝室，不许烧电炉子等。

姚熹的一个博士研究生人很聪明，也很能吃苦，有干劲，就是有些傲气，有些自负。这个学生出国前，姚熹找他谈了几次话，狠狠地批评了他，希望他能摆正自己的位置。后来这个学生给姚熹写信说："过去我曾认为工作第一，做人第二，无须顾及别人的褒贬，这实际上是一种自私的表现。作为您的学生，请您放心，我也许拼到最后可能面对的是学业、科研的失败，无法为国争光，但我决不会给国家、给民族丢脸。对于我们这一代人来说，真正最需要我们的，还是自己的祖国！"

在出国热的冲击下，有些学生找到姚熹希望他推荐自己出国。姚熹总是对他们说："我希望你们按照国家的要求踏踏实实干。你们要严格要求自己，有奋斗目标，事业需要的话，组织上会考虑把你们送出去的。"

在西安交通大学召开的整顿学风万人大会上，姚熹给学生做了关于学风的报告。针对如何继承和发扬西安交通大学勤奋、严谨、求实、创新的优良学风，姚熹强调要特别注意两点。第一，要有强烈的时代感和历史使命感。他说："进入21世纪时，你们才30多岁，将是各条战线的骨干力量。"在回顾了近百年来中国的历史后，姚熹说："我们这一代人心甘情愿地做你们的梯子，让你们踩在我们的肩上，去攀登，去奋斗，去实现千千万万的革命者为之奋斗了终生的事业，希望同学们脚踏实地地从今天做起。"第二，对自己要高标准、严要求。姚熹规定自己的研究生必须发表两篇论文才能毕业，一篇发表在国内，一篇发表在国外。

姚熹从1961年开始独立指导研究生朱樟震，研究的课题是"钛酸锶铋介质瓷的极化和弛豫性能"，这是当时国际上的一个研究热点，与苏联和欧美的研究几乎处于同一水平。1964年，朱樟震毕业，成为我国第一位电子陶瓷方面的研究生，毕业后在电子工业部的一个研究所工作，取得了不俗的科学研究成果。

姚熹（前排右一）20 世纪 80 年代初回国后带的研究生
后排从左至右：储凡、孙鸿涛、王晓莉、程忠阳、李永祥、任巍

　　姚熹十分重视培养高端科技人才，着力培养年轻人在前沿学科的攻关能力，鼓励他们培养创造意识，不仅给学生们指出研究方向，而且不时地询问检查课题的进展，与大家一起讨论，不放过任何实验细节。姚熹不但注重发挥学生的个人优势，而且注重提高团队的科研水平，此外还致力于这一领域国际人才的培养。2005 年夏天，第四届亚洲电子陶瓷会议（The 4th Asian Meeting on Electroceramics，AMEC-4）在杭州召开，姚熹向全体参会代表做了题为《电子陶瓷的展望》的大会主题报告。他凭着自己 50 多年持之以恒在电子陶瓷领域耕耘的深切体会，对电子陶瓷学科的发展提出了自己的思考。他就如何提高电子材料研究的科学性和系统性，如何与时俱进地发展电子陶瓷，如何引导有志青年正确地投入材料科学的研究中，发表了真知灼见的演讲。他认为，虽然电介质科学在中国的发展已经有 50 多年的历史，但人们对电介质中实际发生的电物理过程的认识还很肤浅，电子陶瓷作为一类重要的电介质材料的研究工作还主要依靠事实和经验的积累，从材料的发现、材料的研究到材料的设计的科学性还有待大大提高。

　　为了进一步加强与国际学术界的交流与沟通，让国外反映学科进展和研究热点的优秀专著走进中国，2005 年 9 月，姚熹发起了引进"经典电介质科学丛书"的工作，精选了国外二十余本经典电介质方面的专著，内容涵盖电介质研究的方方面面，以原版影印的方式介绍给中国读者，尤其是年轻的学生和研究人员。这一工作对增进中国电介质及相关学科学术界与国际学界的了解和沟通，提高科研人员整体的学术研究水平产生了重大影响。电气与电子工程师协会给姚熹颁发了铁电学成就奖，以表彰他对铁电学领域的技术创新、对中国电子陶瓷教育的领导作用，以及对国内和国际铁电学界的卓越贡献，充分肯定了他在学术和教书育人方面的突出贡献。

李东林（中）博士学位论文答辩后师生合影（左一为姚熹，右一为张良莹）

1979 年 10 月，姚熹作为访问学者去美国进行学术交流时是讲师职称，在美国攻读博士学位期间，西安交通大学晋升姚熹为副教授。1983 年 3 月姚熹在美国完成博士后研究后回到西安交通大学，1984 年高等教育部特聘姚熹为教授，同时特聘他为博士研究生导师。姚熹给学生开设了两门课程，一门是"晶体的化学原理"，一门是"晶体的物理性质"。为了提高学生的英语水平，也为了给他们日后进行国际学术交流创造条件，姚熹采用了全英语授课，这在西安交通大学是首创。经过一个阶段的实践，从专业角度来考察，全英语授课有一定的效果。后来全英语授课没有继续下去，原因是有些学生的英语水平不高，直接用英语讲述学术原理，学生听不懂。为了让学生弄懂课程内容，老师就得放慢教学进度，对一些原理性问题穿插用中文进行解释，让学生搞明白之后再用英语进行表述。这样就使得讲课失去一些节奏，学生听起来感到别扭，老师讲课也觉得不顺畅，不如直接用中文讲授来得顺畅，学生听起来也比较省劲。鉴于当时学生的英语水平，姚熹一度没有坚持用全英语授课，而是着重用中文把问题讲清楚，让学生能真正掌握课程内容。后来，随着学生英语水平的提高，他们达到了能够直接通过英语来掌握课程内容的程度，不再需要通过一个翻译的过程，即先听取英语，然后在脑子里转换成中文的过程。有了这样的理解能力，姚熹觉得采用全英语授课还是有优越性的。

姚熹认为，教授学生有两种方式。一种方式是把老师设定的课题程序安排好，要求学生按照老师设定的步骤，一步一步往前走，最后获得预期的效果。不少老师采取的就是这种做法，包括美国很有名的一些老师也是这样做的。例如美国宾夕法尼亚州立大学的纽纳姆教授，他在美国被列为"百位名教授"。听他的讲课，简直就是一种享受。他把一个深奥的问题提出来让人产生兴趣，然后一步步地阐释清楚。把深奥的东西用非常简单的东西描述出来了，这对听者来说是一种享受。纽纳姆要求学生按他设定的程序去工作。他前一天早上布置学生要干的工作，第二天在走廊里碰到学生，就要追问学生做得怎么样了。这种严谨而紧凑的工作要求，使得一些学生感到紧张害怕，看到纽纳姆教授来了，就赶紧坐电梯躲到楼下去。纽纳姆教授基本上就是用这种模式来指导学生的。他对课题有很多想法，按照他的要求一步一步去做，学生就会做得很好，他用这种方法指导了不少优秀的学生。

另一种方式是老师基本上只告诉学生做什么事情，然后由学生自己去弄清楚为什么要做这个事情，以及怎样把事情做好。姚熹的美国导师克罗斯教授就是用这种方式指导姚熹的。克罗斯教授只告诉姚熹做双晶界面的研究，并指定了大概的研究方向，他告诉姚熹，这个课题原来是一位英国博士后做的，让姚熹接手，继续把双晶界面的研究作为其博士学位论文的研究方向。至于怎样研究双晶界面，为什么要研究双晶界面，用什么办法研究双晶界面，研究双晶界面以后能取得什么结果，克罗斯教授只谈了自己的一些想法和他做了哪些工作，以及是怎样做的，其他事情就要求姚熹自己去做。姚熹同这位英国博士后进行了交流，对方也是刚开始进入这个课题，他谈了自己的想法。这位英国博士后要做的双晶界面，采用的是水溶性的晶体，像盐一样能够在水里面融化。他往两个水溶性晶体上滴一滴水，合起来粘在一起就变成了双晶，然后再来研究它的界面的影响。姚熹感兴趣的是陶瓷，陶瓷晶体有许许多多的界面，陶瓷晶体界面的影响是非常大的。他用陶瓷一样的材料，做成双晶体，来研究这个双晶界面性能的影响。在这个思想的指导下，姚熹选定了铌酸锂晶体，最后实验取得了好的结果。

姚熹觉得，导师给你提出你要做的方向，让你自己去想办法做，有什么问题可以和导师商量（如导师指导你的想法对不对，好不好），这样会充分地发挥学生的主观能动性，让学生经受锻炼，这也是一个好方法。姚熹指导学生一般采取这种方式。当然，姚熹会视情况采用不同的方式，对于方向很明确、问题很清楚的课题，他就用前一种方式指导学生；对于探索性比较强、不知道走下去会走出一个什么方向以及走到什么结果的课题，姚熹就采取第二种方式来指导学生。姚熹要求学生的博士学位论文要有创新性，要求学生弄清楚别人没有弄清楚的问题，看重的是学生的论文比别人往前走了多少步。姚熹常常说，学生应该比老师懂得多，因为学生在具体地做，知道在做的当中出现了什么问题，并且想办法解决了这些问题，老师只是帮助和指导学生去解决问题。姚熹推崇韩愈的《师说》中的论述："孔子曰：三人行，则必有我师。是故弟子不必不如师，师不必贤于弟子，闻道有先后，术业有专攻，如是而已。"姚熹主张，老师和学生的关系，实际上是一种合作关系、互补关系，传道、授业是一种互相反馈的关系。能够如此融洽地处理师生关系，正是姚熹能培养出一批又一批精英人才的重要原因。

姚熹陆续培养指导了多名博士研究生、硕士研究生，其中有两篇论文获全国百篇优秀博士论文。他培养的学生中已涌现出一批以国家杰出青年科学基金获得者以及新世纪优秀人才等为代表的中青年专家学者，他们在各自的岗位上承担着重要的教学和科研任务，并把执着、严谨、锐意进取、开拓创新的精神继承和发扬光大。在国际会议上也总能见到他们的身影，他们作为分会主席或者特邀报告代表，活跃在国际交流与合作的舞台上，成为一道靓丽的风景线。

姚熹的博士研究生魏晓勇教授对姚熹恩师充满敬意，他在《我的导师姚熹院士》一文中深情地写道："有机会成为姚老师的学生，是我最大的幸运。"

2000 年在香港参加亚洲铁电学会议时姚熹与众弟子合影

姚熹的研究生任巍，现为西安交通大学特聘教授、博士研究生导师。自 1987 年起，任巍在西安交通大学电子材料与器件实验室工作，1994 年被西安交通大学提升为副教授，1997 年被破格提升为教授，1998 年获得博士研究生导师资格。他曾在德国海因里希-赫兹研究所、美国宾夕法尼亚州立大学材料研究所等机构从事博士后或高级访问研究，先后承担了 863 计划新材料领域项目、国家重点基础研究发展计划（973 计划）先期预研课题、国家自然科学基金重点项目和面上项目、科学技术部国际合作专项和教育部重点科技项目等研究项目，获省部级科技奖 4 项，已发表学术论文 300 余篇，获中国发明专利 40 项和美国发明专利 1 项。任巍撰文赞颂姚熹院士提携后学、为国育才的博大胸怀和人梯精神，他撰文《我的导师姚熹院士》，写道："姚老师十分注重青年教师的培养，积极创造条件，为研究所的青年教师的发展提供机会。"

西北工业大学樊慧庆教授在《学为人师　行为世范——回忆我和我的导师姚熹院士、张良莹教授学习时的小故事》一文中深情地回忆了受教于姚熹院士和张良莹教授的情景。他写道："在开展相关方向科学研究和人才培养时，我常常想着力争像我的老师们一样仁爱对待学生、认真认识科学、积极联系世界，为国家培养杰出优秀人才，开展科学创新研究，探索国际友谊合作。"

西安科技大学材料科学与工程学院前院长、博士研究生导师杜慧玲教授，回顾在姚熹院士门下读博士研究生的情景时感慨万千。她在《我和我的导师：为人为学、言传身教》一文中写道："姚老师言传身教，爱生如子，他在我的学习和成长过程中倾注了大量的心血。他高尚的品德、渊博的学识和儒雅的风范，始终引领和激励着我。"

北京信息科技大学教授、博士研究生导师李邓化，曾是姚熹的博士研究生。她曾荣获首都劳动奖章、北京市三八红旗手、北京市优秀教师、北京市师德标兵、北京市高等学校教学名师奖等荣誉称号，享受国务院颁发的政府特殊津贴。她说，姚熹偶像的魅力是她走向成功的动力之一。她在《我的导师 我的偶像》一文中写道："姚老师学识之渊博、造诣之深厚、品德之高尚、待人之谦恭令我钦佩，终生难忘。"

二、众星捧月

2014 年 10 月 26—30 日，第九届亚洲铁电学暨第九届亚洲电子陶瓷联合国际会议（AMF-AMEC-2014）在上海国际会议中心召开，来自泰国、韩国、日本、印度、马来西亚、美国、法国、德国、俄罗斯、澳大利亚、加拿大、英国、新加坡、约旦、中国等 23 个国家和地区的 700 多

参会的部分嘉宾合影（右五为姚熹）

姚熹院士在第九届亚洲铁电学暨第九届亚洲电子陶瓷联合国际会议上做总结发言

位物理、化学、材料等领域的知名专家和学者以及 20 家企业与出版单位参会。参加会议人数超过千人，盛况空前。本次大会由中国科学院上海硅酸盐研究所主办、南京大学与同济大学协办，上海硅酸盐研究所李永祥研究员和南京大学陈延峰教授担任本次大会主席。中国科学院上海硅酸盐研究所郭景坤院士、所长宋力昕、副所长杨建华出席大会开幕式。大会主席李永祥是姚熹的博士研究生，姚熹在大会上广受拥戴。

宋力昕研究员为开幕式致辞，代表中国科学院上海硅酸盐研究所对本次大会的召开表示热烈祝贺，对来自国内外的专家和学者表示诚挚的

第九届亚洲铁电学暨第九届亚洲电子陶瓷联合国际会议结束后，
姚熹院士（前中）与部分会议代表合影留念

欢迎，祝愿通过举办本次大会能进一步深化中国科学院上海硅酸盐研究所与亚洲以及国际同行在铁电学和功能陶瓷与器件领域的学术交流和合作，为提升中国科学院上海硅酸盐研究所在该领域的研究水平和国际影响产生积极的作用。

姚熹作为亚洲铁电学会和亚洲电子陶瓷协会的倡导者，对这两个学会的建立和发展做出了肇基性的贡献，因而受到了学会的高度赞美和推崇。自姚熹于1995年在西安成功举办第一届亚洲铁电学会议后，亚洲铁电学会议分别在新加坡、印度、日本、韩国、泰国，以及中国（香港、台湾）举办。第一届和第二届亚洲电子陶瓷会议分别于2000年与2001年在日本举办，之后在新加坡、中国、泰国、日本、韩国、马来西亚等国家举办。姚熹多次力推亚洲铁电学会议和亚洲电子陶瓷会议的成功举办，使亚洲铁电学会议和亚洲电子陶瓷会议成为具有重大影响的国际学术会议，受到了世界各国铁电和陶瓷领域学者与企业的高度重视及追捧。第九届亚洲铁电学暨第九届亚洲电子陶瓷联合国际会议是首次在创始人姚熹院士的故乡举办，受到世界铁电学和陶瓷界的格外重视，参加人数空前，会议内容丰富。大会安排了4个大会报告、102个邀请报告、186个口头报告以及396张墙报。口头报告共设6个分会场，墙报展示共设2个分会场。与会代表就铁电、弛豫材料的相变和临界现象、压电材料及应用、微波介电材料、陶瓷集成和封装、薄/厚膜、多层电子陶瓷、能量应用及存储、多铁和磁学材料、复合功能材料、多相及纳米陶瓷、无铅压电材料、单晶生长、织构化及陶瓷工艺、微结构表征、存储器、电子陶瓷传感器以及介电和压电材料的前沿等共计16个主题进行了广泛而深入的学术交流。同时，本次大会还设立了优秀学生奖与优秀墙报奖，评选出了来自中国、日本、韩国、泰国、加拿大、印度等的20个优秀学生奖和20个优秀墙报奖。新奖项的设立和评选彰显了亚洲铁电学会及亚洲电子陶瓷协会创始人姚熹培养铁电学与电子陶瓷学术领域新生力量、攀登该领域科学高峰的创会宗旨和科学创新思想。

在这次会议上，广州电视台专门给姚熹院士拍摄了专题片。

会议为庆祝学会创始人姚熹八十大寿，举行了"姚熹论坛"特别议程，以"先进电介质和铁电材料前沿讨论会"的形式，为中国铁电学和电子陶瓷学科开拓者姚熹贺寿。朱静院士、南策文院士、艾哈迈德·萨法里、纳瓦·塞特、鹤见敬章、弗拉基米尔·舒尔等国内外知名学者参加了"姚熹论坛"，对姚熹院士在铁电和电子陶瓷领域所做出的重大贡献给予高度评价，并结合各自的研究成果描绘了姚熹院士致力于开拓的铁电和电子陶瓷领域美好发展前景。

会议主席李永祥在大会上发言，对恩师姚熹院士八十寿诞表示衷心祝贺，他说：姚老师为中国电介质和铁电学的发展做出了杰出的贡献，今天我们在这里和国际同行举行最新学术进展的交流，就是对姚老师八十寿辰最好的贺礼。

面对众多同道及弟子们的热情祝福，姚熹发表了发自肺腑的真诚感言，他说，我所做的工作极其普通，难当大家的盛赞。但是我欣喜地看到，国内外电介质和铁电学研究蓬勃发展，青年学者迅速成长，这就是最令人高兴的事情。

当天晚上，姚熹院士的学生为姚熹举行了生日宴会。100 多位亲朋好友欢聚一堂，庆贺姚熹院士在铁电学和电子陶瓷学术研究中取得的丰硕成果，祝贺姚熹院士健康长寿，再创佳绩，为铁电学和电子陶瓷学科的纵深发展做出更大贡献。

姚熹院士八十寿辰合影（一）
左起：杨银堂、姚熹、师文生、张良莹、王旭生、阙文修

姚熹院士八十寿辰合影（二）
左起：李振荣、李邓化、杨合情、姚熹、刘鹏、张栋杰

姚熹院士八十寿辰合影（三）
左起：宫继辉、任巍、李振荣、张良莹、姚熹、鲁圣国

姚熹院士八十寿辰合影（四）
左起：翟继卫、姚熹、张良莹、徐卓

姚熹院士八十寿辰合影（五）
左起：史鹏、曹林洪、林鹏、吴小清、郝海燕、张良莹、
车俊、姚熹、王三红、汪敏强、戴中华

2014 年 10 月 29 日，庆祝姚熹院士（前排中）八十华诞暨执教六十周年师生联谊合影（前排左九：姚熹，前排左八：张良莹）

姚熹院士分布在世界各地的学生纷纷撰文，祝贺恩师八十大寿。

1965 年毕业于西安交通大学无线电元件与材料专业的俞福南和王福娣夫妇，60 年来一直同恩师姚熹院士和张良莹教授保持着联系，感情深厚。他们在《我的姚熹老师》一文中写道："我们为敬爱的姚熹老师这种老科学家崇高的思想品格和为国争光、为民造福的无私拼搏精神感到无比的敬佩与景仰，我们也为能成为姚熹老师一辈子的学生而感到由衷的骄傲，为能长期与姚熹老师保持亦师亦友的良好关系感到无上的光荣！"

姚熹的研究生李永祥毕业以后，在东南大学、中国科学院大学、上海科技大学等著名高等院校任教，取得了优异的教学和科研成果。他感恩导师，撰文《饮水思源》，其中写道："我就是当年西安交通大学莘莘学子中最幸运的一个，因为在这里我遇到了我的恩师姚熹。姚老师对我学业上的谆谆教诲、生活上无微不至的关怀、人格上潜移默化的影响，让我终生难忘！"

三、铁电奖学金

姚熹铁电奖学金是一项影响深远、效果显著的奖学金，其设立对促进莘莘学子奋发学习、勇创佳绩起到了很大的激励作用，对经济困难的优秀学子发挥了解难纾困、助力腾飞鼓帆的作用。

姚熹铁电奖学金始设于 2005 年，其资金来源于"姚熹基金"。姚熹以个人积蓄发起设立了"姚熹基金"，每年校庆期间，姚熹本人和校友们会陆续给基金捐款，不断充实基金份额。姚熹铁电奖学金主要奖励在铁电学及相关领域取得研究成果的在读研究生，以鼓励青年学子投身铁电领域的科学研究，促进我国铁电学科的发展。西安交通大学参与该奖项评奖的有化学工程与技术学院、材料科学与工程学院、电气工程学院和电子与信息学部的在读硕士研究生与博士研究生。2005—2021 年，已有60 人次硕士研究生和博士研究生获得了姚熹铁电奖学金。

姚熹铁电奖学金的常规流程是：校学生处把姚熹铁电奖学金评选通知和标准发放到各相关学院，由学院的相关责任老师再通知到各个班级学生，学生根据自身情况填报相关材料。经过导师、学院领导签字审批，老师再根据学生提交的材料进行初次筛选，初筛完后再提交给学生处。学生处收集到各学院上报的材料后，自己存档，再把纸质版材料交给电子陶瓷与器件教育部重点实验室，由实验室领导组织铁电领域的专家进行评审，评选出获奖学生。

姚熹铁电奖学金遵照宁缺毋滥、优中评优的原则，奖励的最低名额不限，最高名额为博士研究生 5 名、硕士研究生 3 名。最后由秘书把获奖名单纸质版经过实验室主任签字盖章后交给学生处，学生处老师再通知到各学院，进一步通知给获奖学生。评奖结束后，就是奖学金的发放了，秘书处先向基金会提交申请，基金会批准后，把"姚熹基金"的部分资金拨给财务处，在财务申报系统里进行正常的奖学金发放流程。

姚熹教授（左）与姚熹铁电奖学金获得者曹林洪合影

电子陶瓷与器件教育部重点实验室为了调动广大青年学子投身铁电领域研究的热情，本着公平公正的原则，制定了详细的评奖规则。

一是该奖学金的目的是调动在读研究生投身铁电领域的热情和积极性，为国家培养出政治立场坚定、专业素质过硬的高科技铁电人才，因此要求申报人员政治思想明确，热爱祖国，拥护中国共产党的领导，无不良记录与处分。

二是参加评选的学生依据科研总分从高到低排名。评委会根据总分排名的先后，确定获奖学生。博士研究生和硕士研究生分别按照两个梯队评选。

三是当出现总分相同的情况时，由评奖委员会参考其他综合分数，再进一步进行排名。

四是发表的 SCI 论文和专利必须是关于铁电相关领域方面的，非相关论文不论质量高低一律不能参与评选，并且评奖学生必须是论文的第一作者。

五是参评资格在研究生学习期间只有一次，即已经获得过该奖项的研究生不能重复申报。

六是参选研究生不包括第一学年新生和超过毕业年限的学生（博士研究生限定为博士二年级—四年级，硕士研究生为硕士二年级—三年级）。

七是获奖人数和金额：博士研究生 3—5 名，5000 元/人；硕士研究生 2—3 名，3000 元/人。

2005—2021 学年荣获姚熹铁电奖学金的人员如下表所示。

2005—2021 年姚熹铁电奖学金获奖人员名单

序号	学年	学院	硕士/博士	姓名
1	2005—2006 学年	电子与信息工程学院	博士	曹林洪
2		电子与信息工程学院	硕士	张美玲
3	2006—2007 学年	电子与信息工程学院	博士	杜显锋
4		电气工程学院	博士	刘文凤
5	2007—2008 学年	电子与信息工程学院	博士	庞利霞
6		电子与信息工程学院	博士	刘小辉
7		电气工程学院	博士	刘文凤
8		电子与信息工程学院	硕士	王 征
9		电子与信息工程学院	硕士	贾春颖
10		电气工程学院	硕士	许同文

续表

序号	学年	学院	硕士/博士	姓名
11	2008—2009 学年	理学院	硕士	王 乐
12		电子与信息工程学院	博士	王玲艳
13		电子与信息工程学院	博士	杨海波
14		电子与信息工程学院	博士	林大斌
15	2009—2010 学年	电子与信息工程学院	博士	李 飞
16		电气工程学院	硕士	赵学童
17	2010—2011 学年	电气工程学院	博士	邵先军
18		电子与信息工程学院	博士	高俊杰
19	2011—2012 学年	理学院	硕士	樊小健
20		理学院	博士	李俊杰
21		电子与信息工程学院	博士	周永存
22		电气工程学院	博士	赵学童
23	2012—2013 学年	理学院	博士	谭少博
24		材料科学与工程学院	博士	赵梓源
25	2013—2014 学年	电子与信息工程学院	博士	庄 建
26		电子与信息工程学院	博士	张易军
27		电子与信息工程学院	博士	张高群
28		材料科学与工程学院	博士	王霄飞
29	2014—2015 学年	电子与信息工程学院	博士	李文博
30		电气工程学院	博士	赵 霞
31	2015—2016 学年	电子与信息工程学院	博士	李景雷
32		电子与信息工程学院	硕士	郭 丹
33		理学院	硕士	王 奥
34		理学院	硕士	苗 贝
35	2016—2017 学年	电子与信息工程学院	硕士	刘 杰
36		电子与信息工程学院	博士	薛 旭
37		理学院	硕士	张婉婉
38		理学院	硕士	张亚楠
39	2017—2018 学年	电子与信息工程学院	博士	董国华
40		理学院	博士	石 磊
41		电子与信息工程学院	硕士	乔 俊
42		理学院	硕士	赵益霏
43	2018—2019 学年	电子与信息学部	博士	栾 鹏
44		材料科学与工程学院	博士	袁睿豪
45		电子与信息学部	博士	范巧兰

续表

序号	学年	学院	硕士/博士	姓名
46		电子与信息学部	博士	郭欢欢
47	2018—2019 学年	理学院	硕士	熊 杰
48		材料科学与工程学院	硕士	何利强
49		电子与信息学部	硕士	席梦佳
50		电子与信息学部	硕士	黄韵尧
51		电子与信息学部	硕士	赵枫婉
52	2019—2020 学年	电子与信息学部	博士	纪永强
53		电子与信息学部	博士	王鹏建
54		电子与信息学部	博士	乔 辽
55		化学学院	博士	王 健
56		材料科学与工程学院	博士	孙钦钊
57		材料科学与工程学院	博士	王泽鹏
58	2020—2021 学年	电子与信息学部	博士	安哲毅
59		电子与信息学部	博士	杨 帅
60		电气工程学院	硕士	雒佳明

2022 年 9 月 28 日是姚熹院士 87 岁寿诞，西安交通大学与居于上海的姚熹院士进行了线上庆祝活动，西安交通大学副校长席光代表学校向姚熹院士祝贺寿诞。西安交通大学姚熹教育基金会及姚熹铁电奖学金获奖代表通过视频连线对姚熹忠诚党的教育事业、精心培育英才的家国情怀表示崇高的敬意和衷心的感谢。

西安交通大学席光副校长说道：

> 尊敬的姚熹院士，您好！在您 87 岁寿辰之际，我代表母校西安交通大学对您表达生日的问候和衷心的感谢。您在母校设立的"姚熹基金"对学生和青年人才的培养发挥了重要的作用，祝您生日快乐、健康如意！

姚熹铁电奖学金获奖代表纷纷向姚熹院士表达敬仰和感激。其中，西安交通大学电子与信息学部 18 级硕士研究生赵枫婉说道：

> 尊敬的姚熹院士，您好！我是电子与信息学部 18 级硕士研究生赵枫婉，非常荣幸能够获得姚熹铁电奖学金的资助。我自入学以来就听说了您许多的事迹。姚熹铁电奖学金的设立不仅代表了您对于

母校教育事业的支持，同时也代表了您对于西安交通大学学子深切的期盼，它对于我们来说，不仅是一种物质上的奖励，同时也是对于我们勤奋学习专心科研精神的肯定。您爱国爱校、无私奉献的高贵品格永远值得我们学习。这次获得的奖学金将成为我人生道路上一次闪亮的路标，我现在也已经是一名博士二年级的研究生，在以后的道路上我也会以您为榜样，尽我所能，在铁电领域做出自己一份微薄的贡献。那么我也相信，以后会有更多的西安交通大学的学子能够在您的资助和感召下学业有成，为祖国的建设事业贡献自己的一份力量。最后，借此机会祝您生日快乐！也祝您和您的家人身体健康、万事如意！

西安交通大学电气工程学院 2022 届硕士毕业生雒佳明在发言中说：

我是来自西安交通大学电气工程学院的 2022 届硕士毕业生雒佳明，非常荣幸能够在众多的竞争者中申报成功姚熹铁电奖学金，这对我的研究生阶段、对铁电材料的研究是一种巨大的鼓励和认可。在这里我要感谢姚熹院士和西安交通大学教育基金会对此做出的努力与奉献。在今后的工作当中，我会继续在专业领域攻坚克难，发挥自己的一份力量。最后衷心地祝愿姚熹院士，心宽增寿、德高延年！祝您生日快乐！

西安交通大学电子与信息学部博士安哲毅在发言中说：

尊敬的姚院士您好！我是张楠教授的学生安哲毅，很荣幸获得姚熹铁电奖学金，我现在所做的研究是钙钛矿铁电压电材料的局部晶体结构的研究，我现在是博士三年级，准备将来继续在这个领域深耕。感谢您对铁电材料领域做出的重大贡献，我们将持续沿着您开拓的道路继续向前。再次表达对您的感谢，希望您一切顺利、身体健康！

西安交通大学材料科学与工程学院博士王泽鹏在发言中说：

尊敬的姚熹院士，您好！我是材料学院博 2003 班的王泽鹏，非常荣幸能够获得由您设立的姚熹铁电奖学金，在此我向您表达最真诚的感激之情。还记得 4 年前，在主楼聆听了您《追忆西迁往事，传承西迁精神》的精彩报告，作为首批西迁的老教师，您扎根西部、不畏困难，认真科研教学、不断创新，带领我国的电介质研究走向世界前沿，充分发扬了胸怀大局、无私奉献、艰苦创业的西迁精神。我决心向您学习，为我国的电介质领域发展做出自己的一份贡献。祝您生日快乐、身体健康！

西安交通大学电子与信息学部电子陶瓷与器件教育部重点实验室的杨帅在发言中说：

> 我是杨帅，来自西安交通大学电子陶瓷与器件教育部重点实验室。该实验室由姚熹院士创立，非常荣幸能获得 2021 年姚熹铁电奖学金，在这里非常感谢姚熹院士和基金会的大力支持，我以后会更加努力，在铁电领域做出一定的贡献。祝愿姚熹院士福如东海长流水，寿比南山不老松。姚院士，祝您生日快乐！

姚熹院士在答谢词中说道：

席副校长：

> 非常感谢学校教育基金会会同学校有关部门和同事组织的生日祝福视频以及您的讲话，感谢您和大家的褒扬和美好祝愿。感激之情难以言表。70 年前的 1952 年，我参加了首届全国高校统一招生考试，被交通大学录取就读于电工器材制造系电气绝缘与电缆技术专业，开启了我一生的科技之旅。1957 年大学毕业后我留校任教，1958 年随校西迁，开始了我在西安交通大学的教学生涯，直到 2018 年退休，整整一个甲子，是交大培养了我、扶持了我，为我的发展提供了难得的机遇和条件。值得一提的是我和交大还有着隔代情缘。先父姚剑初先生 1925 年考入交大预科（结业后即可直升本科），入学后在交大中共地下党组织陆定一等人的直接领导下积极投入了上海的五卅爱国运动。1927 年国共合作失败后旋即被开除学籍。他的交大梦没有能够实现。数十年后，我在交大的成长和发展也是对他的一种莫大的告慰。总之，我的一生是和交大紧密联系在一起的，非常希望看到交大在科学和社会正在发生巨大变革的新时代抓住机遇，克服困难，得到更加全面、深入的发展。

四、姚熹基金

2020 年 6 月，姚熹和张良莹以个人名义向西安交通大学教育基金会捐赠 60 万元，发起设立"姚熹基金"，支持创新港的建设和电子学科发展。

姚熹、张良莹的捐赠证书

姚熹夫妇

姚熹和张良莹夫妇生活勤俭朴素，他们始终心系母校，曾多次将生活积蓄捐赠给学校，支持学校发展。20 世纪 80 年代，姚熹院士将出国进修期间省吃俭用节省出来的近万美元，全部用于购置书籍资料和电子计算机等装备，支持学科发展和科学研究。2005 年，姚熹夫妇捐资 20

万元设立"姚熹铁电奖学金",募集资金奖励西安交通大学在铁电学及相关领域取得优秀成绩的研究生,已累计奖励80余名优秀学子。如今,姚熹夫妇又为支持创新港建设创立了"姚熹基金"并捐赠专项资金,充分展现了老一辈知识分子爱国爱校、艰苦奋斗、无私奉献的高贵品格。"人要有精神",姚熹院士常常用这句话勉励后学。2018年,姚熹院士在受邀为西安交通大学师生做《追忆西迁往事,传承西迁精神》专题报告时勉励大家:"西迁精神,是奋斗,是拼搏,是我们的宝贵财富。要顺应国家和民族发展的要求,抓住历史赋予的机遇,尽最大努力克服种种困难,一步一步脚踏实地地坚持走下去。"

西安交通大学教育基金会是2006年4月经陕西省教育厅批准、民政厅核准登记的非营利性社会组织。基金会的宗旨是以公益之心与世界相连,动员和争取社会各界力量,支持人才培养、科技创新和文化传承,助力西安交通大学建设成为世界一流大学,推动教育事业蓬勃发展。基金会的愿景是以海纳百川之胸怀,打造世界一流高校基金会,为教育事业高质量发展贡献力量。基金会的使命是用真心凝聚各界力量,用诚心守护信任重托,用爱心弘扬公益精神。

2017年,西安交通大学教育基金会获陕西省首批慈善组织认定;同年,获慈善组织公开募捐资格;2019年,基金会中基透明指数(FTI)获满分,并列全国第一;2021年,基金会在陕西省民政厅社会组织评估中被评为5A级社会组织。

西安交通大学基金会的业务范围是:接受社会各界的捐赠,募集教育基金和扶贫助学基金;依法募集、管理、运作各项基金,确保基金保值增值;为促进我国经济和社会发展提供各类人才培训;按照基金会宗旨及捐赠者意愿,开展专项奖励、资助活动。

基金主要用于:改善教学设施,包括建筑物、仪器设备、图书资料等;奖励优秀教师和学生,资助贫困学生;资助基础研究、教学研究、优秀教材和著作出版;资助教师在国际一流学术刊物上发表论文;根据捐赠者的意愿,资助有利于学校发展的其他活动。

2021年12月15日,基金会中心网发布中基透明指数2021年榜单,西安交通大学教育基金会再次荣获满分,评级为最高级A+。

中基透明指数 FTI2021 证书

自成立以来，西安交通大学基金会始终秉持饮水思源、惠教泽学的理念，用真心凝聚各界力量，用诚心守护信任重托，用爱心弘扬公益精神，累计为学校教育事业发展增加收入超 10 亿元，有力地支持了学校人才培养、师资建设、科技创新等各个领域的发展。

中国西部科技创新港（简称创新港）是教育部和陕西省人民政府共同建设的国家级项目，是陕西省和西安交通大学落实"一带一路"倡议、创新驱动发展战略及"西部大开发"战略的重要平台，由西安交通大学与西咸新区联合建设，选址于西咸新区沣西新城，总占地面积 23 平方千米，定位为国家使命担当、全球科教高地、服务陕西引擎、创新驱动平台、智慧学镇示范。

创新港由平台区、学院区及孵化区构成，项目一期占地 5000 亩。至 2020 年 9 月，29 个研究院、8 个大型仪器设备共享平台和 300 多个科研机构与智库入驻，汇聚了包括数十位院士在内的三万余名科研人才。

中国西部科技创新港

创新港坚持创新引擎、智慧学镇、绿色家园的建设理念，将西咸新区的现代田园城市理念与国际著名高校的"学镇"实践相结合，打造形态优美、特色鲜明、产学协同、功能齐全的智慧学镇。2018 年、2019 年连续两年荣获西安市优秀特色小镇。

2020 年 9 月，创新港"科创月"活动盛大启动，向全世界开放一流科研机构的全面合作。活动期间，来自海内外的一流高校、著名科研机构、政府和企事业单位、行业龙头企业等嘉宾会聚创新港，开展全方位、多领域、深层次的交流合作。

为了支持创新港建设以及西安交通大学科教事业发展，姚熹院士捐资在西安交通大学教育基金会设立"姚熹基金"，用于建立电子元器件校企联合技术创新中心，推动校企实质性的科研合作和信息、人才科研条件的共享交流，共同建立产业化应用基地，为核心技术突破、产品研发和成果转化提供支撑。

五、雅趣人生

搞科研严谨认真、育英才一丝不苟的姚熹，生活上却十分朴素，他与人为善，处事随和，视同志犹亲朋，待学生如己出。无论在校园教学、科研还是在国际合作攻关方面，他都能团结大家齐心协力、共克难题，因而出师必捷，屡战屡胜。在家里，他敬妻爱子，是一位知冷知热的丈夫，是一位护雏育幼的尽职父亲。回到家中，他积极下厨作炊，享

20 世纪 80 年代初，姚熹在美国集市

受炉灶的温暖；耐心地辅导儿女，沉浸在天伦之乐中。他还有诸多业余爱好，尤以无线电和集邮为最，且持之以恒，喜好一生，为其繁忙紧张的教学科研工作增添了舒心的乐趣。

姚熹喜欢无线电和集邮，深受父亲姚剑初的影响。姚剑初精通无线电技术，闲暇之时喜欢摆弄无线电器材。家中常有电子管等许多收音机元件，姚熹耳濡目染，逐渐对无线电产生了浓厚的兴趣。抗日战争胜利后，姚熹随父亲从四川省万县返回苏州桃坞中学，见家中残留的无线电元件尚未遗失，便精心予以整理收存，后带到上海。在上海私立大同大学附属中学第二院上学期间，他又从上海一条街道的地摊上购买了一些无线电元件，自己学习装配收音机。出于对收音机的热爱，他经常收听无线电广播。求知欲望强烈的姚熹，对华东上海俄语广播学校的广播教学很感兴趣，于是便参加了该学校的俄语培训，拿到了华东上海俄语广播学校的结业证书，具备了中学俄语教师的任职资格，这对他日后的教学和科研生涯产生了很大的影响。

对无线电的爱好，让姚熹经常关注无线电技术的进步和发展。他曾研究和试装了矿石收音机，学习和研究了半导体元件的机理与优点，这对他后来致力于功能材料的研究产生了一定影响。"文化大革命"期间，由于教学科研一度处于停滞状态，姚熹便以发挥无线电爱好消磨时间。他对蓬勃发展的晶体管技术产生了浓厚的兴趣，开始用晶体管尝试组装电视机。在当时的社会背景下，无线电材料很难搜集，尤其是晶体管这样的主要器件更是很难买到，姚熹便用实验室的废旧电子示波器的显像管作电视机显像管，几经改进和完善，居然获得了成功。无线电爱好给他当时的生活增添了很多乐趣。姚熹事后颇有感触地说："'文化大革命'中以业余爱好试验组装电视机，不但消愁度日，更重要的是使我的电子学知识实现了从电子管向晶体管的飞跃！"

姚熹喜爱集邮也是受父亲的影响，姚剑初一生挚爱集邮，成果丰硕，搜集了不少珍贵的清朝稀有邮票和历年来的一些珍贵邮票。父亲告诉姚熹，集邮是一种兴趣，也是一种学问，同时也是一种投资。通过收集和研究各种邮品，集邮者除学会世界的历史、地理、花草鱼虫以及人物等相关知识外，还可以培养出一种禅定的情趣和修养耐性。在同父亲交流集邮心得的过程中，姚熹学习和积累了许多日常集邮知识，了解了父亲所集邮票中的一些珍贵邮票的收集经历和价值。集邮是以邮票及其他邮品为主要对象的收集、鉴赏与研究活动。邮品不仅包括邮票，还包含邮政机构发行和使用的封、片、简、戳等邮政用品。邮品形式多样，包括首日封、国际游资航空信封、纪念封、原图卡、邮政明信片、邮资封、小全张、小本票、小型张、纪念邮戳、邮束等。邮票素有"国家名片"之称，每个国家发行的邮票，无不尽选本国最优秀、最美好、最具有代表性或纪念性的东西，经过精心设计，展现在邮票上。邮票中涉及的内容更涉及政治、经济、文化、军事等方方面面，各行各业应有尽有，使得方寸之间的小小邮票成为包罗万象的博物馆、容纳丰富知识的小百科。姚剑初推崇美国罗斯福总统说的话："我推荐你们集邮，邮票除了能给予人乐趣，更可以增加对历史、地理和时事的研究，我相信集邮能使人变为优良的公民。我在事业上的成就，当归功于我的癖好——集邮。"姚剑初一生痴爱集邮，也引导和支持姚熹集邮。

姚剑初经常把自己收集到的一些重复邮票送给儿子姚熹收藏和学习，还给他讲述集邮的意义、方法和技巧，这让姚熹获益良多。在回顾多年的集邮爱好收获时，姚熹认为集邮爱好最大的好处是使他养成了不断追求完美目标的习惯和意志。他说，当自己收藏到一枚中意但又不成套的邮票时，他就会对这枚邮票格外珍重和爱惜，觉得不能配套是对这枚邮票的残伤与亵渎，就会千方百计甚至不惜工本地为之配套。当这套邮票终集大成、完满聚首时，他便犹如实现了一个重大愿望，其愉悦心情难以言表。集邮的这种冲动也帮助他将追求完美作为事业奋斗的终极目标。

姚熹喜爱集邮这种有趣味的高雅收藏活动，他渴望获得邮票中内容的背景知识，以达到对知识和艺术的心理满足。他经常欣赏他人的收藏，也向他人展示自己的收获，有时还与同事和朋友互通有无，通过集邮结交新的朋友。集邮给他的生活增添了无尽的乐趣。

姚熹对考古和文玩也十分感兴趣，当年他曾报考北京大学历史系考古专业，虽未如愿，但对文物古玩的兴趣始终未减。在跟随交通大学西迁西安后，他对西安深厚的文化底蕴和悠久历史十分感兴趣。他积极参加西安组织的唐代兴庆宫遗址公园的筹建劳动，把在清理龙池淤泥中捡到的开元通宝古铜钱一直珍藏至今。他在"文化大革命"后期被疏散到陕西省岐山县安乐地区时，饶有兴趣地考察了三国古战场和历史遗迹五丈原诸葛亮庙。科学和文史并重，逻辑思维与形象思维交融，构成了姚熹丰满瑰丽的多彩人生。

姚熹辉煌而又朴实的壮美行径，被他的女儿姚曼文深情而真实地记录了下来。她在《我的父亲》一文中写道："爸爸总是挺身而出伸出援手，鼓励我走出一个又一个困境，使我从青涩走向成熟，成为一名合格的人民教师。"

姚熹院士的儿子姚元庆是一位科研成就卓著的医学专家，也是一位一直奋战在临床一线为患者解除病痛的白衣天使。他之所以坚持科研与临床相结合，正是秉承了父亲"一定要把眼前的事情做好"的教诲。作为一位医学专家，他致力于攻克医学难题，将造福人类视为自己的天职，服务群众，解除患者病痛，这亦是医者"眼前的事情"，务必"做好"。姚元庆撰文回忆父亲对自己的影响时说，是父亲在完成家务琐事之后总是坐在书桌旁专心致志学习和工作的儒雅形象，是父亲手把手教他骑自行车、培养他在艰苦生活道路上踽踽而行的自立精神，是父亲在他人生抉择的关键时刻为他指明方向的智慧，最终成就了自己的事业。

姚熹的学生吴小清、徐卓等在1998年5月15日出版的《交大》第400期上发表文章，对姚熹院士慈父般的关怀和教导表示衷心的感谢。

六、誉满天下

姚熹院士是一位优秀的共产党员，品德高尚，言行正派，深受大家尊重。他不断开拓，勇攀高峰，科研成果频出，培养人才无数，多年来一直受到新闻媒体的追捧和科技教育界人士的赞扬。

1982年美国宾夕法尼亚州立大学材料研究所在材料研究实验室成立20周年之际，在对成就的回顾性调查中特别介绍了中国学者姚熹在不到两年的时间里完成了包括博士学位在内的所有要求，并对他在铁电双晶体研究中所取得的成就表示赞赏。

美国宾夕法尼亚州立大学材料研究所材料研究实验室
成立 20 周年的回顾性调查中对姚熹的介绍

1982 年，中国《美中交流通讯》特别对姚熹进行了介绍

1992 年，中共陕西省委机关刊物《共产党人》在第四期
把姚熹作为封面人物进行了介绍

1992 年《情报科研学报》在第四期以《为了一个神奇的科学梦想》为题
对姚熹院士进行了报道

《文汇报》对姚熹院士进行的报道

姚熹的学生鲁圣国作诗赞美姚熹院士：

七律·姚熹院士

中西合璧耀宾州，弟子寰球舞电畴。

廿几青春书巨著，八十矍铄论微幽。

美中两院顶尖士，交济双轮掌舵手。

压电双晶铺大道，微畴弛豫写春秋。

贺姚先生80寿辰

——写在与姚老师、陈湘明讨论之后

中美两国双院士，

交大同济一肩挑。

学贯中西扬铁电，

桃李全球任逍遥。

廿八年少专著抱，

八十高龄论材料。

压电共振铺大道，

微畴宏畴永俊俏。

1996 年 3 月至 1999 年 12 月，杨合情在西安交通大学攻读博士学位，在姚熹老师的指导下从事Ⅲ-Ⅴ、Ⅳ族半导体/二氧化硅纳米复合材料的溶胶-凝胶制备及其光学性能研究，现为陕西师范大学二级教授、西安纳米科技学会副理事长、陕西省纳米科技学会常务理事。他撰文《恩师风范，我的楷模》称赞恩师的大师风范，他写道："工作中我始终以姚老师为榜样，尽力做好科研和教学工作，不辜负姚老师的培养和教育。"

中国科学院上海微系统与信息技术研究所宋志棠是姚熹院士的博士研究生，荣获中国科学院杰出科技成就奖、上海市自然科学奖一等奖、上海市技术发明奖一等奖、华为奥林帕斯奖等，其成果入选 2022 年度中国科学十大进展，他感恩他的博士导师姚熹院士和张良莹教授。在《恩师培养让我步入电子材料与器件科技殿堂》一文中，他写道："我后来从零做起，建设实验室、组建团队、管理实验室、申报项目、培养学生等，好多经验都是从姚老师与张老师那里学来的。饮水思源，我非常感谢二位恩师在学术上、做人上、对研究方向的坚持上、勤奋与开拓进取上对我的培养与巨大影响，二位恩师是我人生道路上学习的榜样、行动的楷模，我为成为二位恩师的学生而自豪。"

参 考 文 献

成进. 2016. 耄耋回望青春. 西安：西安交通大学出版社.

房立民. 2016. 交通大学西迁亲历者口述史. 西安：西安交通大学出版社.

霍有光. 2012. 交通大学（西安）年谱：1950—1978. 北京：中国青年出版社.

霍有光. 2013. 为世界之光：交大校史蠡测. 北京：中国文史出版社.

霍有光，顾利民. 2002. 南洋公学：交通大学年谱. 西安：陕西人民出版社.

霍有光，雷玲. 2012. 交通大学附属小学图志（1896—1949）：积厚流光. 西安：西安
    交通大学出版社.

贾箭鸣. 2015. 交通大学西迁：使命、抉择与挑战. 西安：西安交通大学出版社.

《交通大学校史》编写组. 1986. 交通大学校史（1896—1949 年）. 上海：上海教育出
    版社.

凌安谷. 2004. 西安交通大学大事记（1986—2000）. 西安：西安交通大学出版社.

陕西省地方志编纂委员会. 1996. 陕西省志 第一卷 大事记. 西安：三秦出版社.

王宗光. 2008. 老交大名师. 上海：上海交通大学出版社.

王宗光. 2011. 上海交通大学史. 上海：上海交通大学出版社.

西安交通大学. 2009. 彭康纪念文集. 西安：西安交通大学出版社.

《西安交通大学校史》编写组. 2003. 西安交通大学校史（1959～1996）. 西安：西安
    交通大学出版社.

有林. 1996. 国史通鉴. 北京：当代中国出版社.

竹前. 2007. 交大之树常青. 西安：西安交通大学出版社.

附　录

附录一　姚熹院士年谱

1935 年

9 月 28 日出生于江苏苏州盛家浜巷 7 号；父亲姚剑初，中学教师；母亲黄景月，小学教师。

1937 年

抗日战争全面爆发后，随父母逃难；经江苏南京、湖南湘潭、贵州贵阳，暂居重庆歌乐山，后移居万县龙宝乡一碗水石麟中学。

1941 年

就读于四川省万县龙宝乡中心国民学校。

1946 年

8 月，毕业于四川省万县龙宝乡中心国民学校。

9 月，就读于四川省万县石麟中学初中（一学期）。

1947 年

随父母自四川万县返回江苏苏州，就读于苏州桃坞中学初中部。

1949 年

6 月，毕业于苏州桃坞中学初中部。

9月，随父母移居上海，就读于大同大学附属中学第二院高中。

1950 年

10月，由濮绍文、吴思毅介绍，加入中国新民主主义青年团。

1952 年

7月，毕业于上海私立大同大学附属中学第二院，参加全国第一次大学统一招生考试。

9月，通过全国统考，录取为首批留苏预备生，去北京俄文专修学校第二部（留苏预备部）学习俄语。

12月，体检发现肺部纹理粗乱，回上海家中休养；继续在华东上海俄语广播学校学习俄语。

1953 年

9月，经高等教育部批准，按照个人志愿免试进入上海的交通大学电工器材制造系学习。

9月，响应组织号召，带头选择新建的电工器材制造系电气绝缘与电缆技术专业学习，担任电气绝缘与电缆技术专业31班团支部书记和电工器材制造系团总支委员。

1954 年

1月，通过考试，获得华东上海俄语广播学校结业证书，据此大学期间全部俄语课程均免修。

1955 年

1月，由吉嘉琴、朱孚泉介绍，加入中国共产党，成为预备党员。

7月，利用俄语课及课外时间，把《压电学》《铁电学》等俄语小册子翻译成中文（未出版）。

1956 年

1月，担任中国共产党交通大学总支部（后党委）电工器材制造系支部（后总支部）委员。

1957 年

7月，毕业于交通大学电工器材制造系电气绝缘与电缆技术专业电缆专门化。

9月，留校工作，注册为研究生，预定跟随苏联专家学习；学习俄语会话、数理方法、物理化学等课程。

1958 年

2 月，随学校迁往西安，担任交通大学（西安部分）电工器材制造系党总支组织委员。

10 月，负责组织电机工程系绝缘专业师生近百人，在尚未建成的西安高压电瓷厂以 9 个多月的时间试制成功国内第一台 330 千伏高压绝缘电瓷套管，通过了沈阳变压器厂的技术考核。

1959 年

由研究生转为助教，参加电机工程系绝缘专业电瓷专门化筹建。

1960 年

5 月，由助教破格晋升为讲师。

9 月，对电机工程系绝缘专业电瓷专门化第一届本科生独立讲授新课"特种电瓷"。参与翻译《电介质物理》一书，该书由高等教育出版社出版。

1961 年

9 月，经批准，独立指导研究生，开展钛酸锶钡铋陶瓷的极化与介电性质的研究。所指导的研究生朱樟震于 1964 年通过国家考试后毕业（学位制度尚未建立）。

1962 年

9 月，以两年时间编写成教材《无机电介质》（上册、下册）二册共计 60 万字，分别于 1963 年 7 月和 1963 年 12 月将图书交由西安交通大学印刷。

1963 年

9 月，由电机工程系电气绝缘与电缆技术教研室调往无线电工程系电子材料与元件教研室，任教研室副主任。

1965 年

9 月，按照"社会主义教育运动"的安排，下放到上海无线电一厂三车间劳动，于 1966 年 6 月 "文化大革命"开始时返校。

1966 年

6 月，"文化大革命"开始，参加挖掘防空洞劳动，学习泥瓦工。

1969 年

12 月，战备疏散到陕西省岐山县安乐公社安乐大队参加农业劳动。

1972 年

2 月，大学复课闹革命，多次下厂、下乡，带领学生实习、劳动、收集资料、编写教材。

1976 年

3 月，参加第四机械工业部第四研究所工作组，主持编写制定陶瓷电容器国家标准。

1978 年

9 月，参加全国英语考试，被录取为公费赴美访问学者。

1979 年

2 月，在西安外国语学院英语培训班进修英语一学期。

10 月，作为改革开放后首批赴美访问学者，在美国宾夕法尼亚州立大学材料研究所访问进修，导师为克罗斯教授。

1980 年

6 月，经中国驻美国大使馆教育处批准，由公费访问学者转为自费攻读博士学位人员。通过托福考试，获得美方资助，正式注册为宾夕法尼亚州立大学博士研究生。

8 月，孟中岩、姚熹著的《电介质理论基础》由国防工业出版社出版。

10 月，通过一系列笔试和口试（资格考试）以及日、俄两门外语考试，正式取得博士研究生资格。

1982 年

4 月，博士学位论文《铌酸锂双晶与多晶陶瓷的介电、压电性质》通过答辩。

5 月，获得美国宾夕法尼亚州立大学固态科学博士学位。该校向新闻媒体发布消息称，系中国访问学者在美国取得的第一个博士学位，也是以最短时间（一年零十个月）取得固态科学博士学位的人，当地报纸、电台对此做了报道。

5 月，继续在美国宾夕法尼亚州立大学材料研究所从事博士后研究，任研究助理。

9 月，获美国宾夕法尼亚州立大学材料科学最佳博士论文的"施乐研究奖"。

1983 年

3 月，由美国回国，前后在美共计三年半，回国后任西安交通大学电子工程系副教授。

4 月，参加第一届中美陶瓷双边会议，在会上做题为《铌酸锂陶瓷晶粒压电共振介电谱的计算机模拟》的报告。协助中国科学院副院长严东生先生，接待和陪同美方代表团访问上海、西安、杭州等地。

6 月，在美国《应用物理学报》上发表论文《热压 PLZT 陶瓷的极化与去极化性质》，提出了弛豫铁电体的"微畴-宏畴转变"现象。

1984 年

4 月，经高等教育部特批，晋升为教授；经国务院学位委员会评议组特评，成为电子材料与元器件学科（二级学科）全国第一位博士研究生指导教师；增补为国务院学位委员会电子学与通信学科（一级学科）评议组成员，由第二届 1984 年连任至第四届 2003 年。

4 月，作为陕西省正式代表，接待美国总统里根访问西安，陪同里根夫妇参观秦始皇兵马俑博物馆。

9 月，担任西安交通大学电子工程系主任。

1985 年

4 月，在《美国陶瓷学会学报》上发表论文《铌酸锂陶瓷的晶粒压电共振对其介电谱的影响》；因对陶瓷科学所做出的杰出贡献，获得美国陶瓷学会 1985 年度"罗斯·科芬·珀迪奖"，赴美参加美国陶瓷学会年会，出席颁奖仪式。

9 月，被陕西省人民政府授予"陕西省优秀教师""陕西省劳动模范"称号。

10 月，在第一届中法材料科学双边会议上做题为《弛豫型铁电体与超顺电态》的报告。

1986 年

4 月，参加 863 计划全国百名专家论证会。

7 月，与中国科学院上海硅酸盐研究所严东生先生共同主持国家自然科学基金首批重大项目"陶瓷材料的组成、显微结构与性能"研究，担任重大项目课题负责人。

9月，由国家教育委员会聘任，担任国家教育委员会科技委员会材料科学与工程学科组成员、副组长。

10月，由国家科学技术委员会和人事部确定为全国首批"国家有突出贡献中青年专家"，享受国务院政府特殊津贴。

10月，担任西安交通大学电子材料研究实验室所长。

11月，由国家科学计划委员会聘任，担任国家高科技研究发展计划新材料领域专家委员会委员，参与国家高技术新材料发展计划的制定与实施，由第一届1987年连任至第三届1996年。

1987年

5月，由国家自然科学基金委员会聘任，担任国家自然科学基金委员会材料与工程科学部第一届评审组成员，由第一届1987年连任至第三届1993年。

7月，参加第二届中美陶瓷双边会议，协助中国科学院严东生副院长组团访问美国，在会上做题为《弛豫型铁电体的极化与去极化性质》的报告。

10月，当选为中国共产党第十三次全国代表大会陕西省代表，参加党的十三大。

1988年

4月，应邀在第一届全国高温超导学术会议上做题为《陶瓷学家看高温超导》的报告，提出要重视研究高温超导体的陶瓷制备工艺、显微结构和晶界等。

9月，代表中国，担任国际铁电学会议顾问委员会成员，担任《铁电体》《铁电体快报》编委。

由国家科学技术委员会在成都召开国家高技术新材料发展计划论证会，在会上做有关纳米复合材料报告。担任电子陶瓷、纳米复合材料等专题责任专家，兼任纳米复合材料专题负责人。

1989年

3月，与中国科学院上海硅酸盐研究所严东生先生共同主持国家自然科学基金项目无机非金属材料发展战略研究，担任副组长。主持功能陶瓷发展战略研究。研究结果由科学出版社与西安交通大学出版社出版。

9 月，当选为世界陶瓷科学院首批院士，并被选为亚太地区理事。

1991 年

9 月，受聘担任法国国家科学研究中心研究员（二级），出访法国波尔多，在固态化学实验室工作半年。

11 月，当选为中国科学院院士。

1992 年

4 月，应邀在广州召开的中国材料研究学会第一次全国年会上做题为《机敏材料》的大会报告。

5 月，当选为陕西省科学技术协会副主席。

1993 年

6 月，应邀在国际材料研究学会联盟第一届亚洲国际会议上做题为《中国的先进陶瓷研究》的报告。

9 月，在美国盖瑟斯堡举行第八届国际铁电学会议期间，倡议成立亚洲铁电学会，开始筹备召开亚洲铁电学会议并当选为主席，连任至 2003 年辞去主席职位，改任顾问。

12 月，担任西安交通大学电子与信息工程学院首任院长。

1994 年

4 月，兼任中国科学院上海硅酸盐研究所研究员、学术委员会副主任、功能陶瓷开放实验室主任。

7 月，应邀在意大利罗马召开的第八届世界陶瓷大会与新材料论坛上做题为《纳米复合材料及其在电子学中的应用》的报告。

9 月，获中国教育工会全国委员会颁发的"三育人"先进个人荣誉称号。

1995 年

1 月，受聘担任新加坡南洋理工大学访问教授，出访新加坡，在新加坡工作一年，协助南洋理工大学开展电子陶瓷与器件和铁电体研究。随后十余年间，多次、定期访问新加坡。

5 月，被香港理工大学评为"杰出中国访问学人"，赴港访问，出席授证仪式。

10 月，在西安主持召开第一届亚洲铁电学会议及第二届东亚化学传感器会议，分别担任会议总主席和主席。

1996 年

4 月，应《西安交通大学学报》百年校庆专刊邀请，发表论文《材料科学的内涵与方法》。

7 月，受聘担任新加坡国立大学访问教授，1996 年、1997 年分别在新加坡工作各半年，为研究生讲授"电子陶瓷"课程。

1997 年

9 月，获何梁何利基金科学与技术进步奖，赴香港出席授奖仪式。

9 月，兼任同济大学教授，筹建功能材料研究所，担任所长。

11 月，当选为亚太材料科学院院士。

1998 年

4 月，应美国金格瑞教授邀请，出席美国陶瓷学会百年庆典年会，代表中国做《中国的陶瓷科学与技术》报告。

11 月，第二届亚洲铁电学会议（AMF-2）在新加坡举行，担任会议总主席。

1999 年

5 月，应日本陶瓷学会主席一濑（Ichinose）教授邀请，参加日本陶瓷学会千年庆典学术报告会，做《中国的陶瓷科学与技术》报告。

2000 年

5 月，在中国材料研究学会 2000 年中国材料研讨会上做题为《弛豫型铁电体——挑战与机遇》的报告。

9 月，应日本陶瓷学会邀请，在第一届亚洲电子陶瓷会议（AMEC-1）上做题为《复相电子陶瓷》的报告。

12 月，第三届亚洲铁电学会议（AMF-3）在香港举行，担任国际顾问委员会主席，应邀在会上做题为《铁电铁磁微晶玻璃陶瓷》的大会报告。

2001 年

1 月，受聘担任新加坡南洋理工大学南洋教授，多次、定期访问新加坡。

2002 年

4 月，当选为美国陶瓷学会会士，应邀赴美参加美国陶瓷学会年会，出席授证仪式。

5 月，获电气与电子工程师协会铁电学成就奖，以表彰其"对铁电学领域的技术创新、对中国电子陶瓷教育的领导作用，以及对国内和国际铁电学界的卓越贡献"。应邀赴日参加国际铁电学应用会议，出席授奖仪式。

2003 年

12 月，第三届亚洲电子陶瓷会议在新加坡召开，担任会议总主席。受会议委托，会同日本、韩国、新加坡四国代表共同筹组亚洲电子陶瓷协会。

12 月，第四届亚洲铁电学会议（AMF-4）在印度班加罗尔举行，担任国际顾问委员会主席，应邀做题为《微米晶与纳米晶铁性玻璃陶瓷》的大会报告。主持召开亚洲铁电学会；建议对亚洲铁电学会进行调整，建立执行委员会和顾问委员会，执行委员会主席实行轮换制。辞去亚洲铁电学会主席，改任顾问委员会主席。建议由日本学者继任执行委员会主席。建议获得支持，为亚洲铁电学会今后的健康发展注入了活力。

12 月，指导博士研究生包定华写毕业论文，该毕业论文《溶胶凝胶制备的成份梯度铁电薄膜的基础研究》被评为全国百篇优秀博士学位论文。

2004 年

9 月，参加在捷克利贝雷茨（Liberec）举行的第七届欧洲极性电介质应用会议，在会上做题为《PSZT 的铁电-反铁电相变》的邀请报告。

12 月，参加在泰国清迈举行的国际机敏材料会议，做题为《PSZT 陶瓷及其应用》的邀请报告。

2005 年

3 月，在第一届"新一代极性氧化物材料与器件"中德研讨会上做题为《微晶与纳晶玻璃陶瓷》的报告。

6 月，第四届亚洲电子陶瓷会议在中国杭州举行，担任会议大会主席，在会上做题为《电子陶瓷的展望》的大会主题报告。主持建立了亚洲电子陶瓷协会执行委员会与顾问委员会，任顾问委员会主席。建议由日本学者担任执行委员会主席。

9月，在电子材料研究实验室主持报告会，庆贺姚熹 70 岁生日之际，发表讲话《我这五十年》。成立"姚熹铁电奖学金"。

10月，参加在成都举行的电介质物理年会，做题为《电介质物理在中国 50 年》的大会报告。

2006 年

9月2日，去日本野田出席第五届亚洲铁电学会议（AMF-5），做弛豫铁电体邀请报告 "A Discussion on the Polarization Mechanism of Relaxor Ferroelectrics—What We Can Say from Its Macroscopic Dielectric Behaviors"。

12月，去泰国曼谷出席第五届亚洲电子陶瓷会议。

2007 年

1月，应邀访问新加坡南洋理工大学，1月11日抵达，3月4日返回。

2月10日，当选为美国国家工程院外籍院士。美国国家工程院在公报中写道，"来自中国的工程专家姚熹，在电子陶瓷科学和工程创新方面做出了杰出的贡献"。

5月24—31日，访问以色列巴依兰大学和本·古里安大学。

7月，应邀去新加坡参加先进技术材料国际会议（ICMAT-2007），做题为《电磁陶瓷的混杂工艺》的邀请报告。

8月，去贵阳市参加电子陶瓷"973"课题年会。

9月，参加在南京召开的第四届压电材料及其应用国际会议（IWPMA 2007），做题为《压电厚膜在微电子机械系统（MEMS）技术中的应用》的大会主题报告。

9月28日，经北京去美国华盛顿参加美国国家工程院 2007 年年会，9月30日在举行仪式上被授予外籍院士证书。

9月，指导博士研究生魏晓勇的毕业论文《钛锡酸钡铁电陶瓷的介电性能及电场可调机理研究》被评为全国百篇优秀博士学位论文奖。

11月7—8日，去韩国首尔参加韩国陶瓷学会 50 周年庆典，作为特邀嘉宾代表中国陶瓷学会致贺词，韩国陶瓷学会授予其荣誉会员称号，在其国际会议上做题为《电子陶瓷的现状与展望》的大会报告。

11月12日，在上海参加美国陶瓷学会环太平洋陶瓷与玻璃技术会议，做晶格缺陷诱导的铁电性报告"Relaxor Ferroelectrics and Lattice Defect Induced Ferroelectricity"。

11 月 16 日，去武汉参加第六届中国功能材料及其应用学术会议主持铁电学国际论坛，国内外二十余人应邀做报告。

2008 年

6 月 9 日，在重庆参加中美材料科学双边会议并做主题报告。

7 月 10 日，在上海主持主题为"铁电压电材料与器件"的东方科技论坛研讨会，做主题报告。

8 月 2—7 日，到中国台湾参加第六届亚洲铁电学会议，在开幕式上做主题报告"Do We Understand Dielectric and Ferroelectric Relaxation? The Hidden Effects of Atomistic Modeling"。8 月 3 日第六届亚洲铁电学会议举行了姚熹研讨会（Yao Xi Workshop），该研讨会由东海大学陈海东校长主持，阿马尔•S. 巴拉、木村、任巍、叶作光、姚奎等旧友和学生六人做报告。

8 月 17—21 日，访湖南省湘潭大学，在"多场耦合理论与智能材料"高级讲习班暨全国研究生暑期学校上作电介质和弛豫铁电体报告各 2.5 小时。

8 月 24 日在西安交通大学电介质材料特性及其分子模拟技术学术研讨会——博士研究生论坛上做电介质弛豫报告。

8 月 25—27 日，参加西安交通大学暑期工作会议，建议建立国际电介质研究中心。

11 月，参加在杭州举行的第五届微波材料及其应用国际会议（MMA-2008），2 日在开幕式上做题为《微波陶瓷的介电响应》的大会报告。

11 月 6—8 日，访问宜兴市远东控股集团智能中压电缆厂，出席院士专家工作站成立大会，受聘为顾问。

11 月 26 日，在湘潭大学做题为《材料科学的内涵与方法》的报告，300 余人参加，受聘为兼职教授。

12 月 22—24 日，访问南车青岛四方机车车辆有限公司，商讨高速动车减振降噪研究，做题为《功能材料在高速动车中的应用》的报告，受聘为高级顾问，名誉员工。

2009 年

1 月，起草高速动车压电减振降噪研究建议书。

1 月 5 日，在西安交通大学召开的国际电介质研究中心专题工作会议上做专题报告。

1 月 24 日，接美国宾夕法尼亚州立大学校长来电，告之被选为该校杰出校友。

2 月 2—7 日，访问广州杰赛科技股份有限公司，商谈压电减振降噪合作研究问题。

3 月 27 日，在清华大学材料学院做题为《材料科学的内涵与方法》的报告。

5 月 15 日，在同济大学材料科学与工程学院做题为《材料科学的内涵与方法》的报告。

5 月 18 日，与铁道部南车青岛四方机车车辆有限公司签署开展压电减振降噪合作研究协议。

6 月 16—29 日，访问新加坡，与南洋理工大学商谈有关弯电（Flexoelectric）研究工作问题，与世界科技出版公司潘国驹先生商谈出版《先进电介质学报》事宜。

7 月 7 日，出席国际电介质研究中心在西安交通大学曲江校区举行的奠基典礼。

8 月 20—22 日，在敦煌参加第一届中日铁电材料及其应用双边会议，任主席。

8 月 23—26 日，在西安丈八沟陕西宾馆主持第 12 届国际铁电学会议暨第 18 届电气与电子工程师协会国际铁电学应用会议，任总主席。

8 月 28 日，在西安交通大学南洋大酒店主持国际电介质研究中心成立暨第一届全体理事会议，做工作报告，揭牌。

11 月 26 日，接受中央电视台《中国院士》摄制组专访。

12 月 18 日，在武汉出席 2009 年全国压电和声波理论及器件技术研讨会暨 2009 年全国频率控制技术年会，做题为《新型压电与反铁电陶瓷》的大会报告。

2010 年

1 月，撰写高储能密度陶瓷基复合材料申请书，共计 7500 字。

2 月，应无锡中科超声技术公司陈国超（西安交通大学 65 届学生）之请，商谈在该厂建立院士工作站问题，后获无锡市和江苏省支持，院士工作站正式开始运转。

4 月 3 日，在国际电介质研究中心举行的电介质与铁电前沿研讨会上，主持会议并致开幕词，校内外参加者 30 余人。

4 月 17—22 日，应邀访日（东京）参加"陶瓷集成与陶瓷材料技术"国际会议（CICMT），做题为《电子陶瓷的前景》（"Perspective of Electronic Ceramics"）的大会主题报告。

4 月 23—24 日，在沈阳参加中法材料科学双边会议，担任中方共同主席。

5 月 21 日，应邀访问西安市高新技术开发区，做题为《电子陶瓷的发展》的报告。

6 月 16—18 日，在北京参加雷达站电磁屏蔽技术鉴定会，担任副主任。

6 月 28 日—7 月 2 日，赴韩国济州岛参加第七届亚洲铁电学与第七届亚洲电子陶瓷联合国际会议。

7 月 31 日—8 月 6 日，应邀访电子科技大学、西华大学、四川大学，就中国物理学会电介质物理专业委员会换届问题交换意见。

8 月 16—22 日，访问西宁。

8 月，经多年筹备以及一年多的商谈后，与新加坡世界科技出版公司签订了创办出版《先进电介质学报》协议，担任主编。

9 月 19—26 日，访问俄罗斯莫斯科国立大学物理学院、圣彼得堡国立电子工程技术大学、约飞物理技术研究所，介绍中国的电介质研究，商谈建立合作事宜。徐卓、冯玉军、李振荣、魏晓勇同行。

10 月 14—17 日，访问日本富山县参加第二届中日铁电材料与应用双边会议，做题为《中国的电介质与铁电学研究》（"Dielectric and Ferroelectric Research in China"）的大会报告。

10 月 20 日，参加由科学技术部与铁道部联合在杭州组织的和谐号 CRH380A 高速动车鉴定会。见证了上海—杭州旅程仅需 38 分钟。

10 月 29—30 日，参加上海无铅铁电材料国际研讨会，主持了以"中国未来五年内无铅铁电、压电材料的研究和发展趋势"为主题的圆桌讨论会，最后做总结发言。

11 月，撰写《先进电介质学报》编辑部发刊词。

11 月 25—27 日，在成都参加第 13 届电介质物理、材料与应用学术会议，做题为《电介质物理展望》的大会邀请报告，介绍了国际电介质研究中心及《先进电介质学报》的情况。会议决定将中国物理学会电介质物理专业委员会挂靠在国际电介质研究中心。

12 月 18—19 日，在华东医院约见西安交通大学与同济大学的同事商讨参与无铅压电陶瓷自然科学重大基金项目申请。

12 月 22 日，徐宗本副校长和成永红主任来医院与其商谈国际电介质研究中心的有关事宜，姚熹致函郑南宁、徐宗本校长并转王建华书记，辞去国际电介质研究中心副理事长暨主任职务。

2012 年

指导博士研究生周迪的毕业论文《新型铋基低温烧结微波介质陶瓷研究》提名全国百篇优秀博士学位论文奖。

2014 年

获美国电介质和压电中心的"布塞姆奖"。

当选为韩国陶瓷学会名誉会士。

当选为上海交通大学、四川大学、湖北大学、电子科技大学、西安电子科技大学等名誉教授。

2015 年

"弛豫铁电体的微畴-宏畴理论体系及其相关材料的高性能化"项目获国家自然科学奖二等奖。

2016 年

获 2015 年度"信源通"优秀人才奖（为表彰"弛豫铁电体的微畴-宏畴理论体系及其相关材料的高性能化"项目荣获 2015 年度国家自然科学奖二等奖）。

2018 年

获中国电介质物理终身成就奖（个人奖）。

2024 年

获陕西省最高科学技术奖。

附录二　姚熹院士部分专著和论文

姚熹. 1963. 无机电介质. 西安: 西安交通大学出版社 .

张良莹, 姚熹. 1991. 电介质物理. 西安: 西安交通大学出版社.

Bao D, Yao X, Zhang L. 2000. Dielectric enhancement and ferroelectric anomaly of compositionally graded (Pb, Ca) TiO₃ thin films derived by a modified sol-gel technique. Applied Physics Letters, 76: 2779-2781.

Bao D, Zhang L, Yao X. 2000. Compositionally step-varied (Pb, Ca) TiO₃ thin films with enhanced dielectric and ferroelectric properties. Applied Physics Letters, 76: 1063-1065.

Chen X, Yang T, Wang W, Yao X. 2012. Vibration energy harvesting with a clamped piezoelectric circular diaphragm. Ceramics International, 38: S271-S274.

Cheng Z Y, Katiyar R, Yao X, Bhalla A. 1998. Temperature dependence of the dielectric constant of relaxor ferroelectrics. Physical Review B, 57: 8166-8177.

Cheng Z Y, Zhang L, Yao X. 1996. Investigation of glassy behavior of lead magnesium niobate relaxors. Journal of Applied Physics, 79: 8615-8619.

Fan H, Zhang L, Yao X. 1998. Relaxation characteristics of strontium barium niobate ferroelectric ceramics. Journal of Materials Science, 33: 895-900.

Hao X, Zhai J, Yao X. 2009. Improved energy storage performance and fatigue endurance of Sr-Doped PbZrO₃ antiferroelectric thin films. Journal of the American Ceramic Society, 92 (5) : 1133-1135.

Hu B, Yao M, Xiao R, Chen J, Yao X. 2014. Optical properties of amorphous Al₂O₃ thin films prepared by a sol-gel process. Ceramics International, 40 (9): 14133-14139.

Li G, Li L, Feng S, Wang M, Zhang L, Yao X. 1999. An effective synthetic route for a novel electrolyte: nanocrystalline solid solutions of $(CeO_2)_{1-x} (BiO_{1.5})_x$. Advanced Materials, 11: 146-149.

Li Z, Xu Z, Yao X, Cheng Z Y. 2008. Phase transition and phase stability in [110]-, [001]-, and [111]-oriented 0. 68Pb $(Mg_{1/3}Nb_{2/3})$ O₃-0. 32PbTiO₃ single crystal under electric field. Journal of Applied Physics, 104: 024112.

Lin D, Li Z, Zhang S, Xu Z, Yao X. 2009. Dielectric/piezoelectric properties and temperature dependence of domain structure evolution in lead free $(K_{0.5}Na_{0.5})$ NbO₃ single crystal. Solid State Communications, 149: 1646-1649.

Lin D, Li Z, Zhang S, Xu Z, Yao X. 2010. Electric-field and temperature induced phase transitions in Pb (Mg$_{1/3}$Nb$_{2/3}$) O$_3$-0.3PbTiO$_3$ single crystals. Journal of Applied Physics, 108: 034112.

Lin D, Li Z, Zhang S, Xu Z, Yao X. 2010. Influence of MnO$_2$ doping on the dielectric and piezoelectric properties and the domain structure in (K$_{0.5}$Na$_{0.5}$) NbO$_3$ single crystals. Journal of the American Ceramic Society, 93: 941-944.

Liu D, Liu Y, Huang S Q, Yao X. 1993. Phase structure and dielectric properties of Bi$_2$O$_3$-ZnO-Nb$_2$O$_5$ based dielectric ceramics. Journal of the American Ceramic Society, 76: 2129-2132.

Liu Y, Wei R, Zhang L, Yao X. 1999. New method for making porous SiO$_2$ thin films. Thin Solid Films, 353: 124.

Ren W, Liu Y, Wu X Q, Zhang L Y, Yao X. 1997. Properties of PbTiO$_3$, La-modified PbTiO$_3$ and Pb (Zr, Ti) O$_3$ thin films and their application to infrared detectors. Integrated Ferroelectrics, 15: 271-279.

Shu L, Wei X, Pang T, Yao X, Wang C. 2011. Symmetry of flexoelectric coefficients in crystalline medium. Journal of Applied Physics, 110 (10) : 104106.

Wang X, Wang H, Yao X. 1997. Structure, phase transformations, and dielectric properties of pyrochlores containing bismuth. Journal of the American Ceramic Society, 80: 2745-2748.

Wei X, Feng Y, Yao X. 2003. Dielectric Relaxation behavior in barium stannate titanate ferroelectric ceramics with diffused phase transition. Applied Physics Letters, 83: 2031-2033.

Wei X, Feng Y, Yao X. 2004. Slow relaxation of field-induced piezoelectric resonance in paraelectric barium stannate titanate. Applied Physics Letters, 84: 1534-1536.

Xu Z, Feng Y J, Zheng S G, Jin A, Wang F L, Yao X. 2002. Phase transition and dielectric properties of La-doped Pb (Zr, Sn, Ti) O$_3$ antiferroelectric ceramics under hydrostatic pressure and temperature. Journal of Applied Physics, 92: 2663-2267.

Yang Z, Wang M, Qiu H, Yao X, Lao X, Xu S, Lin Z, Sun L, Shao J. 2008. Engineering the exciton dissociation in quantum-cofined 2D CsPbBr$_3$ nanosheet films. Advanced Functional Materials, 28 (14) : 1705908.

Yao K, Zhang L Y, Yao X, Zhu W G. 1998. Controlled crystallization in lead zirconate titanate glass-ceramics prepared by the sol-gel process. Journal of the American Ceramic Society, 81: 1571-1576.

Yao K, Zhang L Y, Yao X, Zhu W. 1997. Preparation and properties of barium titanate glass-ceramics sintered from sol-gel-derived powders. Journal of Materials Science, 32: 3659-3665.

Yao X, Chen Z, Cross L. 1983. Polarization and depolarization behavior of hot-pressed lead lanthanum zirconate titanate. Journal of Applied Physics, 54: 3399-3403.

Yao X, McKinstry H, Cross L. 1983. The influence of piezoelectric grain resonance on the dielectric spectra of LiNbO$_3$ ceramics. Journal of the American Ceramic Society, 66: 637-641.

Zhao Y, Wang X, Zhang Y, Li Y, Yao X. 2020. Optical temperature sensing of up-conversion luminescent materials: fundamentals and progress. Journal of Alloys and Compounds, 817: 152691.

Zhou D, Randall C, Pang L, Wang H, Guo J,. Zhang G, Wu X, Shui L, Yao X.Microwave dielectric properties of Li$_2$WO$_4$ ceramic with ultra-low sintering temperature. Journal of the American Ceramic Society, 2011,94(2):348-350.

附录三 姚熹院士主要获奖项目

1. 1959 年 12 月，获西安交通大学"先进工作者"称号。

2. 1959 年 12 月，进入西安交通大学学报光荣榜。

3. 1982 年，获美国宾夕法尼亚州立大学与施乐公司联合颁发的"施乐研究奖"。

4. 1984 年 12 月，获积极投身"四化"、为经济建设和科技进步做出显著成绩奖（陕西省科学技术协会颁发）。

5. 1985 年 1 月，获 1983—1984 年度西安交通大学"先进工作者"称号。

6. 1985 年 2 月，光荣册（1981—1984 年），姚熹是优秀会员（37 号）（陕西省科学技术协会颁发）。

7. 1985 年 5 月，"弛豫铁电体中的微畴"研究获西安交通大学研究成果一等奖。

8. 1985 年 5 月，获"罗斯·科芬·珀迪奖"。

9. 1985 年 9 月，获"陕西省优秀教师"称号。

10. 1985 年 9 月，获"陕西省劳动模范"称号。

11. 1985 年 9 月，获"陕西省优秀教师"称号、先进教育工作者证书。

12. 1985 年 9 月，"弛豫铁电体中的微畴"获陕西省高等学校科学研究一等奖（陕西省高等教育局颁发）。

13. 1985 年 9 月，获 1984—1985 学年度"优秀教师"称号。

14. 1986 年，获"国家有突出贡献中青年专家"称号。

15. 1986 年 5 月，获西安交通大学 1985 年度"先进工作者"称号。

16. 1988 年 6 月，获电子技术标准成果证书"电容器非线性测试方法"——国家标准 GB 3663-86——国家标准局批准（电标证字第 2285 号）（中华人民共和国电子工业部颁发）。

17. 1988 年 7 月，获电子技术标准成果证书"电容器高频四参数测试方法"——国家标准 GB 3663-86——国家标准局批准（电标证字第 2723 号）（中华人民共和国电子工业部颁发）。

18. 1988 年 9 月，获从事教育工作三十年证书（陕西省高等教育局颁发）。

19. 1989 年 9 月，获研究生教育事业做出显著成绩荣誉证书（编号为 8912，西安交通大学颁发）。

20. 1989 年 12 月，"电子材料及元器件温频特性计算机测控系统"获西安交通大学三等奖。

21. 1989 年 12 月，收到世界陶瓷科学院院士聘任信。

22. 1990 年 4 月，"电子材料及元器件温频特性计算机测控系统"获陕西省高等学校科学研究优秀成果二等奖（陕西省委教育工作委员会颁发）。

23. 1991 年 9 月，西安交通大学硕士学位课程"晶体化学原理"获优秀教学成果奖二等奖。

24. 1991 年 11 月，当选为中国科学院院士。

25. 1992 年 5 月，"电子材料及元器件温频特性计算机测控系统"获三等奖（第三完成人）（陕西省人民政府颁发）。

26. 1992 年 8 月，被授予"陕西省科技精英"称号（陕西省科学技术协会颁发）。

27. 1993 年，获西安交通大学"王宽诚育才奖"。

28. 1993 年 9 月，"离子注入 $LiNbO_3$ 表面光学性能改性研究"获一等奖（西安交通大学颁发）。

29. 1993 年 9 月，"多孔湿敏陶瓷的造孔技术与电子、质子导电模型"获一等奖（西安交通大学颁发）。

30. 1994 年 5 月，被国家科学技术委员会表彰为 863 计划新材料领域做出突出贡献的专家。

31. 1994 年 6 月，"纳米微粉及纳米复合材料的制备技术与电光特性研究"获一等奖（西安交通大学颁发）。

32. 1994 年 6 月，获西安交通大学 1993 年度校科技论文奖 27 篇（一等奖 3 篇、二等奖 14 篇、三等奖 10 篇）证书。

33. 1994 年 9 月，被授予全国"三育人"先进个人荣誉称号（中国教育工会全国委员会颁发）。

34. 1995 年 5 月，被香港理工大学评为"杰出中国访问学人"。

35. 1995 年，获西安交通大学先进发明人奖。

36. 1995 年 6 月，"纳米微粉及纳米复合材料的制备技术与电光特性研究"获国家科学技术进步奖二等奖。

37. 1995 年 9 月，在专利发明中取得优异成绩，被授予"西安交通大学先进发明人"称号。

38. 1995 年 10 月，"高性能低温烧结 I 类 MLC 材料研究"获西安交通大学一等奖。

39. 1995 年 11 月，获 1995 年度光华科技基金奖一等奖。

40. 1996 年 1 月，获在全国工科电子类专业教材建设中做出突出贡献证书（中华人民共和国电子工业部颁发）。

41. 1996 年 4 月，获西安交通大学百年校庆"王宽诚特别奖"证书。

42. 1996 年 4 月，获对交通大学迁校四十年来建设发展所做出的贡献证书（西安交通大学颁发）。

43. 1996 年 5 月，因在任"863"新材料领域第三届专家委员会（1994.5—1996.5）委员期间在计划管理等工作中做出突出贡献获国家科学技术委员会表彰。

44. 1996 年 6 月，"铁电表面层结构与相变的掠入射 X 衍射分析"获三等奖（刘卫国、姚熹）（中国分析测试协会颁发）。

45. 1997 年 9 月，获何梁何利基金科学与技术进步奖，赴香港出席授奖仪式。

46. 1997 年 10 月，"铁电薄膜及复合热释电薄膜的制备技术与结构性能研究"获一等奖（西安交通大学颁发）。

47. 1998 年 4 月，获"突出贡献博士研究生指导教师"荣誉称号（西安交通大学颁发）。

48. 1998 年 12 月，获"优秀博士研究生指导教师"荣誉称号（陕西省学位委员会、陕西省委教育工作委员会颁发）。

49. 1999 年 1 月，"铁电薄膜及复合热释电薄膜的制备技术与结构性能研究"获教育部科学技术进步奖二等奖。

50. 2001 年 5 月，"复合热释电薄膜红外探测器阵列"获中国高校科学技术奖二等奖（中国高校科学技术奖励委员会颁发）。

51. 2002 年 5 月，获电气与电子工程师协会铁电学成就奖，以表彰其"对铁电学领域的技术创新、对中国电子陶瓷教育的领导作用，以及对国内和国际铁电学界的卓越贡献"。

52. 2002 年 7 月，"高性能低温烧结温度稳定型 BZN 基高频 MLCC 瓷料"获陕西高等学校科学技术奖（陕西省教育厅颁发）。

53. 2002 年 8 月，"高性能低温烧结 BZN 基高频电介质陶瓷材料的应用基础研究"获教育部高等学校科学研究优秀成果奖自然科学奖一等奖。

54. 2002 年 9 月，"高性能低温烧结 BZN 基高频电介质陶瓷材料"获西安交通大学自然科学奖一等奖。

55. 2003 年 1 月，"高性能低温烧结 BZN 基高频电介质陶瓷材料"获教育部科学技术进步奖一等奖。

56. 2003 年 3 月，"高性能低温烧结温度稳定型 BZN 基高频 MLCC 瓷料"获陕西省科学技术奖二等奖（陕西省人民政府颁发）。

57. 2003 年 6 月，获国务院学位委员会第四届学科评议组奖。

58. 2003 年 8 月，指导的包定华的论文被评为全国百篇优秀博士学位论文。

59. 2005 年 9 月，获西安交通大学第三届"伯乐奖"。

60. 2006 年 6 月，获西安交通大学"十五"科技先进工作者称号。

61. 2007 年 7 月庆祝中国共产党成立 86 周年之际，被评为西安交通大学优秀共产党员。

62. 2014 年，"高性能弛豫铁电单晶/陶瓷材料及器件"获教育部自然科学奖一等奖。

63. 2014 年，获美国电介质和压电中心布塞姆奖。

64. 2014 年 12 月，在 1999—2014 年西安交通大学学位与研究生教育工作中做出显著成绩，荣获特别贡献奖。

65. 2015 年 12 月，"弛豫铁电体的微畴-宏畴理论体系及其相关材料的高性能化"获国家自然科学奖二等奖。

66. 2016 年 1 月，获 2015 年度"信源通"优秀人才奖（为表彰"弛豫铁电体的微畴-宏畴理论体系及其相关材料的高性能化"项目荣获 2015 年度国家自然科学奖二等奖）（"信源通"人才奖基金管理委员会颁发）。

67. 2018 年，获中国电介质物理终身成就奖（个人奖）（中国物理学会电介质物理专业委员会颁发）。

68. 2024 年 7 月，获陕西省最高科学技术奖。

附录四 姚熹院士部分专利证书目录

1. 1987 年 3 月 10 日，"Pyroelectric crystals with high figures of merit"发明专利，专利号：US4648991A；授权日期：1987 年 3 月 10 日；发明人：Chang-Shui Fang，Yao Xi，Zhi-Xiong Chen，Amar S. Bhalla，L. E. Cross。

2. 1990 年 12 月，"铁电体电滞回线计算机测试方法"发明专利，专利号（申请号）：86107714.8；申请日：1986 年 11 月 13 日；发明人：何忠亮、姚熹。

3. 1993 年 5 月，"正温度系数热敏电阻材料石墨造孔法"发明专利，专利号：ZL90104345.1；申请日：1990 年 6 月 23 日；发明人：姚熹、苏士美。

4. 1993 年 12 月，"超微粉末解团聚与分散的方法"发明专利；专利号：ZL90108242.2；申请日：1990 年 10 月 3 日；发明人：姚熹等。

5. 1997 年 5 月，"复合热释电薄膜"发明专利，专利号：ZL95102338.1；国际专利主分类号：H01L 31/09；申请日：1995 年 3 月 27 日；发明人：姚熹等。

6. 1998 年 4 月，"温度稳定复相铁电陶瓷及其制备工艺"发明专利，专利号：ZL96118657.7；授权日期：1996 年 4 月 4 日；发明人：姚熹、岳振星、王晓莉、张良莹。

7. 2005 年 5 月 4 日，"二氧化硅凝胶玻璃基质中硒化锌纳米晶原位生长方法"，发明专利，专利号：ZL03134326.0；申请日期：2003 年 6 月 26 日；发明人：姚熹、汪敏强、张良莹、姜海青、王云鹏、孔凡滔、刘宏凌。

8. 2004 年 7 月 6 日，"Head Gimbal Assembly with Piezoelectric Microactuator"发明专利，专利号：美国 6760194B2；发明人：Masashi Shiraishi，Tmon Kasajima，Kai Wu，Zhihong Wang，Weiguang Zhu，Xi Yao。

9. 2008 年 5 月 7 日，"采用时域瞬态电流检测压电谐振模式的电路及其方法"发明专利，专利号：ZL200610041901.0；授权日期：2008 年

5 月 7 日；发明人：姚熹、靳立、魏晓勇、冯玉军。

10. 2009 年 9 月，"低相变压力铁电陶瓷及其制备工艺"发明专利，专利号：ZL200410029052.8；申请日：2004 年 4 月 29 日；发明人：姚熹、冯玉军、徐卓、王方林、郑曙光。

11. 2011 年 4 月 6 日，"大能量机电转换材料"发明专利，专利号：ZL200810231801.3；申请日：2008 年 10 月 17 日；发明人：冯玉军、徐卓、姚熹。

12. 2011 年 10 月 18 日，"一种巯基桥键分子键合的量子点-TiO_2纳米复合光阳极的制备方法"发明专利，专利号：ZL201110317534.3；授权日期：2011 年 10 月 18 日；发明人：汪敏强、宋孝辉、邓建平、姚熹。

附录五　美　好　回　忆[①]

师　恩　难　忘[②]

包定华

1995—1999 年，我在西安交通大学电子材料研究实验室攻读微电子学与固体电子学专业博士学位，导师是姚熹先生。现在，我任中山大学材料科学与工程学院教授、博士研究生导师。回首来时路，我发自内心地感谢恩师姚先生的精心培养。读博期间，我开阔了眼界，学会了很多，为后来继续从事科学研究和人才培养工作打下了很好的基础。

一、缘起读博

1989 年，我于中国科学院等离子体物理研究所硕士研究生毕业后，加入湖北大学邝安祥教授领导的铁电压电材料和器件实验室，在 863 计划课题的支持下，开展了钽铌酸钾光电薄膜材料研究。当时，溶胶凝胶法制备氧化物功能薄膜刚开始起步，我采用该方法在单晶衬底上制备了高取向的薄膜，并实现了薄膜的取向生长控制，论文发表在《科学通报》上。经过一段时间的探索，后来，我又在石英玻璃衬底上实现了氧化锌薄膜的 C 轴择优取向生长，论文发表在《固体薄膜》（*Thin Solid Films*）上，至今该论文被同行引用已超过 330 次。

虽然在科研上取得了初步进展，但我深感专业知识积累不够，需要进一步地提升。1994 年底，我萌生了攻读博士学位的念头，并征求了邝安祥老师的建议，他很明确地予以支持，并建议我去西安交通大学姚熹院士那里深造，他告诉我姚老师学术造诣高、治学严谨、实验室科研条件好，只要努力，一定会学有所成的。再加上我之前曾给本科高年级学生讲授"电介质物理"课程，使用的教材正是姚熹老师和张良莹老师合著的《电介质物理》一书，我从那时起就已开始向往成为姚老师的博士研究生。

---

① 附录五中的文章按作者姓名的汉语拼音顺序排列。

② 本文作者包定华为中山大学教授，曾师从姚熹院士攻读博士学位。

于是我给姚老师写了一封信，信中我做了一个详细的自我介绍，并表达了想要在姚老师的指导下攻读博士学位的愿望，这之后就一直惴惴不安地等消息了，没想到的是，我很快就收到了回复。张良莹老师在回信中写道，"欢迎你报考姚老师的博士研究生"，并强调博士研究生主要是看"对科研工作认真的态度、对科研的兴趣与执着精神"。看到回信时我非常高兴，当时就想如果能考上，以后一定要努力，不辜负老师的信任。这封回信于我而言很重要，可以说是改变我人生走向的起点，即使后来因工作原因在国内外辗转多地遗失了不少个人物品，但这封回信我一直保留着，我也不时会拿出来看一看，提醒自己要保持初心，认真做好科研工作。

很幸运，我顺利通过入学考试，于 1995 年秋成为姚老师的博士研究生。

二、读博伊始

刚入学不久，正好赶上姚先生在西安主持召开第一届亚洲铁电学会议，我们几个新入学的博士研究生同学也被安排为分会场工作人员，我们的主要任务是提前检查会场中仪器设备的正常运行、维护会场环境、联络会议报告人以及满足分会主席和参会人员的其他需求，这对于我们而言是一次很好的学习机会，让我能近距离地聆听铁电学界的著名学者做学术报告，这真是一次弥足珍贵的经历。要知道，以当时的条件，大家参加国际学术交流的机会是很少的。通过这次会议，我更清醒地认识到，我的英语水平还有很大差距，将来要从事科研工作，必须掌握好英语这个重要工具。也正是在这次会议上，我首次感受到了姚老师作为国际著名学者的风采，姚老师举止儒雅从容、学术造诣深厚，且精通英文、表达流畅自如，参会的学者们对他非常尊敬，这些都令我无比景仰。

可能是因为我读博之前有几年的工作经历，有一次，在美国洛杉矶加利福尼亚大学工作的许煜寰老师来电子材料研究实验室访问并做学术报告，姚老师让我做学术报告的主持人。许老师是《铁电与压电材料》（1978 年科学出版社出版）和 *Ferroelectric Materials and Their Applications*（爱思唯尔出版社，1991 年）等专著的作者，他报告的内容是关于非晶铁电材料的类铁电特性。第一次主持这种学术报告，我心里还是很有压力的，主要是担心可能无人提问，因此我提前找了许老师已发表的非晶铁电薄膜论文认真学习，并尝试提出了两个问题，以便在提问环节感觉气氛冷场时能用上。好在许老师做完报告之后，大家都踊跃提问，讨论热烈，整个过程都很顺利。感谢姚老师的信任，因为有了这次的主持经历作基础，我在以后主持各种学术会议时也能相对比较轻松地应对了。

我入学的第二个学期初，也就是1996年3月15日下午，姚老师在所里给大家做了一场题为"我的科研生涯"的讲座。在这次讲座中，姚老师言传身教，全方位无私地给我们分享了他在压电晶粒共振、"微畴-宏畴转变"、纳米复合材料、铁电薄膜等科研课题的研究思路和方法以及个人感悟，还谈到了人生观与价值观的形成、正确的治学态度、英语学习的方法等。其中"研究工作要有新想法""工作要做就做好，如果不能做得比别人好，还不如不做""一个阶段集中一个目标全力投入，在一个问题上做深刻，要有持之以恒的精神""任何研究工作都是由很平凡的事组成的，做实验研究工作要在实验室摸爬滚打"等，真是内容丰富，给人启迪，我也获益匪浅。姚老师的报告思路清晰、条理清楚、逻辑缜密，当时我就感觉听姚老师的讲座是一种享受。

三、读博之中

我的博士学位论文的研究课题是有关铁电薄膜的制备和性能研究。在具体的研究方向选择上，姚老师给了我很宽松的空间。入学后的前两年，凭借前几年的相关研究工作经历，我采用溶胶-凝胶法制备了几种铁电薄膜，包括 $Pb（Zr，Ti）O_3$、$（Ba，Sr）TiO_3$ 等，发表了几篇 SCI 论文，还获得了学校三好优秀研究生及全校仅四个名额的陈学俊院士奖学金。

沾沾自喜之际，姚老师很严肃地告诉我，"你这样继续往下做，科研水平不会有多大提高，一俊遮百丑，你那'一俊'在哪？没有那'一俊'，你发表论文再多，也意义不大，学位论文也难以达到要求"。这一番话对我内心的冲击非常大，我陷入了深深的思考之中。读博的目的究竟是什么？是仅仅为了获得一个学位还是为了提高科研能力？如果是前者，那获得学位后会怎么样呢？后面的人生还长着呢！当初想读博士不就是想提升自己吗？这一系列的拷问让我痛下决心，一定要利用实验室优越的科研条件做出更好更有新意的工作。

于是我静下心来进行文献归纳总结，想从中找到一点新的研究思路。我之前读过不少文献，既有铁电介电薄膜方面的文献，也有其他氧化物（比如高温超导、氧化锌等）薄膜方面的文献，还看了半导体超晶格方面的专著，由此我注意到多层膜可能是氧化物薄膜研究的一个新的发展方向。征得姚老师的同意后，我开始进行多层介电铁电薄膜的研究工作，重点关注多层膜尤其是成分梯度铁电薄膜可能耦合出的新物理现象及其物理机制。自此之后相当长的一段时间，我真正做到了"做实验研究工作要在实验室摸爬滚打"，即使周六周日也不例外。

这之后的研究工作相对比较顺利，我采用溶胶-凝胶法成功地制备出成分梯度铁电薄膜，研究了膜厚、成分、热处理方案对梯度膜的结晶、微结构、取向和介电铁电性能的影响，探讨了成分梯度铁电薄膜存在的极化偏置和介电增强现象，并对相关的物理机理进行了比较深入的分析。

在充实的日子里，时间过得很快，在完成博士学位论文初稿后，我寄给了当时正在新加坡进行学术访问的姚老师。不久我就收到了姚老师寄回的邮件，我印象很深的是，姚老师对我的论文做了认真细致的修改，并直接指出文中不够严谨的表述。另外，图片上的字符打印错误等也都一一标示，那份严谨认真，令我深受感动。那时我就假想，如果以后我成为研究生导师，一定要以姚老师为榜样，也要认认真真修改学生的论文。

相关的研究工作，我也是在姚先生的指导下，以学术论文的形式发表在《应用物理快报》（Applied Physics Letters）和《应用物理学报》（Journal of Applied Physics）等知名刊物上，受到了国际同行的关注。例如，美国阿贡国家实验室的奥兰多·奥切洛（Orlando Auciello）教授和加利福尼亚大学伯克利分校的 R.拉梅什（R. Ramesh）教授担任主编的 Multifunctional Thin Films（施普林格出版社）系列专著，7 次引用我们的 5 篇论文，并直接采用我们的两个实验结果图。

后来，我的博士学位论文获得了全国百篇优秀博士学位论文奖。我很清楚的是，如果没有之前姚老师对学生深沉的爱以及对研究工作的严格要求，这个奖是不可能得到的。

四、毕业之后

由于在博士期间有了较好的研究积累，毕业后，我顺利获得日本学术振兴会（JSPS）特别研究员项目资助，进入日本东京工业大学开展铁电薄膜及存储器应用的研究，两年后转为文部科学教官，成为一名教员。再之后得到德国洪堡基金会的资助，进入德国马克斯·普朗克微结构物理研究所任洪堡学者，开展铁电超晶格的微结构及其性能的研究。2004年4月，作为高层次引进人才回国，成为中山大学教授、博士研究生导师。

出国后，姚老师对我依然很关心。记得有一次姚老师在东京参加学术会议，正在东京工作的王旭升师兄和我在会议间隙一起拜见了姚老师，一见面，姚老师就关心地问起我们的工作和生活情况，鼓励我们要多了解、多学习国外好的做法，学成后更好地为国家做贡献。

回国后，姚老师和张老师对我的工作与生活也给予了很多的指导及支持，从实验室的建设、科研方向的把握、科研成果的总结到研究生的培养等，两位老师都给了我很多很好的建议，使我收获良多。

自从来到中山大学成为研究生导师至今，我先后指导培养了博士后及硕博研究生50余名。他们在学期间，2人获得教育部博士研究生学术新人奖，12人获得研究生国家奖学金，12人获得中山大学优秀研究生奖，2人获得中山大学光华教育奖学金，多人获得中山大学杨振宁物理学研究奖学金和中山大学"芙兰"优秀论文奖，以及入选中山大学逸仙创新人才培养计划等。毕业后，不少人已成为"985工程"、"211工程"、"双一流"建设等高校的教授或副教授，有的成为高科技企业的技术创新人才。我牵头获得的广东省科学技术奖自然科学类一等奖的获奖者中就有四位是我的博士研究生。这些年，我在指导学生的过程中，时常回忆起姚老师和张老师当年培养我时的极大耐心与良苦用心，这也一直在激励我要尽力把自己的学生培养好，我想这就是一种传承吧。

五、简短感言

"一个人遇到好老师是人生的幸运"，我很幸运地遇上了姚老师。感谢姚老师在我读博期间及后来对我的悉心指导和谆谆教诲，让我发现了更好的自己，改变了我的人生。师恩难忘，我会铭记在心！

祝愿姚老师幸福安康！

包定华（右）完成博士学位论文答辩后与姚熹合影

记导师姚熹教授二三事①

陈建文

一、初见

2010 年 11 月 25 日上午 10 点左右，在西华大学材料科学与工程学院的会议室，我第一次有幸见到已经功名成就的姚老师。当时正值姚老师作为邀请嘉宾参加在电子科技大学召开的第十三届全国电介质物理、材料与应用学术会议。趁着会议间隙，姚老师来到西华大学关心和支持师兄丁士华教授的教学与科研工作。那天早上在学院会议室召开了欢迎仪式和座谈会，参会的有西华大学副校长、学院院长等各位领导，非常隆重。作为研究生二年级学生的我有幸

① 本文作者陈建文为佛山科学技术学院副教授，曾师从姚熹院士攻读博士学位。

见证了这一会议过程。只见一位神采奕奕、慈祥和蔼的老爷爷坐在会议桌前，在认真听取了校领导对学校情况的介绍后，对学校的发展提出了自己的见解和建议，尤其希望校领导能够重视电子材料领域实验环境的改善，持续投入和支持丁士华教授研究团队的教学科研工作。当时我们同学几个人就在下面私下谈论丁老师有这么一位关心自己成长的大牛导师真好。当时也没想到 8 年以后，自己作为姚老师的学生也同样享受到了中国铁电陶瓷领域奠基人的如此关照。

这次座谈会后，我和丁老师的几位研究生一起参加了第十三届全国电介质物理、材料与应用学术会议，在大会上再次聆听了姚老师关于电介质领域高屋建瓴的真知灼见。当时姚老师讲述了自己对电介质领域研究的看法和担忧，相较于半导体、磁性材料的研究，电介质还有很多的基础问题没有搞清楚，需要广大青年学者通力合作钻研解决。姚老师的这番话在我心中暗暗种下了"电介质"的种子，并使我开始逐步关注和学习电介质领域的相关知识。一年后，在丁士华老师的鼓励和推荐下，我报考了同济大学姚老师的博士研究生，开始了四年投奔师门的历程。

二、求学往事

2012 年 8 月初，我来到同济大学开启了拜学于姚老师门下的四年博士研究生生涯。回想往事，一时思绪万千，姚老师在我心目中的形象，已经完全超越了我用语言所能表达和描述的极致，一时竟不知如何下笔。于是乎，我翻阅了自己的博士学位论文，摘抄了自己关于感激姚老师授业恩情的一段话，作为这段温情往事的序曲：

借此机会，向我的导师姚熹院士表示最诚挚的谢意。姚老师耄耋之年，不辞劳苦，奋战于科研一线，甚至于在身体欠佳的情况下，仍然在医院与学生讨论学术科研工作，这种忘我精神让学生铭刻于心。恩师敏锐创新的科学思维、严谨务实的工作作风、高屋建瓴的真知灼见、孜孜以求的忘我精神、谦虚谨慎的人格魅力，无时无刻不在影响着我、感染着我，使我受益匪浅。感谢恩师四年来的悉心培养和言传身教，科研中的点滴成功无不凝聚着姚老师的心血。学生愚钝，时常未能很好地领悟恩师教诲，让您劳心劳力，每每想起都深感愧疚。在此也向恩师表示最诚挚的歉意，我定铭记您的教诲，不负您的期望，在科研的路上继续奋勇向前。在此，我再一次向我的恩师——姚熹院士，致以崇高敬意与衷心感谢。

是的，姚老师耄耋之年，不辞劳苦，奋战于科研一线，几乎手把手地开启了我的博士研究生生涯。这种恩情，一时真的难以言表，只能摘取记忆中的几片"碎叶"，以示心中之敬佩与恩情。

（一）"碎叶"一

2012 年 12 月第八届亚洲铁电学会议（在泰国芭堤雅）召开时，我刚入师门四个月。姚老师和我们一起坐经济舱，并将节约下来的经费，支持我和师妹一起出国参加国际会议去见见世面，开阔视野。记得到达泰国素万那普机场下飞机时，我和师妹想帮忙拿下行李，但姚老师说不用。此时，已年近八旬的姚老师，飞快地打开飞机行李架，像个小伙子一样一手将行李架上的箱子拎了下来，又像小伙子一样快速地下了飞机。那时候，师母张老师因为腿脚不方便，走得很慢，我和师妹跟在张老师后面，走得很慢，走在前面的姚老师走一段又回过头来等我们一下，关爱之情令人动容。

（二）"碎叶"二

2013 年的某一天，姚老师到实验室来亲自指导我们做实验。刚进门只见他摸了摸仪器，看了看手指，和我们说：仪器有灰尘了，要及时清理，否则会影响实验结果和测试精度。他看了看桌子上七零八落的几把螺丝刀、螺丝和螺母，就自己动手排得整整齐齐，收拾完又和我们说：科研工作者都有一些强迫症，要注重实验细节，把实验做到极致。

（三）"碎叶"三

2014 年底，同济大学功能材料研究所由四平校区搬迁到了嘉定校区，但姚老师当时还住在四平校区教师公寓。四平校区距离嘉定校区约 40 公里车程，坐校车差不多 1 小时车程，坐公交车 2 个小时左右。从姚老师住的教师公寓到校车发车点有 1 公里多。那时候，每次开组会姚老师和张老师都会一大早从家里出发坐校车到嘉定校区，9 点准时开始。某次课题组晨会，姚老师和张老师稍微晚了一些，姚老师还因自己迟到而向我们道歉，解释说是因为走路稍微慢了些，错过了早上 7 点的班车，因此只能坐公交车，花了 2 个多小时才到学校。然后，他顾不上休息，就开始给我们开会。当时，我们明显看到姚老师和张老师特别疲惫，毕竟是年近八十的老人了。姚老师和张老师十分勤俭节约，不舍得打车来学校。

（四）"碎叶"四

由于我的英语写作水平较差，博士期间写的几篇小论文几乎都是在姚老师手把手的指导下完成的，它们凝聚着姚老师的心血。姚老师每次通篇修改完我的论文，都会让我好好领会每句话修改的深意，不要直接接受而不去思考和改进。有一次师母张老师把我叫到跟前说，以后要把论文写好点，再发给姚老师看，姚老师身体本来就不好，为了修改我的论文，都好几天一动不动地待在办公桌前，看得她都心疼了。如今我只恨自己太过愚钝，时常未能很好地领悟恩师的教诲，让他劳心劳力，每每想起都深感愧疚。

（五）"碎叶"五

2015 年以后，姚老师因为做了手术，经常需要在华东医院住院疗养，但他始终放心不下我们的科研工作。每隔两周，姚老师要么从医院请假回学校给我们开会，要么让我们到华东医院去做实验汇报。那时候开会，我们经常能看到姚老师手上还插着静脉留置针。有一次，姚老师还让我单独到华东医院讨论课题研究工作。那天，姚老师穿着病号服，手上还插着静脉留置针。护士在我一进门的时候，就嘱咐我们交谈不能超过 1 个小时，说姚老师刚做完手术要注意休息。姚老师和我们探讨电介质的"自修复""自愈合""自修补""自复原"等新概念的用词及其物理意义，一时间竟然忘了时间。等护士过来提醒的时候，已经过去三个多小时了，我才意识到我们谈论太久了，姚老师需要休息了。

三、推荐信

2016 年，正值我博士毕业之际，当时的我时常感到困惑和迷茫，一会想下海从商，一会又想继续做科研工作。姚老师似乎也意识到了我内心的摇摆和彷徨，时常通过讲述他在美国的博士研究经历，以及他在西安交通大学的研究经历和他拒绝从政的心路历程来引导我，让我坚定信念，继续走科研之路。临近毕业之际，姚老师非常关心我的工作问题。当知道我准备入职佛山科学技术学院建立实验室来开启自己研究生涯的时候，姚老师还主动提出如果有需要，可以帮忙写一份推荐信。

带着这份推荐信，我来到佛山科学技术学院电子信息工程学院，受到学院院长的格外重视，并有幸以一名博士应届毕业生的身份，组建了自己的实验室和研究团队。毕业临别之际，姚老师又好几次单独找我谈心，教我为人处世、识人用人之道。然而，当时学生愚钝，时常未能很好领悟恩师的教诲，直到工作后，才发现这些话的真谛，帮助我少走了很多弯路。如今想起，感激之情，难以言表。

推荐信

推荐人姓名：姚熹
推荐人职称：教授、博士研究生导师
推荐人单位：西安交通大学国际电介质研究中心、同济大学材料科学与工程学院
推荐人职务：中国科学院院士、美国国家工程院外籍院士、国际陶瓷科学院院士
推荐人与被推荐人关系：博士研究生导师
推荐人联系方式：021-65983130、xyao@tongji.edu.cn
被推荐人：陈建文，同济大学材料科学与工程学院 2012 级博士研究生
推荐意见：

尊敬的佛山科学技术学院领导：

您好，我了解到近年来针对国家创新驱动发展的重大战略需求，广东省投入专项基金，择优遴选部分高校努力建设成高水平大学，其中包括佛山科学技术学院。得悉本人博士研究生陈建文正在申请到贵单位工作，我很高兴和荣幸向贵单位推荐他。

陈建文同学于 2012 年考入同济大学攻读博士学位。其博士研究课题源于本人关于高储能密度电容器关键问题中电介质自愈合技术的研究与思考。电介质的自愈合技术是一个全新的课题，在国际上尚未发现类似研究工作，在这一方向上，我们已经走到了学科的前沿。由于没有研究先例可遵循，该课题研究的起步阶段困难重重。该同学仍然能够迎难而上，不断克服研究工作中遇到的各种困难，并取得了重要的研究成果和进展。

该同学利用其电子学背景，设计和组建了电介质薄膜的击穿现象实时测试装置和电介质离子过程研究的测试装置，解决了电介质薄膜的自愈合技术研究中遇到的许多测试问题。在此基础上，该同学通过大量实验和探索，首次研究和发现了溶胶凝胶法制备氧化铝薄膜在强场下的自愈合现象，并进行了大量实验论证研究，取得了突破性的进展。该同学的基本知识掌握牢固，深入探讨了实现电介质自愈合技术的基本条件、判定方法和实现方式，并根据非平衡态热力学理论，创造性地提出了电介质的"强场稳定态自愈合理论"，为电介质或电容器的自愈

合技术的深入研究提供了理论依据，使课题研究进入到一个更为深入的层次。

该生的优点是扎实、肯钻研，思维活跃，在课题的研究工作中善于发现问题和解决问题，具有较强的独立学习能力，对问题有钻研精神，能够灵活运用所学知识解决问题，参与研究了多项课题，并得到了较高的评价。该生在博士期间已撰写 6 篇英文 SCI 论文，申请了 3 项发明专利、2 项实用新型专利，表现出良好的科研素质与论文撰写能力。

鉴于该同学在攻读博士学位期间表现出来的良好科研能力，本人愿向贵单位进行大力推荐，期望他能够在贵单位延续"电介质自愈合技术"这一研究方向。"电介质自愈合技术"是一个非常前沿的研究课题，也是一个具有重大预期成果的研究课题。该同学已在该方向上有了较为深入的认识和理解，并能够胜任组建相应实验室，推进该课题研究方向进一步深入发展的能力。本人期望其在今后的科学研究生涯中，继续与同济大学现有课题组合作，共同推进这项研究的深入发展。因此，期望贵单位能够接受该生的申请，并对其组建相应实验室和进行科学研究给予必要的支持与帮助。

2016年3月3日

姚熹为陈建文写的推荐信

四、关爱的轮回

2016 年我博士毕业后，入职佛山科学技术学院电子信息工程学院，开始了自己的教学科研生涯。然而，万事开头难，组建自己的实验室和研究团队，对一个应届博士毕业生而言，并非易事。跌跌撞撞，科研工作也进展缓慢，在这个过程中，姚老师始终关心着我的成长，时常鼓励我要坚持不懈，不要轻言放弃。

2018 年 10 月的某一天，姚老师突然打电话给我，说他要到广东工业大学参加第十七届全国电介质物理、材料与应用学术会议（2018 年 11 月 15—19 日），想来佛山。来到佛山，姚老师顾不上休息，便来支持和指导我们的实验室建设、团队组建等教学科研工作。如同当年师兄丁士华老师在西华大学的经历类似，我也享受到了中国铁电陶瓷领域的奠基人、一位已 83 岁的耄耋老者的关爱。佛山科学技术学院众多领导参加了我和姚老师的这次会谈，这无形中给予了学生莫大的鼓励和支持。

历历在目的过往记忆，殷殷入心的师生情谊，让我为有这样的恩师而自豪和庆幸。师恩浩荡难以详尽言表，唯有铭记您的教诲，在科研道路上继续奋勇向前，以不负您的期望。

2018 年 11 月 15 日，陈建文（左二）等师生与姚熹在佛山科学技术学院
电子信息工程学院先进电子材料与器件实验室合影

2018 年 11 月 15 日，陈建文（右）陪同姚熹（左）参观电子陶瓷工厂

我的导师姚熹先生①
——记我在姚老师身边学习工作的十年

程忠阳

1983年我从西安交大物理系本科毕业。1985年报考了西安交大电子系电子材料与元器件专业研究生，被录取为姚熹先生的研究生，从此开始了我的研究生生活和教学科研生涯。研究生毕业后，我继续在姚先生开始创建的电子材料研究实验室（EMRL）和精细功能材料国家专业实验室工作，并从1992年春季学期开始在姚先生的指导下在职攻读博士研究生学位。1995年春博士毕业，随即出国。现为美国奥本大学（Auburn University）材料和机械学讲习教授。在姚先生身边学习工作的10年，为我之后的教学科研工作奠定了坚实的基础。

姚先生给我的硕士研究课题是搭建"激光强度调制技术"（Laser Intensity Modulation Method，LIMM）实验装置，来测量和研究绝缘材料中的空间电荷。研究绝缘材料中的空间电荷十分重要，直至今天，测量空间电荷仍是绝缘材料研究的一个重要领域。这一技术是以色列著名科学家西德尼·朗在1986年提出来的，很新颖。我利用自己搭建的这一实验装置，测量了掺镧锆钛酸铅弛豫铁电陶瓷中空间电荷随温度的变化，并利用这一结果成功地解释了弛豫铁电体中微畴-宏畴转变的动力学过程。由此，我也进入了丰富多彩的弛豫铁电体领域，激发起了我对弛豫铁电体的浓厚兴趣，开始了我一生对弛豫铁电体的研究。总结我在硕士阶段的研究工作，我从姚先生身上学到了如何选择研究方向，那就是，研究方向要有重大意义并尽可能采用最先进的技术手段。

我1988年夏毕业，原计划回西安交大物理系工作。姚先生和我讨论后，让我留在开始创建的电子材料研究实验室和精细功能材料国家专业实验室工作。为此，姚先生亲自找学校领导谈。留在实验室后，我加入了姚先生的精细复合功能材料的研究团队。这是当时姚先生主持的一个863计划课题。我主要从事和负责精细复合材料

---

① 本文作者程忠阳，美国奥本大学教授，1995年博士毕业于西安交通大学，在姚熹院士指导下开展弛豫铁电体工作，提出了"新玻璃"模型解释弛豫铁电体独特的介电行为。

的光学性能的研究，我们得到了很多有趣的研究结果。比如，这些材料的光散射、透射、非线性光学效应在电场作用下的变化。在这个过程中，我印象最深的是姚先生知识的渊博。特别值得说明的是，我们当时的精细复合就是现在流行的纳米复合。当时纳米这个概念还没有被广泛采用。姚先生为我们选择了一个当时非常超前、今天依然热门的研究方向。在此基础上，我以课题负责人的身份申请到了一个关于0-3纳米复合材料的863计划项目。姚先生一步一步地教我如何撰写项目申请报告，使我受益终身。

姚先生又安排我讲授"电介质物理"本科课程。我先是给姚先生和张老师当了两年助教，在这个过程中，我学到了许多有效的教学经验，使我后来获得学校的青年教师教学奖。尽管我本科专业是物理学，但那时候电介质物理在物理学中很少被讨论。当时姚先生和张老师正在撰写《电介质物理》教材。我被安排帮忙整理和编撰每章后面的习题。在这个过程中，姚先生向我介绍了好几本电介质物理方面的经典英文著作，甚至把他珍藏的几本英文原著给我看。在他的鼓励下，我认真研读了电介质物理方面的这些重要著作，加深了我对电介质物理的理解，为我打开了电介质物理这扇丰富多彩的大门，奠定了我的电介质物理基础，这是我之后研究工作的坚实基础。

1988年我留实验室的时候，也是姚先生建立精细功能材料国家专业实验室的时候。这中间有许多的事情需要处理。特别是当时学校要建科学馆，其中有我们实验室的实验用房，所以涉及实验室用房的设计，实验室仪器、设备的选购和安装等。姚先生带我参加了学校的许多论证会议。尽管当时姚先生很忙，有繁重的科研和教学任务，还有国家863计划新材料领域专家委员会的工作，但他依然为每次会议都做了十分充分的准备。姚先生在学校相关会议上仔细认真的讲解、充满激情的发言、对重要事项的坚持，都给我留下了深刻的印象，我从中学会了很多东西。

姚先生不仅在科研和教学方面引导我，也非常关心我的职业发展和生活。在生活上，姚先生和张老师给予了我许多的帮助。比如，我结婚后住在学校的集体宿舍，因为我们是集体户口，没法从粮店买面粉和买煤做饭，是姚先生和张老师把他们家的粮本和煤本给我使用。后来，我在学校分到了房子后，为了工作方便，为我家安装了住宅电话。在职业发展方面，姚先生安排我当本科生班主任，使我有更多的机会与学生交流，更好地了解学生的实际情况，帮助我尽快适应学校的教学工作。我带的班级在1993年被评选为全校唯一的全国优秀班级。

姚先生也非常关心我的学术成长，鼓励我攻读博士学位。1992年春我在姚先生的指导下，开始攻读博士学位。首先的任务就是博士研究方向的选题。当时有两个方向可供选择。一个是上面提到的863计划项目关于0-3纳米复合材料的研究，一个是弛豫铁电体的研究（当时是姚先生负责的国家自然科学基金的重点项目——"弛豫铁电陶瓷微畴-宏畴转变"）。通过讨论，姚先生建议我研究弛豫铁电陶瓷。方向确定后，我计划按常规路线展开研究。也就是，首先选择一个材料体系和相应的组分，再制备陶瓷样品，最后表征所制备材料的结构，并测试样品的介电性能及其与温度、直流偏压、频率的关系。这应该是一条把握性大的研究路线。当我与姚先生讨论之后，他建议我不要选这条路线，让我想想看如何把弛豫铁电体的极化机制研究往前推进一步。姚先生给了我好多想法让我思考。比如，用模糊数学去描述弛豫铁电体中的微畴结构。为此，我全身心地投入这个研究当中，因此也就很少帮姚先生处理实验室里的日常工作，为此我深感愧疚。在对大量文献进行整理与研究的基础上，分析研究了电介质不同种类的极化现象，比较了弛豫铁电体极化与正常铁电体和非极性材料极化的异同，提出了ABO_3钙钛矿铁电体中B位离子沿<111>方向振动，而不是广泛认可的沿<001>方向振动的设想。这个设想在10年后被实验结果证实。考虑到偶极子之间的相互作用，进而提出钙钛矿铁电材料在顺电相中存在极化团簇（类似于超顺电体）。在此基础上，考虑到正常铁电体向弛豫型铁电体的转变和弛豫型铁电体向非极性材料的转变，我发现了当时流行的Vogel-Fulcher模型的缺点，进而提出了弛豫铁电体极化的"新玻璃"模型。1993年，这个"新玻璃"模型的概念首次在国家自然科学基金重点项目的年度汇报会上公开，汇报会是在清华大学举办的。我至今仍然清楚地记得，在我做汇报的前一天，姚先生和我在宾馆房间里，让我试讲了一遍，提了很多宝贵意见，这对我第二天的报告成功非常重要。更重要的是，姚先生对我讲了许多做报告的注意事项，让我受益无穷。回想这一段研究经历，我常常感谢姚先生对我选题方向和研究路线的指导，深深地体会到了因材施教和个性化人才培养在研究中的重要作用。

时光如飞，一晃近30年过去了。回首与姚先生一起学习共事的10年，依然历历在目，仿佛如昨，终生难忘，历久弥新。在先生鲐背之年，回忆30年前的点点滴滴，以表达对先生深深的敬意，恭祝先生和张老师健康长寿。

机缘巧遇博士导师姚熹①

邓文礼

师者，传道、授业、解惑也。忆往昔，正青春年华，铸时代英杰，还看今朝。此文献给尊敬的姚熹院士。

一、探寻一路，巧获一缘

早在1992年盛夏，我刚获得四川大学化学硕士学位，突发奇想地跑去电子科技大学信息材料工程学院来找院长，恰巧遇到杨邦朝副院长，他听完我的介绍，立即带我拜访杨大本教授。曾留学德美的杨教授一头卷发，颇有学者风范。我简要介绍后直奔主题，请求他的课题组委托培养，让我到兰州大学攻读化学专业博士学位，学成毕业获得学位后到他的实验室工作，令我稍感意外的是他当即就答应了。随后，我们进行了细致的交谈，我概述了自己在四川大学3年的收获，有4篇学术论文发表，其中3篇我是第一作者；我还特别强调了自己没读过本科只读过专科。1984年从四川省万县师范专科学院（现重庆三峡学院）毕业后到中学当过5年化学老师，1986年在《中学化学教学与研究》发表过1篇小论文《氢气还原氧化铜实验的新方法》。随着了解的深入，他更加坚定地认为我是一位有远景规划的年轻人，愿意支持我继续求学。谈话尾声，杨老师问我是否愿意转到电子科技大学攻读博士学位，我毫不犹豫就同意了。话音刚落，他就带着我去研究生部招生办咨询博士研究生招生转校转专业事宜，令人遗憾的是当年的博士研究生招生录取不能转

---

① 本文写于2022年12月，作者邓文礼为华南理工大学教授，曾师从姚熹院士攻读博士学位。

专业。招生办的负责人取出招生简章给我宣讲，结论是不能转专业只能下次报考，在场的杨老师也颇感无奈和遗憾。若是现在的年代，我可以通过申请考核制获得攻读博士学位的资格和机会。杨老师见状只好鼓励和支持我报名参加1992年的秋季考试，我仔细地查看了招生简章并对照博士研究生的专业方向和考试科目，发现两门专业课完全不同。对此，杨老师劝我不要放弃，他还特别介绍说博士研究生副导师有4位电子科技大学的教授，而导师是中国科学院院士、西安交通大学教授——姚熹；他更提高嗓门说道，当年电子科技大学校长刘盛纲院士亲自率团专程从成都到西安聘请姚熹院士担任兼职导师。

当杨老师提到姚熹院士的名字时，我感到格外兴奋和激动，顿时不知所措，在那之前从未想到会有这样的奇妙机缘，过一阵子当意外的心情平静后，我暗暗发誓一定要成为院士的学生，等待一年半载考试一次也值。在接下来的半年时间内，我一边干临时工作挣钱糊口，一边复习4门考试科目，其中高等数学和固体物理都是四川大学有机化学专业硕士研究生没有开设的课程。对我来说，这两门专业课实在有些困难，有时候要咬紧牙关坚持自学，实在看不懂就做上标记，专门到电子科技大学请教老师。1992年12月初试，初试后没过几天就进行复试，复试的评委们都满意我的表现，我得以顺利通过。当我在1993年1月拿到录取通知书的时候真感到高兴，一方面是能够成为博士研究生，另一方面是觉得这是对考前几个月时间的准备的认可和回馈。1993年2月，我到电子科技大学报到入学，正式成为1992级秋季博士研究生，指导教师是姚熹院士，副导师是杨大本教授。

二、聆听一次，影响一生

入学不久，姚老师专程从西安交通大学到电子科技大学进行学术演讲和博士研究生指导的专门讨论，全学院的博士研究生和教师参加了报告会，那是我从报考到正式成为博士研究生后第一次亲眼见到姚老师，也是读书期间的唯一一次。我怀着期待的心情聆听报告，领略和感受了大学者的风采。我的感受十分复杂。首先，姚老师确实是一位具有国际视野的科学家，名副其实的中国科学院院士，世界级水平的中国学者，与众不同的西安交通大学教授。其次，姚老师的求学和科研工作经历丰富，他见多识广、学术严谨、风格独特，对青年学者特别是博士研究生和硕士研究生进行启发激励，高标准严要求。最后，我对报告的内容一概不懂，仅仅认识诸如电介质、压电铁电效应、弛豫时间、宏畴微畴、掺杂等文字。

令人印象深刻的是姚老师在报告中重申"科研工作，要做就要做到最好，做到第一"。我对此的体会是，他首先对自己高标准严要求，同时给博士研究生和年轻教师提出希望与期待，再就是强调科研工作的创造性或开拓性。"第一"应该代表他人从未做过的或者是他人不能达到的高度或攻克的难度。这句话激励我几十年而终生不忘。在我自己成为博士研究生导师后，也常把这句话讲给学生听并要求他们领会和践行。姚老师对材料科学家的理解或诠释也是唯一的，独到的和辩证的，何为材料科学家——"物理学家说你是化学家，化学家说你是物理学家，科学家说你是工程师，工程师说你是科学家"。我的理解是材料科学家要具有上述"三家一师"的本领，有他们想问题或提出问题的头脑，解决或处理问题的策略措施、方式方法和实施能力，以及各自的个性特质。我在本科和研究生教学的过程中也把姚老师对材料科学家的论断选作必讲必读的论题。

听完报告后，我深感成为姚老师的合格博士研究生实属不易，他的要求如此之高，能否达到要求无一例外取决于每个博士研究生自己，我跨专业考上电子材料与元器件的博士研究生，专业基础的薄弱是显而易见的，需要弥补的基础知识实属不少。但我也有自己的考量，我要充分利用化学专业的基础，尽量自学弥补电子材料专业的知识。首先，要上好博士研究生的每一门课程，与此同时，多看看本科生和硕士研究生的核心基础课程；其次，在学位论文选题环节跟杨老师反复讨论，根据自身的知识结构和专业基础扬长避短，杨老师也建议我发挥自己的化学专长，我自认为在四川大学受到过严格训练。

姚老师在电子科技大学停留的时间有限，我只在听演讲时见过一面，当时都不敢提问。其他同学的情况虽然比我好一些，但从表情看，估计他们也好不了多少。因为姚老师报告的研究课题当属国际前沿，他站在很高的位置审视国际国内研究状况，展现出了科学大师的风范。对我来说，虽然很多内容一概不懂，但这并非坏事，说明我需要提升的空间足够大。

自那以后，姚老师就是我博士研究生阶段思想上和精神上的导师，我始终尽量按姚老师的要求和标准行事，最起码要成为合格的博士研究生并毕业。接下来，我常跟杨老师讨论，他也充分信任我，相信我能够毕业。在论文选题环节，在阅读了各类文献，根据杨老师的学科方向并结合自己的专业基础，特别考虑了自己的研究兴趣后，我确定了课题。当年，分子组装是国际科学前沿领域的研究课题，30多年过去了，今天分子组装仍然是国际科学热点。在分子组装领域选定博士论文课题在20世纪90年代初的中国实属少见，当年的中国仅仅处于起步阶段，在20世纪80年代国际上出现第一篇分子组装的论文，80年代中后期得到发展，90年代初国际上已经火热，而中国才刚刚开始，主要是因为研究条件不足、研究手段有限。

当年我选择这个研究课题主要是觉得这样的研究工作有发展前景，有争做第一的可能，这也是姚老师所倡导的。尽管当时国内的研究条件普遍不足，很少有人涉足，但无论怎样，我一有兴趣，二有化学基础，三有动力源泉。实际上，在1993年的电子科技大学，开展分子组装课题研究的基础条件严重不足，校内甚至成都地区的实验条件都不具备。从实验技术手段和仪器设备来评判，多达90%的实验工作必须到校外和成都以外的地方才能完成。对此，我有充分的思想准备，下定决心、坚定信心、克服困难。在全面、细致查阅文献的基础上，我选定好组装体系，拟定好实验方案，先后两次到永川和位于重庆的电子工业部第二十四研究所与第四十四研究所制备Au（111）薄膜，回到实验室后再进行分子组装，接着在校内和四川大学分析测试中心进行X射线光电子能谱法（XPS）和扫描电子显微镜（SEM）观察，最关键和核心的实验必须到中国科学院化学研究所和中国科学院电子学研究所以及北京大学才能完成。每次到永川和重庆需要一个星期，到北京需要两个星期。无论是在校内还是在校外做实验，我都得到了多种锻炼，克服了种种困难。在完成实验的过程中，我始终会想起姚老师曾经提出的科研工作要做就要做到最好，做到第一。现在回忆当年的求学过程虽然辛苦，但也乐在其中。由于经常外出实验，陈艾教授送给我一个绰号——"流浪科学家"。杨老师也鼓励我勇于面对挑战，经常提及"你克服的困难越多，取得的进步和成绩就越大"。

在3年时间里，我在思想上始终想到，姚老师是导师，是不一般的导师，是院士级的导师，要竭尽全力做到姚老师认为的合格，也希望能够达到姚老师认为的优秀标准。其实，我自己并没有把握，只深感十分艰难，但一定要尽力，一方面给导师一个交代，另一方面对自己的付出有一个满意的结果。在电子科技大学，有时候我们也奢望能够常有机会当面向姚老师请教或讨论问题，这样就能够更多地聆听他的教诲，直接接受大师的指点。当年，我们的奢望只能当成一种美好的愿望。幸好，我还是绞尽脑汁想到了一种替代办法，姚老师不在国内而常在新加坡、日本和欧美等地，当年通信远不如现在，国际长途电话十分不便，我就给师母张良莹教授打电话询问或请教问题。张老师在西安交通大学同样承担着重任，甚至肩负更重的担子，我用这样的方式间接得到姚老师的指导，直接领受张老师的额外教导，后来回忆起这些天赐良机，我感觉自己十分幸运。回想我第一次向张老师通过电话汇报情况和请教问题时，内心忐忑不安，实在不知道如何是好。但我仍然鼓足勇气，只要能够打通电话，照说不误，盼望电话能接通，"嘟嘟"两声电话通了，可我又开始紧张了，还没等我开口说话，张老师就问是谁，我轻声说出名字时，张老师立即说正忙着，我只好说"对不起"就无话可答了。后来，我才了解到张老师在西安交通大学一身兼二职，负责姚老师和她创建的实验室的全部科研与研究生培养工作。由此，我很佩服姚老师有张老师那样的工作上的合作伙伴、生活上的终身伴侣、事业上的坚强后盾、心灵上的最佳契合者。难怪姚老师能够早早地取得学术上的巨大成功，成为享誉世界的中国科学家。在我看来，姚老师的"军功章"也可以佩戴在张老师的胸前。他们俩真是比翼双飞、并肩前行。在相当长的一段时间里，姚老师在国际学术界开疆拓土、傲视群雄、独揽天下，张老师则在西安交通大学固守阵地、搭建堡垒、广育雄才。他们俩在工作、事业、家庭生活方面配合得天衣无缝、珠联璧合。

邓文礼（左）和姚熹（中）、张良莹（右）合影

总之，有姚老师的思想和精神指导，有张老师的额外教导和间接训导，有杨老师的鼓励支持和信任，我在 3 年时间里获得的实验结果以第一作者在学术刊物和境外国际会议（电气与电子工程师协会）上发表论文超过 10 篇，其中 1 篇论文被《中国科学》（B 辑）接收发表；先后获得"赛格"和"长城"特别奖学金。另外，我采纳了姚老师的建议，积极参加国际、国内学术交流，分别向在美国、法国、澳大利亚举办的电气与电子工程师协会国际会议提交论文全文供学术交流讨论。我也积极争取机会参加在国内举办的重要会议。1994 年中国材料研究学会在北京举办的年会给我留下了深刻的印象。在那次年会上，出席年会的院士超过 30 人。与会期间，我结识了一些学术同行，也专门选择性地旁听了中国材料学界的名人报告，包括严东生、师昌绪等的演讲。特别令我终生不忘的是 1995 年 7 月 26 日我参加中国科学技术协会第二届青年学术年会，大会的开幕式在北京人民大会堂举行，开幕式之前，所有参会代表和各部委领导以及老一辈著名科学家代表周光召、宋健、朱光亚、严济慈、王大珩、王淦昌、林兰英等接受党和国家领导人江泽民、胡锦涛、温家宝的亲切接见并合影留念。江泽民致辞完毕后，所有代表和嘉宾移步到人民大会堂隆重举行开幕式和大会特邀报告，随

后分别在清华大学、北京大学、中国人民大学等进行八大分会的专题报告，材料科学分会场在清华大学。回想当年能够在人民大会堂参加这么重要的会议并集体合影，我颇感高兴和自豪，这也是我后来工作生活的动力之一。

在最后一个学期，我充分利用剩余时间完成了实验、数据整理、结果分析、论文准备和投稿发表以及学位论文的撰写、修改、送审和答辩等。在论文的修改环节，姚老师给我留下的印象是极其深刻的，也是其他同学所不曾拥有的。我完成初稿且反复修改、补充、完善，自认为完美无缺之后才请杨老师和姚老师最后审阅。当年姚老师身在新加坡南洋理工大学，我只好将论文稿打印后通过国际快件寄给他审阅修改。他在百忙中逐字逐句审阅了几万字的全文，把修改之处写在3页纸上用国际传真发给我，我当时特别感动又无比敬佩，论文稿中的用字不妥甚至标点符号不当都被一一写在回复的传真件上，这再次表明姚老师的学术站位极高，要求严格，严谨负责。其实我的论文课题跟姚老师的研究方向差异明显，但他还是提出了意见和建议并指出了论文中的瑕疵，足见这位学术大师的过人境界和严谨的风格。有姚老师的最后把关和高标准严要求，当年经十多位专家评审后，我的论文结果为全优。我在1995年12月30日顺利通过博士学位论文答辩，答辩后的第二天，我拿着答辩决议复印件飞往北京，来到中国科学院化学研究所博士后站报到，从事博士后研究工作。从1996年1月初开始，我的合作导师是白春礼研究员，白老师在1996年升任中国科学院副院长，1997年当选为中国科学院院士，他先后担任副院长、常务副院长和院长一直到2020年，长达24年，他还先后当选为美国国家科学院外籍院士、白俄罗斯科学院外籍院士等。

1998年，我从中国科学院化学研究所博士后站出站到日本国立材料研究所任研究员，4年后从日本到美国华盛顿州立大学化学系任高级研究员从事两年研究，2004年从美国回国到华南理工大学材料科学与工程学院任职教授，从事科研、教学和研究生培养。

三、再度为师，践行师训

在成为像姚熹、张良莹、杨大本三位教授一样的老师之前，我不知不觉已经走过了 20 年的奋斗历程。其中我曾经担任了 5 年中学老师，自我感觉收获满满。值得一提的是 1986 年发表的《氢气还原氧化铜实验的新方法》，这是迄今第一个改进当年传统实验的小论文。我在 2012 年发现当年的改进方法被选编进《化学》九年级上册供全国中学生使用。

自己成为博士研究生导师后，我更加体会到像姚老师这样的学术大师实属罕见，国内的大报专版报道了姚老师的奋斗历程、科研成就和培育英才。我从相关报道中了解到姚老师在中国改革开放初期被选派到美国留学，在美国期间用了约 20 个月的时间就获得宾夕法尼亚州立大学固态科学博士学位，创造了获得该校博士学位用时最短的纪录，这在发达的美国高等教育历史上也是罕见的。他还曾获得美国陶瓷学会"罗斯·科芬·珀迪奖"。

出于对祖国的热爱，姚老师学成后毅然回到西安交通大学继续从事科研、教学和研究生培养工作，时至今日，姚老师指导的一大批学生已经成长为专业领域的领军人物，活跃在国际国内电介质学科研究和行业发展前沿，深受国内外同行的高度赞誉。姚老师特别重视国际学术交流与合作，多次组织重要的国际会议，担任多个国际学术组织的领头人，以推动科技进步。由于突出的学术成就，姚熹在 2007 年当选为美国国家工程院外籍院士，获得了国际国内多项重要学术奖项和荣誉称号。

我在华南理工大学组建了纳米技术和分子科学实验室后，带领硕士研究生、博士研究生和博士后进行了创新探索，同时承担着大学本科生、创新班和博士研究生的课程教学工作，在教学过程中我还特别宣讲了姚老师曾经提出的独特见解和论断，鼓励学生学习和践行姚老师的科学思想与精神。特别是博士研究生要学习姚老师对待科研工作的态度——"要做就要做到最好，做到第一"，在基础理论和专业知识结构方面要不断拓展物理、化学、生命科学等学科基础，用科学的头脑思考、提出和解决问题，要有工程师的整体布局。

由于深受姚老师的影响，我们研究小组除继续发展分子组装之外，还开辟了"攀缘植物爬山虎的仿生研究"。从 2006 年开始实验观察测试，2008 年初最先公开实验结果，这项工作迅速受到学术界关注，随后一些国家级报纸和杂志以封面故事专题介绍了我们的研究进展。令我颇感欣慰的是，一些实验的观察测试结果和分析评论被长篇幅选编写进《小学语文课文同步拓展阅读》四年级教材，2016 年由时代出版传媒股份有限公司和安徽人民出版社联合出版发行。在分子组装领域不断发展和创新的情况下，博士研究生胡懿完成的一项工作是在国际上第一个构建了分子尺度的"中国结"，该研究结果在《晶体工程通讯》（*CrystEngComm*）上以封面论文发表，她在攻读博士学位期间获得了国家资助，到国际著名专家比利时的史蒂文（Steven）教授的实验室联合培养两年。

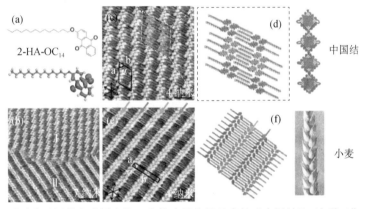

通过分子组装在世界上第一个构建了分子尺度的"中国结"，该项工作在《晶体工程通讯》上以封面论文发表

另一位博士研究生查宝率先通过卤键形成调控分子组装，创新结果在《物理化学快报杂志》（*Journal of Physical Chemistry Letters*）期刊上发表了亮点论文。还有一位博士研究生杨小军采用上海光源的同步辐射技术第一个研究获得了爬山虎吸盘和黏附基底的三维整体结构，使人们对爬山虎吸盘结构的认识层次从二维平面结构到三维立体结构显著提升。我们对研究生的要求非常严格，标准也很高，要求他们对待科学的态度应该严谨求实，对实验工作一丝不苟、精益求精，论文撰写过程中标点符号和字词都必须避免差错。由于我经常宣讲年轻人要争取机会出国见识、

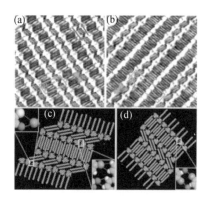

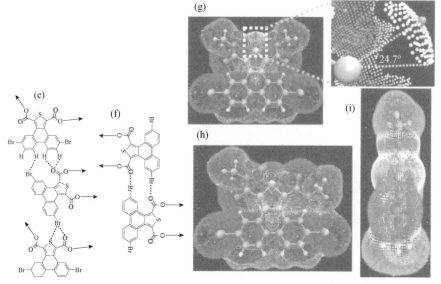

分子组装过程中卤键形成调控组装结构，这项研究在《物理化学快报杂志》上
以期刊亮点论文发表

开阔眼界、调整思路、提高认识水平和能力、增强学术竞争力，
先后有多名优秀的博士研究生彭珊、胡懿、龙梦影和年轻教师苗
新蕊博士分别到美国、比利时、法国的著名教授的实验室进行联
合培养或访问研究，也有多位硕士研究生分别到日本、荷兰、比
利时的著名教授的实验室攻读博士学位。还有个别博士研究生转
行其他领域，庞鹏毕业后到广西壮族自治区崇左市担任基层领
导。所有这些年轻人都间接学习和接受了老师的老师——姚熹院
士的科学思想、科学精神、创新思路、独到见解和超凡判断力。
姚老师的精彩人生极大地影响着一代一代又一代人，这是奉献祖国教育事业的西迁精神的体现。

然而，我们的社会还存在一些乱象，中国的科技教育界曾经出现了浮夸、浮躁的风气，有的人追逐个人名利，不顾国家和民族的利益，弄虚作假，学术欺诈，这严重违背了正义科学家的应有良知。相比之下，姚熹老师曾说，"让自己的国家走在世界科学的前列，是我们每一个科学家毕生的使命"。这才是老一辈科学家的崇高思想境界和伟大的民族责任感。有这样的科学家和教育家，实现中华民族伟大复兴的中国梦、第二个百年奋斗目标终会成为现实。

向我们最敬爱的姚熹老师致敬！

我和我的导师：为人为学、言传身教[①]

杜慧玲

一、初见–仰止

想起来已是很多年前，那是个电脑刚开始普及、还没有手机的年代。硕士研究生刚毕业的我，在硕士研究生导师的推荐下怀揣期待，第一次见到了姚老师，此时正在三楼实验室查看实验设备的姚老师停下来轻声细语几句，蔼然可亲，他的鼓励与支持打消了我的紧张与不安。经历了考研笔试面试的激烈角逐，我如愿成为先生的弟子，正式步入电介质材料领域，开始科研之路。姚老师言传身教，爱生如子，他在我的学习和成长过程中倾注了大量的心血。他高尚的品德、渊博的学识和儒雅的风范，始终引领和激励着我。

二、研途–笃行

在我读博时，姚老师亦师亦父，让人有如沐春风之感。他是平和含蓄的，没有盛气凌人之架势，没有动辄训人之说教，有的只有真挚诚恳的情感与平易近人的亲切。先生一生崇尚学术，极为重视学生研究能力的培养。

刚入学，我就参与到 863 计划项目的放量试验工作中，在姚老师的带领下，在广东风华高新科技股份有限公司进行批量化小试和中试推广。姚老师身体力行地白天在现场坐镇指挥，晚上开会研究

---

① 本文写于 2022 年 11 月，作者杜慧玲为西安科技大学教授，曾师从姚熹院士攻读博士学位。

调整材料配方和工艺参数，尽管在研发中经常遇到困难，但他总是耐心地给予我们指导，在关键时刻提出令我们醍醐灌顶的想法。一个月后，原本对项目一无所知的我迅速进入状态，成为项目核心研发人员，之后又到其他企业继续项目产业化，那两年的研发经历不论在人生经历上还是在专业能力上，都让我受益匪浅。

姚老师鼓励我们掌握"硬"知识，要求我们每月按时提交研究报告，学会总结、思考，养成良好的工作习惯。正是姚老师这种做事认真、治学严谨、要求严格、仁爱无私的态度深深地感动并默默地影响着我们，让我们终生难忘。

三、感激–师生缘

姚老师是一位永远进取、不知疲倦的科学家。他是一位儒雅豁达的学者，与同事真诚相待，对学生和蔼可亲。他对每个学生都一视同仁，而且严格要求，不搞特殊化。他博学儒雅、宽厚豁达、严谨谦逊的风范影响着课题组师生，赢得了师生、校友和业界的尊敬与爱戴。

保持初心、坚守信念、迎难而上、快乐奋斗，这些折射出姚老师的梦想和情怀。言传身教、孜孜不倦地传道授业，培育了浓厚的师生情谊。姚老师始终心系世界电介质事业，瞄准学科前沿，不断攀登一座座科研高峰。姚老师捐资设立"姚熹铁电奖学金"，奖励优秀学子；又捐资设立"姚熹基金"，支持中国西部科技创新港——智慧学镇（简称创新港）建设与电子学科发展。他希望影响更多人，带动更多人，期待更多优秀学子投身电介质科学研究。

学为人师　行为世范[①]
——回忆我和我的导师姚熹院士、张良莹教授学习时的小故事
樊慧庆

岁月荏苒、光阴似箭，转眼之间我师从我的老师——姚熹院士、张良莹教授已有30多年了，我于1992年进入西安交通大学电子材料研究实验室这个大家庭，跟随两位先生开始了电子材料与元器件专业的学习与科学研究。

在那个青春岁月，我就是一个懵懂的青年学生，十分有幸本科

[①] 本文写于2022年10月，作者樊慧庆为西北工业大学教授，曾师从姚熹院士。

就读于西安交通大学物理系应用物理专业，大四的一天，在学生一食堂碰到了我的学长，也是后来我的师兄康青。他和我一起边吃早饭边向我推荐说："来电子工程系电子材料研究实验室攻读研究生吧！老师好得很，实验室好得很！"我就这样决定了赶快找资料复习，准备考考看看，最终通过在那年西安最冷严冬的一个寒假的刻苦学习，参加了当年的全国硕士研究生统一招生考试。考试成绩出来后，我得知自己是全系第一名，于是我赶快跑到西安交通大学逸夫科学馆电子材料研究实验室想找姚熹老师沟通，研究室的办公室秘书老师说："姚老师出差了，张老师在隔壁，你去问问！"我到隔壁敲门一看，一位慈祥的女老师映入我的眼帘，我说："张老师，我想报考姚老师的研究生，可以吗？"她将我领到二层的小会议室，坐好后询问了一些我的基本情况，说："姚老师已招收满了免推生，你报我的吧！"我想对着呢，就说："好！"就这样，就成为姚老师和张老师的硕士研究生。

樊慧庆于 1998 年博士学位论文答辩会后与姚熹合影

进入硕士研究生阶段的学习后，第一年，专业课程的学习很快就过去了，张老师给我安排了"超慢弛豫"的研究课题，我通过进入实验室熟悉测试设备、管理测试仪器、阅读相关文献等，逐渐了解了超慢介电弛豫是怎么回事，能测试一些样品的超慢介电响应，分析出其中漂亮的曲线和精妙的科学本意，逐步厘清了介质材料超慢弛豫过程所蕴含的物理机制、材料特质等相关的深层信息，熟悉了这个方向国际国内有哪些团队在开展探索工作，也知道了我们实验室这一方向的来源——张良莹老师随姚熹老师出访美国宾夕法尼亚州立大学材料研究所时开展的原创性研究工作……记忆最深的还是在研究生刚开始阶段，我的思想有些迷茫，出现了去实验室少的状况，在西安交通大学的东梧桐路上，张老师在马路对面看见我，远远地招手叫我过去，询问我实验进展，督促我努力。学期末在其他同学的研究都有进展，我却还没有什么进展可汇报的情况下，老师通过奖助学金发放等激励方式引导我逐渐开始刻苦钻研、独立思考、深入分析，带领我慢慢地步入了电子材料科学研究的殿堂。

1995年3月硕士学位论文提前答辩后，我继续留在电子材料研究实验室跟随姚熹老师、张良莹老师攻读博士学位，姚老师看到我对电子材料有了一些认知，同时考虑到我的物理本科学习背景，就安排我开展与弛豫铁电相关的研究课题，当时实验室和这个方向有关的科学研究恰好在国家自然科学基金重点项目支持下，与清华大学、中国科学院上海硅酸盐研究所一起合作开展基础研究攻关，我也有幸参与其中，并与程忠阳老师、徐卓老师交流学习，共同进步，也通过一起制样、测试、分析、发表文章，与实验室的任巍老师、吴小清老师、刘芸老师以及孔令兵、杨同青、刘鹏、岳振星、王志宏、姚奎等众多师兄、师弟、师姐、师妹建立了终身友谊和学术联系。特别是1996年，我跟随姚老师和翟继卫、师文生、汪宏等师兄师姐们一道奔赴上海，参加了第九届国际驻极体研讨会，在研讨会上，我们展示了自己的研究进展，见识了国际国内同行的学科前沿；还曾亲历姚老师组织的重要国际学术会议，参与接待了姚老师邀请的美国的克罗斯教授、德国的格哈特教授、以色列的西德尼·朗教授等。作为实验室的青年学生，我们可以与这些国际顶尖的科学家一起讨论铁电材料的研究进展，同时提高了英语口语水平，感受到了不同的文化，建立了学术交流纽带。最终，通过刻苦地学习、讨论、实验、交流、发表等，我顺利地完成了博士学位论文《弛豫型铁电体的宏观介电性能与极化机制研究》，并将毕业论文打印初稿通过航空快件发送到当时姚老师访问的新加坡南洋理工大学，很快姚老师就返回了修改后的论文稿，我对照着老师逐字逐句的修改意见和总体建议，认真地润色提升，于1998年春节过后的新学期顺利通过了博士学位论文答辩。从第一次和姚老师、张老师讨论研究选题谈话时我还不知何为"弛豫"，甚至这两个字如何写还是讨论会后询问张志峰老师才明白的，慢慢地弛豫铁电体已经成为我的专业专长。

1998 年我就离开了西安交通大学电子材料研究实验室，但是，许许多多关于我和我的导师的回忆常常在脑海中出现，历历在目，往事难忘……我的青春之心永远地留在了西安交通大学电子材料研究实验室。后来我的许多科学思想、科研教学活动也一直联系着西安交通大学电子材料研究实验室，无论是在西北工业大学凝固技术国家重点实验室从事博士后研究，还是出访韩国国立首尔大学，我都一直惦念着我的老师——姚熹院士、张良莹教授，再到后来自己在西北工业大学材料学院建立了研究实验室，我也时刻以姚老师、张老师为终身学习的榜样，常常想着姚老师说过的"材料科学是介于物理学和化学中间的一门交叉科学，物理学家觉得材料学家是化学家，化学家觉得材料学家是物理学家"。实际上，我们材料科学家就是不断地采用化学的方法合成制备出具有独特物理性能的新材料，发展具有应用前景的高技术。在开展相关方向科学研究和人才培养时，我常常想着力争像我的老师们一样仁爱对待学生、认真认识科学、积极联系世界，为国家培养杰出优秀人才，开展科学创新研究，探索国际友谊合作。

谨以此回忆短文，祝福我的导师姚熹院士、张良莹教授师健康吉祥、万事顺意，祝愿伟大祖国繁荣昌盛、国泰民安。

我对姚老师的记忆[①]
高禄梅

看了迈曾老书记为《姚熹传》写的跋，其字里行间充满了对姚老师的敬意和对学科教学科研贡献的高度肯定，通过点滴细节，深入浅出地还原了姚老师奋斗的一生，也让我一下子陷入了回忆之中。

我于1993年本科毕业，有幸被姚老师、张老师选中留校在实验室做实验员。当时年轻的我对实验这些都不懂，只是听说姚老师学术特牛，这个实验室非常好，但也要求很严。到了实验室后发现，这个实验室纪律规章确实严格。实验室的每个人都非常忙，晚上 10

---

① 本文作者高禄梅为西安交通大学工作人员，曾在姚熹院士的实验室工作。

点后的实验室经常灯火通明。实验室的日常管理工作非常精细，人员每天上下班都要登记打卡，有专门的物品领用登记本，包括一支笔，实验有统一的记录本，实验前必须先做实验准备，包括必须先打扫实验室，保持实验室清洁，温度和湿度合适。实验方案和实验的每个细节都要记到实验记录本上，每次实验都要记清试剂的产地和批号等。在那个时代，这么严格要求的实验室可不多。

我作为一个没有任何实验经验的"小白"，要独立在四楼实验室工作。记得当时给我安排的任务是做水基溶胶凝胶法的钛酸铅系薄膜，其他人做的都是有机基的，遇到困难只能查文献反复试，我的压力巨大。

当时感觉姚老师非常高大，实验室里外国人不断，总有人来参观。我特别喜欢听姚老师讲话，尤其是他讲英语的时候。每次姚老师讲话的时候，他炯炯有神的眼神和快速的语调，都会让人感觉他思维非常活跃，非常有底气、有自信，我们任何困难都不用怕。

当时实验室里几乎都是硕士研究生和博士研究生，有 3 位实验技术人员，另外 2 位已经非常资深了。每天跟研究生和博士研究生一起工作，我感觉自己压力很大。姚老师每周都要检查我们的实验记录，我们每个月都要提交科研进展报告，姚老师对数据和记录检查得非常仔细。我当时的水平很差，但姚老师也会看我的实验并且给予反馈。记得当时安排刘芸老师带着我去再生实验室自制的去离子水系统的阴阳离子树脂提升水质，然后用显微镜观察水里的杂质，刚入职场的我连高倍显微镜也不会用。张老师就让我把显微镜搬到她的办公室指导我用，我非常紧张，通过显微镜也观察不到东西。姚老师过来亲自调设备后我就看到了，他全程只对我说了句"现在调好了你用吧"，然后就走了，完全没有批评我，这让我一下子就放松了，我感觉他理解我就是不会使用高倍显微镜，所以直接教我怎么使用。

在这个环境和这种氛围中，我丝毫不敢懈怠，逼着自己努力学习和工作，自力更生做实验、查文献、管理仪器和写报告，到第三年的时候，我以第一作者发表了人生中第一篇科研文章。之后因为身体原因，我离开了姚老师和张老师的实验室。在离开的时候，张老师问我有没有考虑读个在职研究生，我说怕自己读不出来，为此姚老师专门让我去他的办公室，语重心长地对我说，在这里工作对你要求是比较严格，要求高了点，你也吃了不少苦，你离开也是可以的，但是你要记住，你在这里工作三年中吃的这些苦不会白吃，尤其是养成的工作习惯和能力一定会让你受益终身。后来我还是读了在职硕士生和博士研究生，尤其是在读在职博士研究生时已经在学校 985 班做秘书工作了，工作非常忙，经常加班，只能晚上和周末考虑科研工作，即使这样我也是四年就完成了所有科研实验和论文，非常顺利地得以毕业。

回首往事，在电子材料实验室的工作经历为我日后从事科研和管理工作打下了非常好的基础，让我具备了较好的科研工作素养和能力，养成了良好的科研和实验习惯，以及对待工作要认真负责的态度，对待设备使用和维护、实验室精细化管理有了基本的认识与体会。我从心底里非常感谢姚老师和张老师，感谢在实验室工作的这段经历。

与姚老师的师友情谊四十年[①]

郭汝艳

姚熹先生是我尊崇的师长，也是我学术生涯的指路人。由于姚老师的谦逊平和，我们的师生关系超越了年龄和地域，亦师亦友四十年。

我的思绪回到 20 世纪 80 年代初期的西安交通大学校园，当时借助中美建交和邓小平访美的东风，经过拨乱反正的国家海内外交流之门户渐开，学术活动急切需要与世界接轨。我当时正师从陈季丹先生、刘辅宜老师就读绝缘专业八二硕士班。记得当时的我常常泡在图书馆，靠着馆藏"化学检索"这一"神器"去查阅有关氧化锌变阻器之类林林总总的文献。一旦在西安交通大学找到全文我就拼命速读再加手抄笔录，找不到全文的则列了单子借着调研的机会去其他图书馆搜寻。当年国内高校的文献收藏是十分有限的，海外科研第一手的资料则几乎是零。

① 本文写于 2023 年初春，作者郭汝艳为美国宾夕法尼亚州立大学教授，曾由姚熹院士推荐师从宾夕法尼亚州立大学克罗斯教授。

2006年4月，姚熹等在西安交通大学合影
前排左起：冯祖仁、郭汝艳、姚熹、陈天宁，后排左起：汪宏、徐卓、任巍

姚老师是西安交通大学电子工程系的知名老师，是1979年中美建交后迈出国门的第一批访美学者和改革开放后第一批获北美理工博士学位的留学生。由于我的导师刘辅宜老师是20世纪50年代介电物理研究班时姚老师的同学，所以我知道姚老师的大名已久。但我第一次听姚老师的授课应是1984年姚先生开讲的铁电陶瓷研究生专业讲座。1983年回国的姚教授把我们这些硕士研究生的视野直接引到了国际科研前沿，这门当时西安交通大学唯一的全英文讲授的专业课，也成了我进入铁电材料领域的入门课。当年的笔记已无迹可寻，但姚老师深入浅出讲授的内容，如钙钛矿结构与铌酸锂结构的类同和差异，至今让我印象尤深，使我受益匪浅。

1985年，我（就读于宾夕法尼亚州立大学）和校友彭平（就读于理海大学，Lehigh University）有幸成为姚老师推荐赴美攻博的第一批西安交通大学的学子。此后，我估计姚老师推荐赴美及去世界各地求学深造的学人已是不下百个。姚老师是名副其实的西安交通大学北美留学梯队第一人。姚老师和其他几位早期赴美的学者的访问研究填补了中国介电和电子陶瓷领域多年来在世界舞台上的空白，他的卓越表现与醒目成就为西安交通大学留下了一张闪光的名片，也为交大人和国人学子开辟了一片奋斗的天地。这四十多年来，中国介电材料研究与世界科研的接轨，铁电陶瓷学科的奠基和电子陶瓷科研的迅猛发展，已将当年寥寥可数的几家高校几个科室的研究规模变到现在多团队、多梯队、世界瞩目的科研主力军，姚老师作为中国介电和电子陶瓷学术带头人居功甚伟。他不仅始创了西安交通大学的电子材料研究实验室，也是西安交通大学国际电介质研究中心的奠基人。他发起的亚洲铁电学会议（Asian Meeting on Ferroelectricity，AMF）使中国的辐射作用涵盖亚洲，创建了英文国际期刊《先进电介质学报》，把介电研究从中国推向了世界。他的远见卓识、对科研和教学的热忱，以及在学科领域中的影响力，使他为中国乃至世界的电子功能陶瓷的研究做出了历史性的贡献。

对我而言，1985 年的夏天无形中成为我学术生涯和人生轨迹中的重要里程碑。我感谢姚老师的知遇举荐，能到宾夕法尼亚州立大学材料研究所这一世界瞩目的铁电研究中心深造是非常难得的机会。紧随姚老师的脚步，四年后我在宾夕法尼亚州立大学的克罗斯教授指导下取得固态科学博士学位，并获得 1990 年材料领域最佳博士学位论文的"施乐研究奖"。我于 2002 年就任美国陶瓷学会电子分会主席，2004 年成为宾夕法尼亚州立大学电气工程系的终身教授，也刷新了该系 100 多年没有女性正教授的历史。近 15 年来，我任讲席教授，就职于得州大学圣安东尼奥分校，曾任电气工程与计算机工程系主任；近年来，亦曾任美国国家科学基金会电子光子和磁性元件项目主管。为了能够在事业上一步一个脚印地走下去，我践行了西安交通大学果毅励志、精勤求学的传统，并得益于在硕博科研中锻炼出的基本功。回顾四十年来我的事业和心路历程，我很

2008 年 8 月 5 日，姚熹（左一）、郭汝艳（右一）、
克罗斯（中）等合影

感谢给予我关切和鼓励的老师和同学，而我特别感谢姚老师，他是激励我在事业中前行的楷模，也是帮助我维持内心平衡的精神上的知音。

作为一位优秀学者的姚老师集睿智、求真和诚恳于一身，位尊而不颐指，名重而存淡泊。同姚老师交谈时，我可以直抒胸臆，我感受到的是一种心智的沟通，抑或是一个升华的过程，而我有数次这样难得的机会与姚老师长谈。我深有感触的是，姚老师对同事的真诚合作不存疑虑，对学生的全力提拔不留后手，对友人的赤诚相待亦不因时过而境迁。姚老师的名声成就固然如雷贯耳，但他在学术上的认真、他的不趋炎附势、他予人以理解和宽容的人格魅力则是他最为令我敬服的地方。

姚老师有过经历战乱的少年时代并经历了国内坎坷的各种社会进步与变革。从这一点上说，姚老师和我已故的父母（他们也是教师）有着同样的复杂情愫：对国家和学术界爱之深，忧之甚，期望也是至殷。姚老师和我有在宾夕法尼亚州立大学求学的共同经历，也沟通了我们对国内外科研体制和高校人才培养现状的共同关切。姚老师特别鼓励我要利用美国宽松的学术环境，持之以恒，扎稳基础，深入做研究，避免急功近利、不求甚解的学风。我在钨青铜铁电复合体方面的研究曾经得到了姚老师的期许和鼓励，我在半导体材料和非线性光电材料的教学与研究方面也数次得到姚老师的关心。数年前，姚老师注意到我所在的实验室提出的生物多铁材料的研究，他表示出很大的兴趣并充分肯定了这方面的巨大潜力。这几年我的实验室在发展纳米机器人方面做出了一些成绩，与姚老师的鼓励不无关系。

四十年来我与姚老师的相聚多是短暂的，过去的十几年则基本局限于国际会议上的见面和简短问候，但我和姚老师的联系一直没有中断过。姚老师对我的关心和鼓励，在四十年中，也从未因地域的遥远、分离的时间、身份的变化而有些许淡漠。2016 年我和阿马尔·S. 巴拉教授途经上海时，因为时间有限，来不及登门拜访，81 岁高龄的姚院士和张良莹教授竟不辞辛劳亲临南京路旅馆相聚，品茗话旧，师友情深，这使我十分感动。

2016年3月19日，郭汝艳（左一）、姚熹（左二）、阿马尔·S. 巴拉（右二）、张良莹（右一）合影（摄于上海）

姚熹（中）、张良莹（右）与郭汝艳（左）合影（摄于上海）

姚老师经过几十年的辛勤耕耘，早已是桃李满天下，学生达五洲。老师领科学研究之先，著作等身，为海内外学术界称道，为民族与世界的科研事业做出了重大的贡献。我恭祝姚老师的九十寿辰，同时衷心感谢姚老师对我学术生涯的深刻影响和关心爱护。祝愿姚老师在未来的岁月中身体康健，继续为老师倾心的介电和电子材料科研事业护航，为国家和世界的科研添栋梁人才。

姚熹教授教学科研六十年有感[①]

孔令兵

风雨兼程六十年，科教兴邦勤奉献。
杏坛耕耘整甲子，桃李芬芳春满园。
扎根西北报国志，立足古城谱新篇。
改革开放逢机遇，西学中用深钻研。
宏畴微畴巧构想，拨开疑云解谜团。
低烧电容浑然体，陶瓷王国一片天。
纳米复合显远见，开疆拓土走前沿。
以身作则立榜样，诲人不倦予良言。

我的导师　我的偶像[②]

李邓化

第一次听说姚熹老师的名字是在 1982 年，那时我在西安交通大学读本科四年级，学的是电子元件与材料专业。听教研室的老师说，姚老师在美国宾夕法尼亚州立大学做访问学者，并且用很短的时间就获得了博士学位，在电介质物理领域取得了优秀的成果，令美国人刮目相看。我们专业的同学虽然都没有见过姚老师，但都对他佩服得五体投地。那时我们的想法很简单，谁长中国人的志气，我们就佩服谁。我们是恢复高考后的第二届学生（78 级），那时我们的口号是"为中华民族之崛起而读书"，姚老师就是我们的楷模、我们的偶像。我们都想成为姚老师的学生，亲耳聆听他的教诲，但是姚老师回国的时候，我们已经毕业了。做姚老师的学生，成为我的梦想。

---

① 本文作者孔令兵为西安交通大学 93 级在职博士研究生。
② 本文作者李邓化为北京信息科技大学教授，曾师从姚熹院士攻读博士学位。

在我本科毕业离开西安交通大学十几年后，梦想成真了。我是如此幸运，能在姚老师门下攻读博士学位。在导师的呵护和精心栽培下，我于1999年顺利获得博士学位。之后的二十多年间，在我的教学科研生涯中，我依然不断得到导师的指导。姚老师学识之渊博、造诣之深厚、品德之高尚、待人之谦恭令我钦佩，终生难忘。记得在做博士研究生期间，需要测量一个物理参数，由于没有专用设备，我便自己搭建了一套测试系统，测量结果与计算结果有较大差距。姚老师查看了测试系统，很快就发现电路设计上的缺陷，并指出引起测量误差的具体位置。这个测试系统，不是我课题研究的范畴，只是一个辅助装置，一位大教授、院士，对于学生的指导如此深入细致，令我感动。更令我感慨的是，如今非硬件专业的专家教授能一眼看出电路设计问题的人可不多。

在我的印象里，姚老师和蔼可亲，总是面带微笑，在指导我做论文过程中从不批评，说得最多的话是"你恐怕还得在某某方面注重一下，可能效果会更好一些"。老师的这种育人之道，后来也被我学着用到了我的学生身上。正是因为姚老师和蔼可亲，我在老师面前才得以无拘无束。毕业后，每次见到老师，我们总是谈一些学术研究以外的话题。一是谈学术的话题我有可能接不上，二是谈一些令老师高兴的其他话题可以让老师换换脑子。2018年6月21日，老师在华东医院住院，我和翟继卫一起去看他，老师非常高兴，谈到高兴处，老师开怀大笑，我趁机在老师面前做了一个笑脸的手势，照相机及时记录下了这个美好的瞬间。老师那爽朗的笑声，在我脑海里久久回荡。

2018年6月21日李邓化（左）与翟继卫（右）到华东医院看望导师姚熹（中）

我的导师不仅是一位蜚声中外的科学家，而且是一位风度翩翩的谦谦君子。

姚老师，我的人生导师，我的偶像，我永远的榜样。

饮 水 思 源[①]

李永祥

一个人遇到好老师是人生的幸运。

我就是当年西安交通大学莘莘学子中最幸运的一个，因为在这里我遇到了我的恩师姚熹。姚老师对我学业上的谆谆教诲、生活上无微不至的关怀、人格上潜移默化的影响，让我终生难忘！

1980年，我被西安交通大学录取，经过本科、硕士、博士直到1991年毕业，在西安交通大学学习和生活了整整11个年头，亲身经历和目睹了母校整个80年代的发展变化。

大四最后一学期（1984年2—6月）做毕业设计课程时，我第一次有机会和姚老师接触，感觉他和蔼可亲、平易近人。有一天，在图书馆查阅资料时，我有幸读到了姚老师编写的教材《无机电介质》和《电介质理论基础》。在大学读书期间，我们对于出版专著的老师都非常崇拜，尤其是他们还是我们的老师并亲自给我们授课，这让我觉得自己无比幸运和骄傲。从此，我对姚老师有了更多的了解，他的形象在我的心目中渐渐高大起来。

1984年9月，我的硕士研究生生活开始了，研究方向还是电气绝缘测试技术，其间我们有一门"专业研究前沿"课，这门课邀请了不同专业方向的老师来讲解研究动态和前沿，其中就邀请了姚熹老师给我们做了两次学术讲座。那时，姚老师刚从美国宾夕法尼亚州立大学获得博士学位载誉学成回国，讲解了他在"微畴-宏畴转变"理论以及超顺电方面的研究成果，我感觉姚老师的讲座内容非常"高大上"，特别渴望了解和学习这方面的知识。我又听同学说，姚老师当时正在给元件专业的研究生上一门专业基础课，全部用英语讲解。时值改革开放初期，人们对于发达先进国家的故事抱有极大的热情和好奇。我就多次去"蹭"课旁听，在那里第一次听到了

---

① 本文作者李永祥为中国科学院上海硅酸盐研究所研究员，曾跟随姚熹院士攻读博士研究生。

宇宙创生大爆炸最初三分钟所发生的故事，地球矿物结构与元素丰度、化学键与晶体结构、快速凝固与非晶金属、晶体结构与物理性质等知识。姚老师讲课深入浅出，旁征博引，理论与实际应用相结合，注重与国内外发展状况相比较，将不同知识点相融合。他的知识储备丰厚，人格魅力崇高，令我非常羡慕和敬佩。

姚老师讲授的"结晶化学"，是宾夕法尼亚州立大学著名材料物理和冶金学家纽纳姆的一门有着广泛影响的课程，按当今的话说就是名师名课。毕业之后，我在东南大学、中国科学院大学、上海科技大学等学校多年的教学工作中，都将"结晶化学"融入研究生的课程中，这都得益于姚老师的教诲。

1986 年，国务院批准了《高技术研究发展计划纲要》，姚老师被吸收为首批 863 计划专家委员会委员和无机功能材料方面的责任专家（1987—1996 年）。他积极参与制定和实施 863 计划中的新材料发展规划，把"精细复合功能材料"研究作为材料科学方面探索的前沿研究方向列入了该计划。

1987 年初的一个晚上，姚老师刚从北京开会回来，在 1200 大教室，他为我们兴致勃勃地讲解了我国即将实施的 863 计划，并详细介绍了他对"精细复合功能材料"的研究构想、研究内容及其目标和远景的看法。我深深地被姚老师的激情所感染，尤其是他关于材料科学各个方向之间关系的"伞形模型"，以及描述材料科学家的"四像四不像"的见解，非常传神形象，至今我仍记忆犹新。当时我临近硕士研究生毕业，正处于人生十字路口的迷茫中，听了这次报告，我的脑海里出现了一个越来越清晰的念头：师从姚熹老师，以他为榜样，献身科技，进一步深造，争取更大的发展空间，用科研成果为祖国的发展和科技进步贡献力量。

目标既定，立即实施，我坚持了三个多月，把相关的化学键、晶体结构、表征技术、铁电压电物理等内容统统学习和梳理了一遍，做了大量的自学笔记，反复研读，终于顺利通过了笔试和面试，如愿以偿成了姚老师的学生。

1985 年姚老师的研究成果获得了美国陶瓷学会的"罗斯·科芬·珀迪奖"，3 年后的 1988 年，J. G. 贝德诺尔茨（J. G. Bednorz）、

K. A. 穆勒（K. A. Muller）因高温超导体获得这个奖项。35 年后的 2020 年，姚老师的弟子徐卓和李飞再次获得这个奖项，为母校和祖国再次争得荣誉。

姚老师在他的博士学位论文中首次发现了铁电陶瓷中的晶粒压电共振现象、弛豫铁电体中的"微畴-宏畴转变"现象，以及后来新的压电复合材料的发现，这些使姚老师敏锐地觉察到，在亚微米尺度之下铁电体将有更大的研究机会，从而提出了精细复合功能材料的概念，提出了探索创造性能优异的新材料的设想。姚老师的建议很快被采纳，并在 1986—1987 年国家自然科学基金重点项目和 863 计划专项中获得立项。在姚老师的办公室里，他向我描述了精细复合功能材料的设想和研究方案，确定了我的研究方向——863 计划项目中的"0-3 型精细复合材料"，重点是研究钛酸铅超细粉，这是因为钛酸铅具有高的居里温度和大的各向异性。姚老师建议我先从溶胶-凝胶工艺的探索开始。我是研究室第一个研究这项工作的学生，当时几乎没有可以参考的文献资料，也没有与之相关的报道，只记得自己仅查到一篇浙江大学关于溶胶-凝胶制备硅玻璃的中文文章。英文文献也是寥寥无几，我是在姚老师从国外带回来的国际铁电学应用会议论文集中找到的。就这样，我们开始了一边学习，一边实验，失败再失败，在失败中总结教训的科研之路。经过无数次试错，最后终于获得了粒径为 100—300 纳米的钛酸铅超细粉体。另一个技术路线是开展水热法控制超细粉形貌的研究。我从一本化学课本上找到了一张高压釜的示意图，依照该图，精心设计绘制出了图纸，加工成一个自制的高压釜装置。为了解决超细粉体团聚问题，姚老师参考自己收藏的俄文资料，指导我利用在绝缘专业学到的高电压知识，搭建了一套电水锤解团聚技术，有效解决了超细粉体团聚问题。在该项研究中，我们用的两种化学试剂是钛酸四丁酯和四氯化钛，学校的化学试剂仓库没有这种特殊试剂的库存，我们就到大差的化学试剂商店去买，为了赶时间和节省科研经费，我们就自己直接去北郊仓库提货，来回骑的是自行车，北郊路况不好，载重车来来往往，尘土飞扬，地面坑坑洼洼，每次买材料回来，浑身泥土污垢，但我们心里充满快乐，没有一句怨言。

在为期大约三个月的粉体样品制备后，我们发现材料的表征尤为重要。当时，很多测试都要借助校外的仪器设备，不但费时，而且费钱。所以，在筛选检测样品时，我们格外细致慎重。比如，X射线衍射需要到金相教研室或热工研究所去做；在姚老师联系和安排下，我和储凡同学曾两次去洛南县的4310厂电子浆料研究所，在他们一条从日本引进的浆料生产线上，有一个粒度分析仪，在那里，我们获得了宝贵的颗粒度分析数据。在姚老师和复旦大学宗祥福老师的安排下，我和孙洪涛同学一起，花了一个多月时间，到复旦大学国家微电子材料与元器件微分析中心做透射电镜，在高分辨率透射电镜下首次发现：粒径为10纳米的钛酸铅颗粒，c/a值仍然保持四方相的铁电相结构。

"工欲善其事，必先利其器。"从1985年开始，作为实验室主任的姚老师多方奔走，为电子材料研究实验室的筹建付出了极大心血。从1986年开始，着手创建电子陶瓷与器件教育部重点实验室，经过三年努力，1989年经国家计划委员会和国家教育委员会批准成为世界银行贷款专业实验室，是全国七个试点实验室之一。

令我至今难以忘怀的是，1988年初申请世界银行贷款时，由于时间紧、任务重，在姚熹和张良莹老师的带领下，全研究室的老师和学生立即行动起来，投入申请材料的准备工作中。姚老师不停地撰写材料，手稿写好后就分发给我们进行计算机输入和编辑。当时全研究室只有三台国际商业机器公司（IBM）个人计算机的兼容机（PC兼容机），用的是一种汉化的磁盘（DOS）操作系统和（华军）拼音输入法，效率很低（与后来的Windows操作系统完全不能相比）。在姚老师的带领下，整个团队分工明确，配合默契，工作热情空前高涨，经过三天两夜的加班加点，当太阳升起的时候，我们看到了一本厚厚的计算机打印版申请书，所有的辛劳和疲惫都化作了前行的动力。

1990—1991年，在世界银行贷款的支持下，实验室先后引进了先进的粒度分析仪、X射线衍射仪、热分析仪、钇铝石榴石激光器和光学平台等，实验室也搬到了新家——新建的宽敞明亮的逸夫科技馆。该实验室于1992年开始对外开放，1995年通过国家验收，成为国家专业实验室，2000年8月被批准成为教育部重点实验室。

姚老师提出的"精细复合功能材料""超细粉体"等概念，具有多个首次和前瞻性，我们开展的溶胶-凝胶法和水热法制备超细粉体技术具有创新性与引领性。从1992年前后开始，"超细粉体"研究快速转变成为"纳米粉体"研究，此后，纳米材料、纳米复合材料成了风靡一时的热点方向。

姚老师不但是一名材料科学家，还是一名优秀的电子工程师，在长期的研究工作中，他深知科研设备的重要性，带领学生研发了多种先进的测试技术和仪器，如铁电回线测试技术、超慢极化电流介电谱测试技术、高温介电温谱测试技术以及直流电极溅射仪等，为后来拓展研究领域和提升研究水平奠定了很好的实验基础。

多年来，姚老师给我们提供了很多难得的学习和交流机会。在读研的4年中，姚老师多次推荐我参加863计划项目的年度和结题评估会议，参加全国和国际学术会议，并鼓励和锻炼我上台做报告，接待来访的国内外著名学者，使我有机会认识和请教仰慕已久的前辈大家，他们有严东生、殷之文、张孝文、钟维烈、克罗斯、纽纳姆、保罗·哈根米勒等。他们那种热爱科学、热爱生活、豁达风趣、艰苦奋斗、开拓创新的精神熏陶着我、感染着我、激励着我，使我树立起了生命不息、奋斗不止、一心投身科教事业的人生理念。

在人生最为关键和宝贵的青春年华，我能在西安交通大学求学并师从姚熹老师，是一种天赐的缘分，也是我一生的荣耀。姚老师是我学习的榜样，是指引我前行的灯塔！尤其是姚老师关于863计划的那次讲话我会永远记着："科学没有国界，我的使命就是不遗余力地推动铁电研究，在更大的领域内让电子陶瓷材料为人类造福！"

祝姚老师健康长寿，再创科研佳绩！

一生的榜样：姚熹院士

刘卫国[①]

回首职业生涯，最重要、影响我一生决定的是师从姚熹、张良

---

① 刘卫国，西安工业大学党委书记，曾师从姚熹院士攻读博士学位。

莹教授。年届耳顺，但拜师的过程历历在目，记录这一段回忆，以感恩两位恩师。

2024年6月初识中国电子科技集团公司第二十六研究所首席科学家马晋毅研究员，谈起他作为主编的《压电与声光》杂志，勾起了我深深的回忆。这本杂志给我留下至深印象，有诸多原因，首要和最重要的是我在上面第一次拜读了姚老师关于微畴和宏畴转变的论文，对畴的概念有了粗浅的认识，更是自此开始关注姚老师和他的研究工作，并萌生了在姚老师指导下攻读博士学位的最初念头；二是在西安电子科技大学攻读硕士学位期间尝试写作的第一篇学术论文，就是被《压电与声光》录用，随后又在其上陆续发表了另外两篇习作，现在回想，也是受姚老师在同一本刊物发表文章的激励；三是由于其专业性，在相当长的时间里，《压电与声光》是我必读的一本刊物。

在里根来华到访西安的新闻中，得知姚老师应邀陪同访问，我对姚老师的崇敬之心更加强烈，在姚老师指导下攻读博士学位的念头得以坚定。最终，这一念头在与姚老师的书信来往和当面聆听指教后成为决心。

虽是决心，也还是历经5年才得以实现。

西安电子科技大学与西安交通大学虽在同城，但20世纪80年代于两校间来往一次也颇费周折，加上总觉得冒昧而不敢面见，于是在1987年中我给姚老师写了第一封信，大意是表达了攻读博士学位的愿望，同时把发表的文章随信附上以求斧正。随后的事情让我喜忧参半。喜的是：不多久我就收到了姚老师的亲笔回信，并且是长长两页纸的内容，表达了对我攻读博士学位意愿的认可，以及对我所做工作的鼓励，可以想象收到回信后我能感受到的极大激励。忧的是：按照当时学校的政策，秋季不能报考博士学位，只能期待毕业分配到工作单位后，在春季再行报考。没有想到的是，到了工作单位，报考博士又有了工作年限的要求，这一耽搁就是5年。5年间，我完成了2项研究课题，以第二完成人身份获得国家科学技术进步奖，小有收获。但是心中对读博提升和丰富自己的愿望始终没有放弃，其间又通过书信向姚老师汇报过工作和想法，同样都得到姚老师的及时回复，所获鼓励无以言表。

那五年没能追随姚老师学习甚是遗憾，但是在西安工业大学跟随同是交大学人的严一心教授，积累了光学工程学科领域的知识，也形成了我整个学术生涯跨界于光学工程和微电子学与固体电子学领域的特点，研究工作广而不深，但总得到学科知识间相互的启迪。

时间来到 1992 年初，心中的执念依旧，我终于有机会走进姚老师的书屋，两排高至屋顶摆放满满的书架、办公桌两端高高叠放的资料，那情景给了我极大的震撼。那次拜会时间不长，但是姚老师把渊博的指点娓娓道来，极大地坚定了我立刻投身备考的决心，至今我书架的显著位置上还摆放着姚老师推荐的、我读了多遍的参考书：纽纳姆的《晶体物理与化学》。

最终，我的笔试成绩应该说是平平，接着是面试。张良莹老师主持了我的入学面试，程忠阳、刘芸、吴小清老师参加了面试。我以当时在准备但是之后没有发表过的一篇论文初稿，汇报了我对铁电薄膜中应力对其性能影响的粗浅认识，几位老师给予全面的点评，让我意识到学路漫漫、所知肤浅。最激动的当然是收到录取通知书，那一年，春季的学长是姚奎、秋季的同学是赵青春。

记叙这一段，是要表达对姚老师为师之德的崇敬之心，姚老师对待一位素未谋面的在读硕士研究生成长意愿的肯定和鼓励，成为我不放弃初心的动力，更成为我日后从事教育工作追求的榜样。

拜师入门，影响了我一生的学术道路。

让我有机会常常得到姚老师、张老师的耳提面命，感受姚老师待人接物的温善谦逊、不卑不亢，对待工作的充满激情、全身心投入；感受张老师对学生学习和生活的关爱与期许。

让我有机会担任 1995 年举办的亚洲铁电学会议的秘书助理，亲眼见证姚老师广泛汇聚全球学术资源，把亚洲铁电学会议开成了一次成功的大会。2025 年，将在新加坡迎来第十届亚洲铁电学会议暨创办 30 周年。1995 年 7 月，我还有幸与阚文修师兄一起以学生身份参加和观摩了第八届欧洲铁电学会议。这些经历，锻炼了我的外语交流能力，开阔了我的学术视野，更让我深刻体会到国际学术交流的重要性。

让我有机会在姚老师的鼓励下，于取得博士学位的第二年，也就是 1996 年就以讲师的身份越级破格晋升为教授。

让我有机会在姚老师的鼎力支持下，1999 年初赴新加坡南洋理工大学，在朱伟光老师的指导下开展访问研究。在姚老师、朱伟光老师、陈伟强老师的推荐下，2001 年受聘为南洋理工大学讲师，开了中国博士学位持有者加入南洋理工大学教职的先例。我想，这些都是学界对姚老师育人成就和崇高品格高度认可的结果。

让我有机会遇到了那么多优秀的同门兄弟姐妹，他们的优秀一直激励着我。比如孔令兵师兄，他作风踏实、孜孜以求，无私地牺牲个人时间，为大家提供 X 射线衍射（XRD）分析服务。再比如新一代的佼佼者，特别是像徐卓老师指导的李飞等，真是江山代有人才出。姚老师和张老师的谆谆教诲，是我们成长的不竭动力，相信这是大家的共同感受！

这段回忆最重要的感悟是：师从姚老师、张老师三年多的博士生涯，我收获的除了那篇博士学位论文和对科学研究更深入的认识外，更重要的是姚老师和张老师是我一生的榜样力量。

衷心感谢姚老师、张老师，祝二位健康、幸福，学术榜样永续！

尊师姚熹：我学术生涯的开门人、引路人和榜样[①]

刘　芸

我本科读的是半导体物理与电子技术专业。第一次见到姚老师是在 1984 年之前本科毕业之际，姚老师给电子系学生做了一次报告。当时我对姚老师的工作还不了解，只知道他是从美国回来的教授。他的讲座十分精彩，让人听后很振奋。当时，我感觉搞科研是非常有趣的一件事情。后来，我在工业界参与建设了一条混合集成电路生产线，做了 4 年工艺工程师和电子工程师，并在第一年工作期间回到西安交通大学电子系的电子元器件专业进修电子材料，从此开始逐渐认识到材料对电子元器件性能的重要性。1987 年，我报

---

① 刘芸，澳大利亚工程院院士、澳大利亚国立大学教授，1988—1991 年和 1993—1997 年分别是姚熹院士的硕士、博士（在职）研究生。1991—1998 年在姚熹院士领导的电子材料研究所工作。

考了电子元器件专业硕士研究生，并在 1988 年成为姚熹老师和武明堂老师的学生，研究课题是姚熹老师、武明堂老师和殷之文老师（中国科学院院士）的国家自然科学基金课题"用微畴宏畴转变实现在透明 PLZT 铁电陶瓷的光电存储"，从此与"畴"结下了不解之缘。

在硕士学习期间，姚老师严谨的科学态度、敏锐的思维和丰富的科研经验让我终身受益。姚老师每周都与我讨论课题进展和实验结果，给出清晰、明确的建议。我记得有一次我用的一个锁相放大器产生了噪声信号，姚老师就告诉我换一个什么样型号的元器件就能够去掉这个噪声信号。我骑自行车去小寨电子市场购买了一个器件换上后发现噪声不见了。当时我对姚老师佩服得五体投地，感觉姚老师太棒了！我因此了解到为什么姚老师能够发现微畴-宏畴转变，而别人却把它当成噪声信号忽略掉。我也从而体会到作为一位科研工作者，一定要努力钻研，关注各个细节，多多扩展自己的知识和技能。科学发现不是运气，而是综合知识和技能努力研究的积累。

1991 年，姚熹老师和部分硕士研究生（左一为童军，右二为刘芸，右一为孟庆生）在西安交通大学图书馆前合影

在我硕士学习期间，姚老师还亲自给我们讲授了研究生硕士课程"晶体化学"。当时的一个家庭作业是分析不同空间群的对称操作。我被分配到 P–42m 空间群，记得姚老师对我的评价很高，说这是一个比较难的问题，我做得很好，这让我深受鼓舞。毕业以后

我留校任教，姚老师交给我的第一个研究任务是调查微畴里发生了什么。为此，他还送给我一本他复印的英文原版书《晶体化学》。我英文底子差，就逐字逐句地反复阅读，从中学到了很多东西，为今后的工作打下了深厚基础。当时，我曾经尝试用透射电镜做电子衍射实验，却发现自己的结晶学知识太薄弱，无法在这个领域进行深入探讨。后来我改变了研究方向，但这个问题一直萦绕在我心头：强关联的固相材料在小尺度上面到底会发生什么？

1993—1997年，在姚老师的指导下我获得了博士学位，1998年姚老师派我去日本工业技术研究院九州分院承担他和日本学者的合作项目。在那里，我迅速完成了合作项目，日本的导师给了我很大的研究自由度，从而我能够有机会去使用日本的中子设备以及当时刚刚建成的世界上最大的同步辐射设备（Sping-8）对材料进行结构上的探索。我再一次深感到自己在结晶学方面的不足。1999年，姚老师到我所在的日本工业技术研究院九州分院访问，在他访问期间与他的长谈，促使我去寻找新的机会进一步丰富自己在结晶学方面的知识。2001年，我来到了世界上著名的结晶学"三剑客"——雷·威瑟斯教授（Ray Withers，从事电子衍射技术局域结构分析）、理查德·韦尔贝里教授（Richard Welberry，从事单晶X射线衍射局域结构中的分析）、戴维·里教授（David Rie，从事X射线衍射结构分析）——所在的澳大利亚国立大学。作为一名博士后，我在导师雷·威瑟斯教授的指导下系统学习了电子衍射技术与结晶学的知识，从而开始了我对功能材料局域（"畴"）结构的探讨。记得我第一次了解了弛豫介质材料铋基焦绿石的局域结构，心情非常激动。那年我把试验结果做成新年贺卡送给姚老师。终于在20年之后，我给姚老师交上了作业。之后，我在澳大利亚核科学技术组织仪器科学家的帮助下在中子束上建立原位（变电场、温度和压强）结构表征方法，对弛豫介电、铁电、反铁电及压电等一系列极性功能材料进行了系统和深入的研究。我还在澳大利亚国立大学开创了材料化学研究方向，并设立了澳大利亚第一个材料化学本科课程，把我学习的知识传授给本科生。

1997 年，刘芸参加博士学位论文答辩

1997 年，刘芸博士答辩时与导师姚熹院士和张良莹教授合影

1999 年，姚熹老师访问日本工业技术研究院时游日本九州阿苏复式火山

回顾自己的成长历史，我非常感谢姚老师。他是我学术生涯的开门人、引路人和榜样。姚老师严谨的科研态度让我终身受益。我也用这种精神指导自己的学生，传承这种严谨的科研精神。

我的导师姚熹院士[①]

任　巍

我们团队的发展依托于姚熹老师创建的电子陶瓷与器件教育部重点实验室，从一开始由两三个人组成的铁电薄膜方向研究小组发展到现在由 8 位教授、11 位副教授、近 30 位教师组成的铁性材料与集成器件研究所。我们的团队秉承着姚熹院士的教育思想，十分重视青年人才的引进和培养。我们现在研究团队有国家级特聘教授 2 人、国家级青年人才计划 4 人，我们在铁电薄膜与微纳器件、磁电复合材料与器件、新型功能材料与应用等方面做出了一些创新性的工作，具有一定的影响力。近几年在《科学》等国际知名期刊上发表了一批具有影响的论文，多项研究成果获省部级一等奖和二等奖。

姚老师十分注重青年教师的培养，积极创造条件，为研究所的青年教师的发展提供机会。20 世纪 80 年代，姚老师是 863 计划新材料领域第一届专家委员会委员，姚老师等前辈在新材料领域设立了新型介质陶瓷、纳米复合材料以及新型纳米薄膜材料等研究方向。姚老师积极推荐我们研究所的青年教师参与和承担这些研究课题，挑大梁。我们所里的青年教师经过多年的努力，多位教师已经成为这些研究方向的国内外知名学者。姚老师鼓励青年教师拓宽国际视野，推荐青年教师出国参加国际会议和进修访问。姚老师与国外的许多著名高校和研究所建立了合作关系，为我们青年学者到国外学习和深造提供了良好的条件。比如说我们铁性材料与集成器件研究所与德国海因里希-赫兹研究所的雷蒙德·格哈特（Reimund Gerhard）研究小组建立了长期的合作关系，选派一批研究所的青年教师到德国进修学习。我是这个计划的第一位出国的青年教师，于 1992 年 10 月到德国柏林开展了一年多时间的访问研究。我和格哈特教授的合作就是从那时候开始的，在这 30 多年的时间里，研究所

---

① 本文作者任巍为西安交通大学教授，曾师从姚熹院士。

派出了大量的青年教师和研究生，通过合作研究和学习的方式取得了一批合作成果。格哈特教授及其团队也多次到西安交通大学访问和研究。我和格哈特教授发起了中德有机无机复合材料及应用双边系列研讨会，我们二人分别担任中方与德方的会议主席，这个会议已经在中国和德国成功举办了三届，由于疫情的原因，第四届会议推迟到 2023 年在德国举行。姚老师不只推荐了我，而且给我们研究所的其他青年教师也提供了出国学习的机会。我记得当时实验室有多位青年教师都有出国学习和进修的机会。

姚老师在电子陶瓷领域取得了具有国际影响的成就。我于 1998 年有幸到姚老师的母校——美国宾夕法尼亚州立大学材料研究所进修访问。宾夕法尼亚州立大学材料研究所是国际上研究铁电材料和电子陶瓷的几个中心之一。姚老师是 20 世纪 80 年代初在宾夕法尼亚州立大学材料研究所取得博士学位的，在该所说起姚老师的传奇故事无人不晓。姚老师在 20 世纪 80 年代初仅用一年多的时间就取得了博士学位，创造了宾夕法尼亚州立大学固态科学博士攻读时间最短的纪录。姚老师是我国改革开放后第一个在美国取得博士学位的中国学者。我于 1998 年初到宾夕法尼亚州立大学材料研究所，在美国国家工程院院士苏珊·特罗莱尔-麦金斯特里（Susan Trolier-McKinstry）教授课题组进行研究。我在实验室走廊上看到，姚老师当年有关铌酸锂双晶与多晶陶瓷研究的博士学位论文仍然在实验室进行展示。作为姚老师的学生，我为此感到无比自豪。苏珊教授的公公老麦金斯特里（McKinstry）当年是姚老师在宾夕法尼亚州立大学的合作者。苏珊教授从老麦金斯特里那听到了姚老师的许多故事，每每谈起姚老师都充满了敬佩之情。苏珊教授在全所每周例会上介绍我是来自中国姚熹实验室的学生，我因此受到了大家的热烈欢迎，不仅感到自豪，也感到压力，下定决心一定要努力工作，不能给姚老师抹黑。我在苏珊教授课题组做了几个课题，其中一个课题是进行焦绿石介质材料薄膜化的研究，姚老师领导的西安交通大学课题组在这个材料体系的陶瓷领域已经进行了多年研究，在这个方向的研究成果居国际领先地位。我根据西安交通大学的研究成果，确定了立方和单斜两个组分进行薄膜制备与性能研究。根据以往焦绿石材料的研究结果，这个材料体系具有介电强度适中、损耗极低的特点，是制备优良薄膜电容器的材料。在一次偶然的实验中，我发现了立方焦绿石薄膜具有介电常数可以被直流偏压电场进行调制的现象。一开始我认为这是实验误差，因为在非铁电材料中还没有介电常数可以被介电直流电场调制的报道。姚老师多年培养的科研素质提醒我，看起来不正常的现象有可能蕴含着新的东西。我连续几天重复制备薄膜样品，反复测试，发现这个现象可以重复出现在非铁电的立方焦绿石薄膜中，且立方焦绿石薄膜存在介电常数可调的现象。我将这个结果报告给苏珊，苏珊教授也非常疑惑，于是我们一起找到了国际铁电学的泰斗、姚老师的导师——克罗斯教授。克罗斯教授看后非常高兴，他认为我们发现了一种新型的介电可调材料。相对于传统的铁电介电可调材料，焦绿石介电薄膜具有介电常数适中、介电损耗极低的特点，是制备各种低损耗的移相器的新型材料。这个实验结果一经报道就引起了国际铁电学术界的广泛关注和研究。这个发现是基于姚老师前期的研究工作，以及在姚老师一贯倡导的科学研究方法的指导下取得的。从 1998 年起，我与苏珊教授的合作进行了 20 多年，姚老师的几位学生以及我的学生都在苏珊课题组进行过合作研究、进修和学习。

恩师培养让我步入电子材料与器件科技殿堂[①]

宋志棠

现在我带领团队在科研与产业化方面取得的一些成绩，如获得中国科学院杰出科技成就奖、2022 年度中国科学十大进展、上海市自然科学奖一等奖、上海市技术发明奖一等奖、华为奥林帕斯奖等，都与我的博士导师姚熹院士及张良莹教授的指导、培养、持续支持有直接与深刻的关系。

我之前在一家大型国有企业工作，但没能很好地适应社会、工作与生活，在遇到极大困难的时候，为了寻求新的发展道路，有幸考取了姚熹院士与张良莹教授的博士研究生，这真是柳暗花明又一

---

① 本文写于 2023 年 3 月 8 日，作者宋志棠为中国科学院上海微系统与信息技术研究所研究员，曾师从姚熹攻读西安交通大学电子材料与元器件博士学位。

村，我顺利进入西安交通大学电子陶瓷与器件教育部重点实验室开始了新的学习与科研工作。看到先进材料与器件的制造设备、先进的科研测试装备、朝气蓬勃的研究团队、张老师领衔的由老师与学生组成的高效的管理与装备应用开发队伍，就像抗战时学生进入延安的感觉是一样的，我感受到的是新鲜的空气，焕发出无穷力量与奋发向上的活力。

初次认识姚老师是他作为西安交通大学电子与信息工程学院院长给学生进行的一次讲座。印象最深的是姚老师在电子陶瓷这个研究领域的坚守，不管是"晴空万里"还是"疾风暴雨"，他总是勤奋努力与不断追求，从理论到实际，姚老师都取得了丰硕的成果，当选为院士就成了水到渠成的事情。同时我对姚老师追求张老师、两人比翼双飞成为幸福生活与工作伴侣有了一点了解。

一个星期天，姚老师、张老师、儿子与儿媳，还有小孙子在西安交通大学游园，当时姚老师接近60岁，他双手抱着孙子过有水的独步池塘。只见他面带笑容，以非常自信的状态，迈着矫健的步伐，行云流水般地完美通过。姚老师的身体协调性给我留下了深刻的印象，虽然我是中长跑国家三级运动员，但我的协调性差，一个人也不敢通过这样的池塘。

后来姚老师教我如何操作扫描电镜，我硕士阶段学的是电子光学，姚老师对电子线路很熟悉，在扫描电镜电子束系统与控制电路上同我做了较深的交流并给予我指导，由此我对如何更好地操作与管理好这台机器有了具体思路，并帮陶瓷组师兄做了大量样品。同时，与其他同学相比，我有了一个能单独学习与高效率工作的空间，我在西安交通大学发表的所有论文，尤其是博士学位论文就是在逸夫科学馆206房间完成的，上次回去开会，那个位置还在，与冯师弟聊天的地方还在，但再也找不到该房间号了。

姚老师多次组织课题组学生开展讨论与汇报会，鼓励学生用英语交流，鼓励学生把问题讲透，鼓励学生把不精确的解析表达式提出来讨论，姚老师针对每个学生的精彩点评与具体指导给我留下了深刻印象。

姚老师作为主席组织的一个国际会议，这是我学习的一个范式，尤其是姚老师的大会报告，他流利的英语、自信的表达，底气十足地宣读了课题组取得的成果和他对自己的老师克罗斯教授的尊敬、爱戴与感谢，这对我后来组织国际会议启发与帮助很大，让我懂得如何感恩帮助过自己的老师和朋友。

......

1997 年 6 月，姚老师认真修改我的博士学位论文，我修改后，在论文答辩前的试讲时，我问姚老师："极化反转是畴的反转，铁电薄膜一般是多晶多层形态，如何了解畴在铁电薄膜中的概念？"姚老师讲："你观察不到畴，也许每个小的晶粒就是一个畴，将来有条件了去观察它。"姚老师笑谈我的博士学位论文的关键词是电滞回线双峰、C-V 缩腰与 Pb 过量钉扎理论，但他没有修改我的关键词，这些关键词成了我这辈子很重要的科研亮点词汇、实验表达与有时调侃起来的浪花。

更让我感激的人是张老师。刚加入姚老师团队时，我的课题是激光椭偏仪的升级改造，我努力学习，要完成任务，但进展缓慢。工作半年后，我找到张老师，要求换个课题，张老师认真地听了我的汇报并了解了我的学习基础后，马上决定让我改为铁电薄膜材料与器件这个方向，并把师兄、师姐的博士学位论文与有关文献拿出来供我参考，这让我得心应手地开展了新的博士课题。三个月后，我很快在《中国材料学报》上发表了我博士期间的第一篇论文，这对我顺利完成博士学位论文至关重要，现在我已在《科学》上发表两篇论文，去年入选"中国科学十大进展"，这与二位恩师把我引入电子材料科学的殿堂以及他们的长期关怀是分不开的，尤其是张老师的英明果断的决定。

张老师鼓励我们勇于实践，不仅所有的样品需要自己制作，样品测试大多也是由自己操作的，她要求我们在努力看懂文献的基础上，看十遍不如做一遍。到现在为止，我在西安交通大学做的科学实验是最多的，这为我的科研组织与科研成果产出奠定了坚实的基础。当然培养学生是有代价的，当时我们的仪器设备在国内该领域应该是最先进的，一个电表在我做实验时被损坏了，修理后我按照规章制度赔偿了 30 元钱。后来我在一次实验中把一台高质量的介电测试仪搞短路了、精密电桥冲坏了，它们的维修费用高，按照规定，我需要赔偿几百元钱，在当时的经济情况下，这把我吓坏了，我战战兢兢地找到张老师，汇报了情况，张老师认真听完后，说："你没有想到，你主观上是做实验，你工作很努力，我们制度的初衷是让大家爱护仪器，认真按照规定使用仪器，否则仪器坏了会耽误工作，以后认真一点。"这次张老师并没有让我赔偿，教育与柔情深似母爱。

我在中国科学院上海微系统与信息技术研究所博士后出站时，张老师是我的答辩主席，当时上海的天气非常热，张老师是坐公交车到的所里，她的衣服湿透了，她主持了我的答辩会，对我取得成绩赞赏有加，我很是感动。刚参加工作，上海市科技启明星和国家自然科学基金青年基金的推荐人，都是找的张老师，请姚老师推荐的，这个对我的科研起步特别重要。

在博士研究生阶段，张老师让我参与了一个超净实验室的建设工作，我与施工师傅们打成一片，了解了恒温恒湿、中滤高滤、层流乱流、横平竖直等关键点。在做博士后工作时，我具体负责搭建的近300平方米的超净实验室引起了研究所主要领导的关注，当时实验室领导向所领导介绍我时说：宋志棠博士后用最短时间、最少资金，高质量地完成了超净实验室的建设，解决了我们的关键工艺瓶颈。这就是所领导提拔我做研究所业务处长的主要原因之一。后来我负责了更多工程，感谢张老师与团队给我直接的实践经验。

我后来从零做起，建设实验室、组建团队、管理实验室、申报项目、培养学生等，好多经验都是从姚老师与张老师那里学来的。饮水思源，我非常感谢二位恩师在学术上、做人上、对研究方向的坚持上、勤奋与开拓进取上对我的培养与巨大影响，二位恩师是我人生道路上学习的榜样、行动的楷模，我为成为二位恩师的学生而自豪。

春风无恙
——记我心目中的姚熹老师[①]
苏 振

我是2014年9月进入同济大学攻读博士学位的，也是在这个

---

① 本文作者苏振为同济大学 2014 级博士研究生，曾师从姚熹院士。

月，我在课题组组会上第一次见到了姚熹老师。此时，姚熹老师已近 80 岁了，但一眼看上去，姚老师精神矍铄，特别年轻，分明就像是刚刚 60 岁而已。他的表达逻辑也特别清晰，对很多事情都能侃侃而谈。

与其接触多起来后，越发觉得姚老师是一位平易近人、脾气温和、知识渊博的老人。我们在背后都亲切地称呼他为"老爷子"，就像是自己家的一位长辈，既亲切又德高望重。

在攻读博士学位期间，我们几乎没有见过姚老师发脾气，他对待凡事总是淡然处之，即使在讲话的过程中被打断也只是一笑了之，并且听完对方的讲话再继续讲自己的。辈分这么高的"大佬"可以做到这样，有时候我们都有点理解不了这样的事情。也许就是这样的心态，才使得姚老师看起来这么平易近人，这么温和儒雅，这么"青春"。说起"青春"，姚老师走起路来特别快，就像是小伙子一样。这应该是他年轻时候养成的习惯吧，这样可以节约更多时间用于处理工作上的事情。但是有时候，姚老师走起路来又特别慢，那是因为身后有张良莹老师。

姚老师还是一个很干练、很时髦的人。每次和姚老师见面，他的书本总是整整齐齐地摆着，笔紧挨着放在旁边，干净利落。这应该是老一辈科研人严谨态度的延伸吧。姚老师是戴眼镜的，眼镜的款式和颜色经常变，灰色的、蓝色的……总给人焕然一新的感觉。他还会用新款的电子产品，如电子手表、手机等，特别时髦，这应该是源自一位老人家对现代高科技发展的好奇心吧。

姚老师对科研充满了热情，用挚爱形容也不为过。每每谈起科研工作，他总是滔滔不绝。至今，姚老师也一直奋斗在科研一线，时常开组会，实时了解学生的科研动态。犹记得 2014—2015 年，组会每周开一次，风雨无阻。当时姚老师住在同济大学四平路校区，而我们课题组在嘉定校区，两个校区之间足足相距约 40 公里。每次组会，年近 80 岁的姚老师都会坐着北安跨线公交车耗时 2 小时来开组会。北安跨线这条公交线的司机开车总是很生猛，加上有时路上异常颠簸，我们年轻人坐一趟都感觉不轻松，姚老师却坚持每周过来给我们开组会，让人敬佩不已。后来，姚熹老师搬到了嘉定校区，这种情况才好转了许多。

让人敬佩不已的还有姚老师的渊博学识。姚老师在我们领域理论和实践"通吃"。为了建立一个模型，他可以自己推导公式。有一次他拿出一张草稿纸，上面写满了密密麻麻的公式，他说："这个公式推到一半做不下去了，后面要找个数学家帮忙解决一下。"姚老师的理论基础雄厚，都能和仪器维修工程师较量一下仪器的工作原理。有一次组内买了一台测试仪，工程师总是调试不好，姚老师从原理讲起，让工程师佩服不已。但是，姚老师对外却总是很谦虚，常常挂在嘴边的是："这个领域不太懂，我的建议可能不是很专业。"其实，他就是我们领域的顶尖大佬。

姚老师是一个对学生特别负责的人。他对每个学生都会认真指导。除了每周的例行组会指导，老师还会主动单独找学生亲自指导。办公室、家甚至是医院，都是老师亲授的场所。前几年的时候，我们几个师兄弟妹都是他办公室的常客。但是，岁月催人老，后来几年，姚老师精神头下降，一年中有段时间是需要在医院中休养的。但是这并不妨碍他的指导，为了学生的课题，他会把我们叫到医院进行指导。指导学术研究是一件很费神的事情，指导过程一般都超过2个小时，中间讲累了，他会从椅子上站起来，说："累了，休息一会我们再继续。"然后就在房间里背着手踱步放松。也许在姚老师心中，对学生负责才是重要的，身体和地点又有什么关系呢？

我感觉特别幸运的是，能在漫漫人生长路上遇到姚老师这样一位名师。姚老师总是循循善诱地教导我们，印象最深的是，他说"掌握知识一定要自己说出来，讲出来"，这句话一直伴随着我。作为老师，我也将这句话传递给了我的学生。

最后，衷心祝愿我敬爱的姚老师春风无恙。

我的导师姚熹院士[①]

魏晓勇

提起我的导师姚熹院士，我总会立刻想起他和蔼的面容，以及

---

① 本文作者魏晓勇为西安交通大学教授，曾师从姚熹院士攻读博士学位。

温文儒雅、令听者如沐春风的谈吐。姚老师平易近人，即便对学生后辈也没有半分师长的架子。有机会成为姚老师的学生，是我最大的幸运，借此机会，写写跟随姚老师学习工作二十余年来的几件小事。

初识姚老师，是在 1998 年，当时我在中国科学院上海硅酸盐研究所跟随陈大任老师攻读硕士研究生。因姚老师兼任中国科学院功能材料开放实验室主任，所以在一次实验室验收的工作中我有幸第一次见到姚老师。当时姚老师代表开放实验室做了工作报告，那份报告是由中国科学院上海硅酸盐研究所的同人准备的，姚老师提前看了一个小时，就信手拈来、如数家珍，向专家组做了翔实准确的汇报，并取得了圆满的结果。中国科学院上海硅酸盐研究所的师生纷纷赞叹姚老师的专业能力，我也开始萌生了追随姚老师工作学习的想法。直到现在我还记得，在定西路中国科学院上海硅酸盐研究所研究生宿舍楼下小卖部门口，当我拨通姚老师家电话时内心的忐忑，也记得姚老师、张老师邀约我到同济新村面谈时他们的热情与坦诚。就这样，我成了姚老师团队的一员。

我是硕士毕业后入职西安交通大学的，起始任职为助教。姚老师和夫人张老师在西安交通大学共同创建了电子材料研究实验室，该实验室 2000 年获批为电子陶瓷与器件教育部重点实验室，经过"211 工程""985 工程"经费的建设，实验室拥有了从材料制备、结构表征到性能测试的全套设备，研究生可以不出大门就能在实验室内完成几乎所有的科研工作。因此，电子材料研究实验室成为学校里的一个标杆实验室，经常有上级领导和国内外同行到此参观。入校工作一年之后，我开始跟随姚老师攻读博士学位，题目是"介电非线性"，这属于一个应用与基础并重的题目，对我而言难度不小，历经五年时间亦未取得些许实质性进展，毕业之际与老师面谈，姚老师说，"你做了一些工作，但是重要的目标尚未突破，更多是在周边迂回"。姚老师仍是一如既往地和颜悦色，但其话语却令人汗湿衣背，我对老师严谨治学、一丝不苟的学风，以及宽厚容忍、诲人不倦的师德，又有了新的认识。

2009 年，姚老师开始筹建国际电介质研究中心，把一流的设备、一流的人才和国际化的平台汇聚到一起，在学校以及国内外同行的支持下，通过实验室全体同人的努力，国际电介质研究中心逐渐步入正轨，先后入选科学技术部、教育部、国家外国专家局和陕西省的国际合作基地，研究队伍得到了充实和发展，承担国家重大科研任务的能力显著增强，学术成果相继在顶级学术刊物上发表，荣获多项国内国际学术奖项，国际交流多点开花，电介质期刊和经典丛书陆续出版，成果转化落地生根。为了国际电介质研究中心的建设和发展，姚老师付出了大量的心血，在耄耋之年拖着病残之躯，仍然十分关心和关注中心的工作。他经常说，国际电介质研究中心的工作做不好，就对不起学校的支持和投入。这种凡事不论客观因素、自省自查的处事风格实为我辈楷模。

让我记忆尤深的另一件事就是我跟随姚老师创办期刊。2009 年姚老师提出来要办一本中国人主导的电介质英文刊，他认为随着综合国力的增强，中国人必将在学术出版界占据重要的地位，这是已被十年后的形势发展证实的大趋势。十年前姚老师就慧眼独具，这体现了他的远见卓识和深刻的洞察力。和新加坡世界科技出版公司合作办刊以来，我一直担任 *Journal of Advanced Dielectrics* 期刊的执行编辑，同实验室的张楠教授、宫继辉等几位老师组成了编辑部。期刊自 2011 年创刊，2015 年入选新兴资源引文索引（ESCI）和斯高帕斯（Scopus）数据库等，2022 年回归入选中国科技期刊卓越行动计划高起点新刊项目，期望明年能进入 SCI 正库。惭愧的是，由于个人能力和主客观因素的限制，*Journal of Advanced Dielectrics* 的发展离大家的期望还有很大距离，尤其是愧对姚老师的嘱托和期望。然而和姚老师谈及期刊的发展，他总是给我们以宽慰和支持，鼓励我们把期刊办好，在国际电介质学术界保持有我们的声音。

最近几年我们见姚老师，常常是在华东医院的病房。虽然饱受各种老年疾病的折磨，但姚老师仍然十分关心学术界的动向，在国际应用铁电会议做大会报告，介绍中国电介质和铁电体研究的总体情况；仍然心系母校的发展和实验室的建设，给上千名学子讲西迁，捐资成立"姚熹基金"，在第一线参加卓越期刊的答辩。也是在这几年，我借助帮姚老师组织中国科学技术协会老科学家学术成长资料采集工程和"科学与人生：中国科学院院士传记"丛书资料的机会，对姚老师的成长经历有了更多了解。

一个偶然的机会，我们到访了姚老师出生和成长的地方，去了苏州桃坞中学。窄窄的巷子、红色的校舍，看似平平无奇，却是姚老师一直牵挂的地方。我随手拍了几张照片发给姚老师。姚老师回复说："相知是愿，相逢是缘，我很想再回桃坞，重温75年前难忘的旧缘。"在姚老师心中承载的，永远是浓浓的科研情、交大情、赤子情。

谆谆的教导　永远的良师
——记我们的导师姚熹教授[①]

吴小清　徐　卓　汪　宏　汪敏强　任　巍　宋建平

作为姚熹教授的研究生，大家都感到非常的幸运和自豪。姚老师献身科学为国争光的崇高思想、严谨求实的科学态度、勤奋踏实的工作作风、谦虚谨慎的学者风范始终鼓舞着我们。无论在学习和工作中遇到多大的困难，姚老师那语重心长、充满信心的谆谆教诲都使我们鼓起勇气迎难而上。姚老师既是一位严师，又有着一片爱心，他关心年轻人的成长，大家都非常乐于同他交流意见、讨论问题。无论谈话还是做报告，无不体现出姚老师敏捷的思维、严密的逻辑和渊博的学识，他的报告和演讲非常富有感召力与信息量。每次聆听姚老师的报告或谈话，总有新的收获，总是会豁然开阔，信心骤然倍增。姚熹老师的一言一行对我们的影响是潜移默化的，他没有口号式的东西，他所说的都是他所做的，从下面的事例中也许能让我们更确切地体会到姚老师朴实无华、平凡高尚的思想品格，深刻地理解他教书育人的心路历程。

对研究生的培养，姚老师的要求是"每个人都应该既是科学家又是工程师"。他认为对研究生的教育不仅仅要注重对学生理论素质的培养，还要注重培养学生解决实际问题的能力，即动手能力与前者同等重要。对于做科学研究，姚老师对我们讲：第一，对所研究的东西要感兴趣，没有兴趣就不会投入，不投入就永远不会把事情做好。所以每当新生入学，为激发学生们的研究兴趣，他首先让同

---

① 本文曾发表于1998年5月15日的《交大》第400期，略有改动。

2005 年 12 月 20 日，姚熹院士（前排左三）欢迎钟维烈教授（前排左四）来访

学们了解本专业在我国的科技地位、研究的重要性、国内外的发展现状等，使同学们清楚自己的使命，鼓起探索奥秘的勇气，树立为国争光的信念。他常启发我们说：要跟踪和超过国际发展的先进水平，为国家做出实实在在的贡献，需要我们下大力气去开拓、去创新。第二，对科研工作要持之以恒。对所学习和研究的东西要理解，只有理解了的东西才能变为自己的，我们才能有所创造。第三，做事要力求第一。人的能力是在克服困难的过程中锻炼出来的，要在实验室中摸爬滚打。同时我们也不能轻视实验室中的事务性工作，不能光靠别人去做，因为非常复杂和重要的科研工作都是由许许多多简单的环节组成的，其中就包含着许多事务性工作。同时他也非常重视研究生道德素质的培养。研究所的每一个学生都承担了部分仪器的使用和管理工作，这样既锻炼了学生的动手能力，又使他们负有一定的责任，不但培养了他们的责任心，而且在为别人做实验的过程中锻炼了他们的合作精神。姚老师常讲，"与人相处是非常重要的，你们当中大多数人都比较年轻，是没有进入社会锻炼过的，必须从各方面学习，首先要学会尊重别人，要把自己摆在合适的位置上，要懂得一个人的力量是有限的，只有互帮互学、互相合作才会有所进步"。姚老师也常以自己为例告诉同学们说："其实我是一个很平常的人，如果说我有一些成绩的话，除了我的劳

动，也离不开许多人对我的支持，包括你们和研究所的所有同志。"无论是在与年轻教工还是在与学生的谈话中，我们常常会听到姚老师这样讲："你们学习条件比我好，只要努力，你们都将超过我。""聪明出自于勤奋"是姚老师信奉的名言，他常说，"如果你不努力，不付出劳动，再聪明也不会有大的建树。如果你想要成功，你必然要花大力气，而且要给自己制定最高目标，准备把事情做到最好，要有敢于争当第一名的勇气"。姚老师十分重视年轻学术骨干的培养，他甘为人梯，在实验室各主要研究方向上比较早地就部署了年轻人，给他们压担子，让他们担任 863 计划项目和国家自然科学基金重点项目的负责人，送他们出国深造。在姚老师的悉心指导和大力扶持下，年轻人有了用武之地，得以迅速成长。他常常语重心长地告诫青年教师要戒骄戒躁，苦口婆心地指出年轻人身上的缺点和弱点，使大家受到教育和鞭策。

除了教学、科研等繁重的工作，姚老师还要亲自处理许许多多的事务性工作，可以说他常常是超负荷运转的，但是他对自己的要求却非常严格，即使是刚从外地出差归来，也要尽量遵守研究所实行的坐班制规定，按时上下班（其实他常常是早上班晚下班），甚至在生病住院期间，他也在病床上审阅学生们交过来的工作总结，而出院后却坚持扣除自己的当月奖金。他常说："作为一个领导和教师，首先自己要以身作则，才能为人师表，否则怎样培养和教育别人，又怎样能为社会输送有用的人才？"他这种精神，深深地感染着大家，使研究室的教职工和学生们都自觉地遵守着研究室严格的管理制度。姚老师特别强调要合理使用课题经费。他说："在国家财力还不充足的情况下，我们能争取到课题经费，是国家对我们的信任，一方面我们要感到自己的责任，另一方面要把好钢用在刀刃上。"在购买设备、材料等方面，他要求教职工和学生对自己所购买的东西要心中有数，尽量做到不购买闲置的设备、用不上的或过量的材料，以免造成浪费。尤其是对大型和进口设备更是要求他们反复调研，严格把关。在他无暇对购买的原材料和价值低的实验用品亲自过目时，就要求大家按照前述的原则执行，每隔一段时间要进行检查。有一段时间，在购买材料和消耗品方面有大手大脚的现象出现，就此姚老师专门召开了教职工和研究生会议，我们记得他讲的一句话是："为什么你们在用公家钱买东西的时候，就不能把它当作是在花自己的钱一样呢？"这句话他讲过不止一次，至今我们仍记忆犹新。在姚老师这种视国为家、精打细算的精神感染下，无论是教职工还是学生，都能做到有效合理地使用科研经费。对这次"211工程"的拨款更不例外，我们所购买的仪器设备都是专人负责调研并逐台进行多次论证才定的。

姚熹院士（左三）与他的学生徐卓（右二）等合影

在纷繁的科研和行政工作中，姚老师十分注重做好教职工和学生的思想工作，关心他们的进步，希望他们能扎根祖国这片热土，报效祖国。他常常以自己为例来现身说法。作为驰名中外的学者，姚老师有很多机会可以留在国外定居，但他始终没有选择定居国外的道路，他把1991年应法国国家科学研究中心邀请在法工作期间法国相关人员想说服他留居法国时的想法讲给大家听："当时我们国家穷，我们更应为国效力。我就不信非要到外国去才能做好研究工作，外国再好我们也是打工的。与其去打工，倒不如努力为自己的国家建立一个好的实验室，与先进国家进行公平竞争。"姚老师是这样说的，也是这样做的。他决心在我们国家建立设备齐全、最好的电子材料研究中心。多年来他为实验室的建设和发展呕心沥血，在国家教育委员会和学校的支持下，终于使研究室具有了一定的规模，实验设备和分析仪器在国内同行业中堪称一流。研究领域囊括了电子陶瓷、铁电薄膜、纳米复合材料、敏感材料与传感器、机敏/智能材料与器件及微型智能系统等，在某些研究方向已经取得重要进展且处于国际领先地位，受到了国内外同行的好评和关注。姚老师不主张去国外定居，但并不意味着不主张出国学习和交流。他先后将一些研究人员派往不同的国家进修，或进行合作研究，或参加学术会议。

他对每个要出国的人都这样要求："派你去国外学习，是希望你能在国外的研究环境中得到锻炼，要抓紧这次学习机会，多了解一些国际上的发展状况，开阔你的眼界，并能按时回国，把研究工作做得更好。"他对别人是这样要求的，他本人也是这样做的。在筹建研究所的前几年时间里，姚老师基本上没有出国。近几年，也只是去国外做短期访问。他每次回国归来都要给大家介绍国外的最新成果和好的经验，同时也指出国外的某些弊端，认识到我们的长处。

在我们更深层次地了解姚老师的同时，我们不能不感谢姚老师的夫人张良莹教授对我们的培养。张老师与姚老师共同创建了精细功能电子材料与器件国家专业实验室，多年来研究室内研究生的管理工作基本是由张老师具体操作的。在姚老师身兼数职、工作繁忙的情况下，张老师几乎承担了研究室所有的事务性工作。研究室发展的每一步无不渗透着张老师的心血和汗水，她细致严密的管理方法使我们折服，她的自我牺牲精神令我们敬仰。

我们当中有伴随研究室成长起来的教工，也有近几年从外单位慕名而调来的教工，每当我们看到他们为工作操劳、奔忙，看到他们步履匆忙地走进研究室时，敬仰之情就会油然而生。正是这种感受常常促使我们更加努力地工作和学习。

姚老师曾经说过，"作为一名教师，看到我的学生一个个成长起来，在国际学术论坛上侃侃而谈，研究成果进入国际先进行列，与国际同行平等对话，这是我最大的欣慰"。经他培育成才的学子们的研究工作都受到国内外学者的广泛赞扬和好评。在这里，我们向尊敬的导师姚熹教授深深致敬，千言万语化为："衷心感谢您，姚老师！您的谆谆教诲将永远指引我们在科学的道路上求索奋进。"

我最敬重的人①

武明堂

姚熹老师是我心中最敬重的人之一。我一生中最敬慕的有三个人，第一个人是我哥。20世纪50年代土地改革以后，家里的人都希望我留在家里，因为我哥已经工作了，如果我再出去的话，家里就没有人劳动了。但是，我哥说服了家里的人，供我上学，毕业后我参加了工作。第二个人是我的启蒙老师吴本周。他经常单独辅导我，而且对我人格的形成，比如说勤奋努力、吃苦耐劳等有很大的作用。第三个人就是姚熹院士，他成就了我的事业。

西安交通大学110周年校庆时，武明堂（右二）和姚熹院士（左二）等
在西安交通大学校门口合影

为什么说姚熹院士成就了我的事业呢？当然，我的事业的成功，离不开我自己的刻苦努力。但是离开了姚熹院士创造的环境，我也是不可能成功的。

我是1965年半导体专业毕业的，当时留校做了政治辅导员。后来年龄大了，我就到了电子材料与元件教研室，担任电子材料与元件教研室的党支部书记。改革开放的春风吹到了校园，我成为电子

① 本文写于2022年10月29日，作者武明堂为西安交通大学教授，姚熹院士的同事，与其共事多年。

材料与元件教研室的一名教师。好在前段时间我和其他基础课的老师一样，补学了高等数学、固体物理、外语、电子等课程，所以还打下了一点学科基础。

1982 年，经学校党委批准，我们一批人从政治辅导员转为教师编制。我在政治工作岗位上工作了 17 年，而今要转到业务上，这一年我已经 44 岁，按照现在人的情况，44 岁的教师不仅可能是副教授，还可能是教授，而我要从助教开始做起。正所谓是"雄关漫道真如铁，而今迈步从头越"。1983 年，我已经开始指导学生的毕业论文，姚熹老师也从美国回来，他仅仅用了一年零十个月就拿到了美国的博士学位。

他回来后在检查教研室的毕业论文的时候，对我所指导的学生大加赞赏。

因为当时我在电子材料与元件教研室里既没研究电阻，也没研究电容，而是研究了敏感材料和声敏元件。姚老师检查到我的项目时说："武老师不愧是科班出身。这个研究方向是有生命力的！"所以这段评价给我留下了非常深刻的印象。20 世纪 80 年代，敏感材料和传感器是非常时髦的。80 年代初，第一次敏感材料与传感器会议在美国召开。世界上第二次敏感材料传感器会议，是在日本召开的，那一年就是 1985 年。姚熹对我这个研究方向的肯定，大大地增加了我的研究动力，我有决心有信心把这个敏感材料、敏感元器件深入地研究下去。

姚熹老师从国外回来以后不久，就被高等教育部特聘为教授。他这个特聘的教授给学校带来了一个电子材料与元件专业（简称元件专业）的博士点。这在学校里是一件引起轰动的大事，因为这种事情过去从没有发生过。全国有元件专业的大学也有好多所。西安交通大学的这个博士点是全国元件专业的第一个博士点。所以有些学校培养的硕士，就选择到姚老师这里来读博士。俗话说，"大树下面好乘凉"。我就是在姚老师"这棵大树"下"乘凉"的。比如说，姚老师当时培养了一个博士研究生，他来自华中工学院（现在叫华中科技大学），是姚老师最早的博士研究生。他在毕业的时候我就问过他一件事。我说："刘东航啊，你说我们这个专业，这个科研的方向应该搞点什么的课题？怎么样搞？"我给他提这个问题，是因为我高中时学了日语，大学时学的日语专业，17年的政治工作使我把这些都忘光了，虽然后来又学了一点英语，看看资料还可以，但要在浩瀚的资料海洋里面把握我要搞的方向，我确实没有这个能力。

刘东航说，"武老师，真的有一个方向是可以搞的"。我问："什么方向呢？"他说："欧洲有个专利，就是'PLZST陶瓷的光学性能研究'。"我问："你能不能把这个专利给我看一下呢？"他说："好的。"他就复印了一份专利给我。我看完了以后，包括看了它的参考文献，就在国内进行了调查。我发现中国科学院上海硅酸盐研究所严东生院士那边就有很好的PLZST陶瓷，中国科学院物理研究所就有这个条件进行离子注入，西安交通大学也可以进行离子注入，但是剂量小一点。调研了以后，我用了差不多一年时间，最后写了一封申请国家自然科学基金的项目书。令人欣喜的是，该项目报上去以后就被批准了。据说当时项目申请书就有100份，有70份是面上就被刷下来了，有30份是在专家评审阶段又被刷掉一半，也就是说这次项目申请书的选中率是15%。在工作期间，我共主持过5个国家自然科学基金项目，每一个项目我都努力把它搞好，其中都离不开姚老师的帮助。

武明堂（第四排右二）、姚熹院士（第三排右四）、张良莹教授（第二排右四）
与博士毕业生合影

　　第二个国家自然科学基金项目是二氧化钛压敏材料的研究。这次的项目申报受到了清华大学李龙土院士的启发。因为他当时申报了一个"钛酸锶压敏材料的研究"项目。我在他那个项目的基础上，也在我这么多年研究二氧化钛压敏材料的基础上上报了这个基金项目。这个项目也申请成功了。有一年，姚老师的一个博士研究生孙洪涛说："武老师，你可以搞这个二氧化钛单晶键势垒的研究。"我说："我没有条件，二氧化钛晶粒的长大，需要加电、加电极、加引线，我做不到。"孙洪涛说："姚老师都有这个条件，可以做到的。"所以在孙洪涛的协助下，这个课题被申报了上去，后来也申请成功并顺利地完成了。还有一个课题，也是国家自然科学基金项目。当时姚老师有一个女硕士研究生叫谢娟辉，有一次我问她："谢娟辉，你本科毕业的时候的论文做的啥？"她说："我做的是离子注入聚丙烯表面改性的研究。这个我没有做实验，只是做了一个调研，就是国内外资料的调研。"我问："能不能把你的论文给我看一下？"她说："可以。"她让我看了以后，我就和化学工程学院的一位老师联合在化学工业部上报了一个国家自然科学基金项目——"离子注入聚丙烯表面导电性能的研究"，这个项目也申报成功了。最后一个项目是"二氧化钛环境材料的研究"，和学生申报以后，也申报成功了，也是在姚老师一个博士研究生的协助下顺利完成的。

　　在教材和文章方面，元件专业有一个教材编委会，姚老师是主任编委。有一次姚老师因另外有事情去做不能参加会议，就让我代他参加了。这次会议的主题就是关于教材的编写。兄弟院校有个徐老师，他既要主编《固体物理》，又要主编《无机半导体物理》。我就在会议上提出，我想改编《无机半导体物理》，因为我已经有一本差不多的教材叫《半导体物理基础》。我已经给同学们讲了五六次课了，我要改编这本教材。最后，那位徐老师负责主编《固体物理》，我负责主编《无机半导体物理》。这是我一生中唯一出版的一本教材，也就是说如果没有姚老师给我提供这个机会的话，我是不可能编写这本教材的。

　　关于文章研究方面，我知道姚老师组织了一些国内的专家写过两本著作，展望介电陶瓷现状。我写了湿敏、气敏、热敏和电压敏材料方面的文章。这也是姚老师给我提供的机会。像这种文章谁都可以写,凡是兄弟院校搞过这方面科研的人,在这个过程中都可以写出来。姚老师给我提供了这么一个机会,把我的这四篇文章添加到他的专著里。姚熹老师、张良莹老师,对我的科研工作也是非常关心和支持。因为我刚去做教员时,是一个科研的"单干户",没有参加过哪一个课题组或者哪一个研究方向,虽然我自己研究了敏感材料与元器件,但是我的研究条件很差。姚老师他们的事业发展很快,招了很多硕士研究生和博士研究生,很快教研室就不够用了,后来他们就搬到了另外一个地方。在姚老师和张老师搬走以前,他们给我留下一台球磨机、一个高温烧结炉,还有一台计算机。有了这些东西,基本的陶瓷工艺我就可以做下去了,否则的话研究一开始我既没有资金又没有人手,工作很难开展下去。有了姚老师和张老师支持,我就可以继续研究下去了。精细电子陶瓷实验室是原国家教育委员会的一个专门实验室,在这里我先后申报过几个项目,比如说我申报成功的有与气敏、压敏和热敏相关的三个项目。虽然那时候申请下来的项目资金不多,也就几千块钱,但是有那几千块钱,我就可以进行一些这方面的研究工作,把我刚刚搞的这些科研项目继续进行下去。那时候我研究的是湿敏材料或湿度传感器,我曾经将研究成果转让给一个厂家,这些都和姚老师与张老师的支持有很大关系。

我和姚老师不仅都是电子材料与元件教研室的老师,还是系里面的搭档。姚老师是系主任,我是党总支书记,我们在一起工作8年。姚老师说话从不拐弯,直来直去,但很好相处,所以他在群众中的威信很高。我们在一起工作的8年中,没有发生过大的矛盾,也没有闹过纠纷。

我从1982年批准转为教师,工作到1991年,在这段时间,姚老师也好,我也好,我们从来没有为自己谋私利,从来没有接受过学生任何东西,也没有接受过教授们和其他人的礼品。那时候也没有什么岗位津贴。但就是这样,姚老师也都是在尽职尽力,全心全意地为大家服务。

在十年多的时间里,我从助教晋升到教授,其中有我自己的努力，比如说周末我从来没有休息过。但是如果没有姚老师和张老师的帮助与创造的条件，我是不可能在这么短的时间内取到这么好的成果的。

我非常感谢姚老师和张老师。2002 年退休以后，我在教研室还稍微有些工作，还会去一下。到 2007 年的时候，我的身体不太好，姚老师得知以后，就让他在第四军医大学附属医院工作的儿媳妇给我挂了一个心内科主任的专家号。张良莹老师把我介绍给专家。也就是在那一年我做了心脏支架手术，到现在已经 15 年了。从 2007 年，也就是我 69 岁那年，我就彻底把工作的事情放下了。

当然，在其他方面，姚老师对我的帮助也很多，比如说我儿子到新加坡留学的时候，也是姚老师帮忙写的推荐信。我认为，这一生遇到姚老师和张老师，就是我最大的幸运。

恩师风范，我的楷模①

杨合情

欣闻母校和实验室最近正在组织编写出版《姚熹传》，我很是高兴。作为姚熹老师的学生，我很荣幸能够受邀写点读博期间的感受。自受邀以来，与姚老师相处的情景一幕幕浮现在眼前。回想起当时的点点滴滴，我心潮澎湃，感慨万千。

1999 年 11 月，杨合情博士学位论文答辩现场（左一为导师姚熹院士）

① 本文写于 2022 年 11 月 25 日，作者杨合情为陕西师范大学教授，曾师从姚熹攻读博士学位。

我本科和硕士的专业是化学，读博期间，得到了姚老师的精心指导，是他引导我迈进了材料科学研究的大门，在他的指导下，我从事材料科学的前沿领域——纳米材料研究。姚老师对材料科学前沿领域的敏锐洞察力和深厚的科学研究经验使我受益匪浅，他的教育和培养为我此后从事科学研究奠定了坚实的基础。从读博士起，我的科学研究一直注重材料微结构与物理和化学性能的关联性研究。博士期间强调二氧化硅凝胶玻璃中Ⅲ-Ⅴ、Ⅳ族半导体纳米晶尺寸与其光学性能的关系。随后将半导体纳米晶尺寸调控扩展到纳米晶形貌和暴露晶面对其物理和化学性能的影响。目前，我们发现材料的极性晶面在光催化、气体传感和压电发电等性能中起着关键作用，可望建立统一极性结构理论。这些成果的取得与姚老师的指导和培养密不可分，是他培养和教育的结果。

姚老师给我印象最深的是他极高的讲课和学术报告水平。他的每一次学术报告就像讲了一个很美、很完整的故事，娓娓道来，极富逻辑性，每次听完后感觉学到不少东西。可以说，听他讲课就是一种享受。现在我每次上课都会很认真地准备，尽力像姚老师那样将问题讲清楚、讲明白，提高教学水平。

另外，给我留下深刻印象的就是姚老师的敬业精神和对学生的责任心。记得我们临毕业的最后一学期，导师要评审修改我们的毕业论文。对我的毕业论文，姚老师除给出具体修改意见外，还将论文中的错别字一一指出。此外，个别同学的论文逻辑性较差，姚老师说他实在读不下去，只得将论文放一放，过一段时间再继续读，坚持将整个论文读完后给出修改意见、指出存在的问题。当时姚老师说我们的毕业论文他读不下去，我还不太理解，直到我作导师后修改学生论文时，才真正理解老师当时的感受，深感老师的不易！那时姚老师已经是中国科学院院士、世界陶瓷科学院院士、世界著名材料科学家，工作非常繁忙，对我们的博士论文仍然能这么认真地仔细研读，真是难能可贵！这点让我深受感动，终身受益！我现在也像姚老师当年要求我们那样，要求我的学生努力将这种严谨认真的学风传承下去。工作中我始终以姚老师为榜样，尽力做好科研和教学工作，不辜负姚老师的培养和教育。

　　一晃博士毕业已二十多年了，光阴荏苒。在此，我对姚老师的培养和教育表示衷心的感谢！祝姚老师身体健康，万事如意，福如东海，寿比南山！

初见　洞见　远见[①]
徐　卓

一、初见

　　1994年春，我在空军工程学院（现改名为空军工程大学）做了10年大学物理老师后要转业到地方大学工作，原本打算去西安交通大学理学院大学物理部继续从事物理教学。某日上午，有位老师把我推荐给姚熹院士，姚老师很爽快地答应见见我，姚老师于1992年当选为中国科学院院士，主要从事电子材料与元器件的研究工作。当时我对电子材料一点都不了解，怀着忐忑不安的心情来到姚老师在科学馆的办公室，张良莹老师也在场。我向两位老师介绍了自己的学习背景和教学经历，我本科和研究生都是学习的理论物理专业，有10年大学物理教学经历。当时既没有承担过什么科研项目，也没有发表过什么学术论文，个人简历也都没有打印。我局促地介绍完自己的情况，姚老师从他的书桌上拿出一本还散发着墨香的《电介质物理》教材对我说："你是否可以来上这门'电介质物理'课程？这是我们电子系本科生一门很重要的专业基础课，现在担任该课程的一位老师下学期要出国访问。"我接过这本封面崭新的书，闻着清新的墨香，紧张地翻开了几页，而后又轻轻地合上，心里觉得，眼前这本《电介质物理》教材，比起我多年来学习理论物理的大部头专著来说，似乎简单了很多，结合我10年大学物理教学经历，我坚定地说："可以上好。"接着姚老师提到，他现在正负责一项国家自然科学基金重点项目，即"弛豫铁电陶瓷中微畴-宏畴转变研究"，我可以来参加这个项目的研究工作，当时我既没有看懂题目的内涵，也是第一次看到这几个非常陌生的关键词——弛豫铁电陶瓷、微畴、宏畴，我一脸懵懂，一筹莫展，感到无地自容。我弱弱地表示可以从头学习。这时张老师说："姚老师今年正在招收博士研究生，你可以来考试，做一个在职博士生。"这好呀！这正是我的一

---

①　本文作者徐卓为西安交通大学教授。

个想法，来西安交通大学读个博士研究生，完成我人生获得三大学历的夙愿。我按捺不住心里的高兴，一扫刚才那份复杂的心情。张老师又问我："你还有什么特长？"我想了一下，自己也没有什么特长，就无意中说还可以写点文字东西。张老师就说："某出版社计划要出版一套院士丛书，正在向姚老师约稿，你就来执笔吧。"

我从姚老师办公室出来，已是中午时分，下班的人在西安交通大学科学馆门口川流不息，我心情良好，愁云已散，教学、科研、读博、写材料，四项工作都很明确，收获颇丰。姚老师的这份允诺，给了我一颗初心；姚老师的这次交代，给了我一副担子。30年前的这次初见，化成了我30年来的一种信仰和力量，促使我不断砥砺前行。"电介质物理"课程现已建设成国家精品课程和一流课程，并获得国家级教学成果二等奖，电介质物理教学团队也获得西安交通大学优秀研究生导师团队，团队在弛豫铁电材料研究方面也取得了长足的进展，《姚熹传》（李志杰编著）也即将出版。

难忘初见，守正出新。

二、洞见

铁电材料已出现了100多年（1901年为铁电元年），在铁电材料中，存在一个特殊的微观结构，即电畴，它的形状与晶体结构的对称性有关，它的尺寸一般在微米量级。一个铁电体中电畴的结构对其宏观性能有巨大的影响。20世纪50年代中期，由苏联科学家发现的弛豫铁电材料具有优异的介电、压电和电光性能，具有广泛的应用前景，从而被功能材料界所重视。姚老师首次提出的"微畴"概念是弛豫铁电材料研究的一个里程碑。在近40年的弛豫铁电材料研究中，微畴、宏畴无疑是专业性极强的高频词。

姚老师在研究PLZT弛豫铁电陶瓷材料的介电性能时，发现原来建立在原子、分子尺度的经典电介质极化理论不能解释其微观机制，因此迫切需要理论上的创新与突破。1983年姚老师首次提出"微畴"的概念，指出弛豫铁电材料中存在纳米尺度极化有序的铁电微畴，微畴在电场作用下融合成为铁电宏畴，铁电宏畴在温度作用下分解为铁电微畴。当时在人们对纳米尺度的认识还不清晰的条件下，姚老师就敏锐地察觉到，纳米尺度的铁电微畴对弛豫铁电材料的性能与结构影响极大，适度地增加铁电微畴，可以有效地提升弛豫铁电材料的性能。1985 年，国内外专家用电子显微镜实验证实了"微畴"的存在。"微畴"概念的提出，阐明了弛豫极化的起源，建立了弛豫铁电体极化响应的全新物理图像。正如美国国家工程院院士、国际铁电学泰斗克罗斯教授指出的那样，微畴的发现是铁电体研究中的一个重大事件，在理论与应用方面均将产生重大影响。姚老师关于弛豫铁电材料的"微畴-宏畴转变"理论已成为铁电物理学的经典理论，为后来发展高性能弛豫铁电材料奠定了理论基础。20世纪 90 年代中期，一种名为弛豫铁电单晶的材料问世，它是在"微畴-宏畴转变"理论指导下发展起来的高性能弛豫铁电单晶材料，是20 世纪 50 年代压电陶瓷问世以来，50 多年来在压电材料领域取得的革命性突破。在弛豫铁电体"微畴-宏畴转变"理论的指导下，姚老师带领西安交通大学研究团队在铁电单晶材料、透明铁电单晶、反铁电陶瓷和微波陶瓷材料等方面取得了诸多重大学术进展，突破了材料高性能化的技术瓶颈，实现了我国在该领域从 20 年前"跟跑""并跑"到现在部分"领跑"的历史性跨越。

微畴洞见，别有洞天。

三、远见

2009 年 10 月，姚老师率队带领我们团队访问莫斯科国立大学，这是 20 世纪 60 年代之后，首次在俄罗斯与同行进行交流访问，学校主管国际事务的副校长接见了我们，双方用母语进行了真挚的交流，我国驻俄使馆的文化教育官员担任双方翻译。随后，副校长带领我们登上莫斯科国立大学主楼的顶层，参观了毛泽东主席 1956 年在此地接见中国留学生发表重要讲话的陈列。通过这次访问，我们建立了与俄罗斯同行的交流与合作机制，这是姚老师在 2000 年前后与我们多次讨论的话题，也是姚老师多年的夙愿。他说，苏联电介质物理与材料研究基础非常扎实和深厚，50 年代初期就帮助交通大学开设"电介质物理"课程，70 年代初期又发现了著名的弛豫铁电材料。姚老师本人 20 世纪 50 年代在上大学时，学校也曾安排他去苏联留学，但后来未能成行。挖掘俄罗斯在电介质物理、材料与应用方面的"富矿"，促进中俄在电介质物理与材料领域的交流与合作是我们这次访问的目标。在 7 天的访问中，除访问莫斯科国立大学外，我们还访问了俄罗斯信息科技大学、圣彼得堡大学、圣彼得堡电工学院等。结识了俄罗斯一大批老科学家和中青年科学家，开拓了电介质领域新的研究方向，获得了中俄双边政府间科技项目的支持，打通了与"金砖国家"开展学术合作的渠道，建立了中俄双边介电铁电材料研讨会机制。从 2013 年起在西安举办第一届起，该研讨会每两年在中俄双边举办，已分别在沃罗涅日、武汉、叶卡捷琳堡举办第二届到第四届，2024 年在上海举办了第五届，2026 年将在圣彼得堡举办第六届。2013 年，我国政府邀请俄罗斯副总理一行，我们邀请俄罗斯电介质物理同行教授一行，到西安参加中俄科技年活动，推动了中俄战略伙伴关系中的学术外交。

姚老师是我国 1979 年改革开放以来公派留学生中第一批获得美国博士学位的，在美国宾夕法尼亚州立大学读博士研究生期间就获得了美国陶瓷学会的"罗斯·科芬·珀迪奖"，该奖项在全球每年只奖励一篇研究成果。学术是没有国界的，中国电介质要走向国际，姚老师带领中国电介质物理与材料研究工作者，积极参加各项国际研究活动并活跃在国际学术舞台上。姚老师在 20 世纪 90 年代中期就创建了亚洲铁电联盟和亚洲电子陶瓷学会，并在亚洲各国轮回召开亚洲铁电会议和亚洲电子陶瓷会议，2009 年在中国主持召开历届规模最大的国际铁电会议（IMF-12），将国际铁电学会议委员会中国委员的成员数增加到与美国持平，推举中国年轻学者在国际铁电学会议、亚洲铁电学会议、亚洲电子陶瓷会议、电气与电子工程师协会等国际学术组织中任职。姚老师还主导发起了中俄、中德、中日、中法、中澳等介电铁电学术双边/多边论坛，已持续举办了 20 多年。创办了中国第一本先进电介质英文期刊——*Journal of Advanced Dielectrics*，带领中国电子陶瓷走向国际化。1998 年，美国陶瓷学会成立 100 周年大会特邀姚老师代表中国做《中国的陶瓷科学与技术》大会报告。2000 年，日本陶瓷学会新世纪年会特邀姚老师代表中国陶瓷学界做《中国的陶瓷科学与技术》大会报告。2007 年韩国陶瓷学会成立 50 周年大会，特邀姚老师代表中国做《中国的陶瓷科学与技术》大会报告，并授予其荣誉会员称号。这是中国杰出科学家与中国陶瓷学界的国际荣誉。

姚老师是在国际电子陶瓷领域具有远见和国际影响的大师，是具有重要话语权和号召力的中国科学家，他创立的"微畴-宏畴转变"理论，引领了国际电介质材料研究的热潮及发展，推动了铁电材料领域的关键技术创新，促进了我国电子陶瓷技术的跨代发展。

远见务实，引领创新。

我心中的姚熹老师[①]

姚　奎

我和姚熹教授的缘分始于报选大学专业的时候。1985 年，我从淮南第二中学高中毕业，凭着淮南市中学生数学竞赛第一名的成绩，我有幸获得西安交通大学免试录取和选择专业的资格。那时姚老师刚从美国回到西安交通大学，以在介电和铁电领域卓越的科研成就特批晋升为教授和博士研究生导师。深受报纸上姚熹教授事迹的鼓舞，我毫不犹豫地选择了姚老师领军的电子工程系电子材料与元件专业。那时我就想着将来要跟着姚老师攻读博士学位。

在大学本科和硕士研究生期间，我师从姚熹教授读博士的心愿一直深藏于心底，它激励着我努力学习和不断进步。几年后硕士即将毕业时，我联系了姚老师并表达了想读他的博士的愿望。记得当时姚老师约我到他的家中面谈。我带着个人资料，怀着紧张的心情迎接这场面试。那是我第一次和姚老师近距离一对一地会面。姚老师的家里令我印象最深的是他的书房，像间办公室，书桌上所有的文件都摆放得极为整齐。姚老师亲切和蔼的态度缓解了我忐忑不安的心情。他在了解了我的想法和学业成绩后，很快就表示欢迎我报读他的博士，并亲自向研究生院写信推荐免试录取。我终于如愿以偿地在1992年成为一名在姚熹教授指导下的博士研究生。

在读博期间，我亲身感受到姚老师不仅知识渊博、思维敏捷、勤奋干练，而且高瞻远瞩，他以广阔的国际视野时刻洞察科技前沿的发展趋势，为大家营造出浓厚而严谨的科学研究氛围。为了不断提高研究所的工作条件和科研水平，姚老师可谓千方百计、呕心沥血。那时他的办公室和博士研究生的学习室是对门。如果姚老师没

[①] 本文写于 2022 年 11 月 27 日，作者姚奎曾为姚熹的博士研究生。

有到外地出差的话，我们很方便地就能向姚老师请教问题。他办公室的一切总是井井有条，他的眼睛总是炯炯有神，他走路的步伐总是沉稳有力，他科研的态度总是一丝不苟，他对问题的分析和讲解总是极富逻辑性、深入浅出。他以身作则的领导作风、刻苦严谨的科研精神极大地鼓舞着研究所的师生们在工作中不畏挑战，奋发进取。记得姚老师在参加学术会议后，常常同我们分享他对会议系统的总结和分析，指导我们应该努力的方向。姚老师也拥有丰富的实践经验和强大的一线动手能力。他不断地向我们强调在实验室里的摸爬滚打对培养一名科研人员的重要性。

1995 年在我博士毕业之际，姚老师正在新加坡南洋理工大学做客座教授。他在那里积极建立了一个跨越中国和新加坡两地的合作项目。为加强新中两地的合作交流，也为我能开阔国际视野，他推荐我到新加坡南洋理工大学做博士后。当时刚刚博士毕业的我，第一次跨出国门，囊中羞涩，初来乍到，也不了解国外的生活环境。姚老师就告知我他住的公寓还有一个空余的房间，并主动提出让我在过渡时期暂时住进他住的公寓里，不仅分文不收，他还慷慨地借给我 1000 新币，帮我度过了在新加坡相对困难的最初几个星期。一直到后来找到合适的出租房我才搬离和姚老师同住的公寓。因为我也姓姚，姚老师对我的关心和照顾惹得一些新加坡同事误以为我是姚老师的亲戚。二十多年来，每当想起当年姚老师作为一位日理万机的院士级教授对我这样一个普通学生在异国他乡的无微不至的关怀，我就十分感动，这件事也时刻教导和提醒着我应该怎样对待我的学生们。

姚熹教授不仅仅是我在学业上的博士导师，更是我人生路上的榜样。从姚老师那里我收获的不仅仅是知识和技能，还有对科研工作的热忱、对奋斗成长的享受，更有对年轻学生的关爱。姚老师的言传身教催人奋进，让刻苦钻研和严谨治学刻进了我的生命，成为永远鼓励着我不断在科研道路上不畏艰难、奋力前行的动力。

我常想，得遇良师，何其有幸。师恩如山，师恩难忘。真心感谢姚老师给我的教诲和温暖，无限怀念和姚老师一起共度的岁月！

唯愿时光不老，姚老师永远安康，幸福！

我 的 父 亲①

姚曼文

　　我对父亲最模糊的记忆是从三四岁开始的。那时我留的是短发，但从不去理发店理发，都是爸爸给我剪的头发。记忆中，家里有全套剪头发的工具。爸爸给我剪头发时，总是在一个木制靠背椅上再放上一个小凳子，然后抱起我坐在小凳子上，为我围上大袍子，精心地给我用不同种类的剪子修剪头发。快要完工时，他总是要把妈妈喊过来，询问剪得如何。爸爸给我剪头发时，妈妈多数是在厨房烧饭炒菜，我记忆深刻的是妈妈有时会挥舞着烧菜的铲子在我的脑袋周围指指点点，指出哪里要再剪得短一点，哪里剪得不对称要再修剪一下，而爸爸总是不厌其烦地再精心加以修剪，有时还会退后好几步，从远一点的地方审视我的头发，直到满意为止。我记得一直到小学毕业，都是爸爸给我剪的头发。

姚曼文陪父亲姚熹一起到汕头讲学时合影

　　等我长大到五六岁后，记忆深刻的是，除了冬季，西安交通大学几乎每周都会在星期六晚上在灯光球场放映电影。那是西安交通大学每个家庭都感到最愉快的时候。父母也会带着我并拿着小椅子、小板凳前往。电影通常要在晚上7点半或者8点天黑透之后才会开始放映，但大部分人家都会在6点就出发以便占到一个好的观

① 本文作者姚曼文为姚熹的女儿。

影位置。电影开始前，家长们都会闲聊，作为小孩子的我则到处疯跑，或者模仿解放军，采摘柳枝编成花环戴在头上做伪装。现在想起这些事情来仍然感到十分幸福。有一次夏季周六观影，不料遭遇了罕见的狂风暴雨，电闪雷鸣，飞沙走石，大家都匆忙跑着返回家中。当时我感到非常害怕，爸爸紧紧地抱着我，我把头深深地埋在他的怀里。到家后，大家都淋成了"落汤鸡"，爸爸赶快打开煤球炉烧水为我洗澡。虽然淋了很大的雨，但在爸爸细致周到的照顾下我一点都没有感冒。

小时候父母工作忙，由于各种客观原因，我没有机会学习汉语拼音，这使得我的学习成绩很差，为此我很苦恼。后来爸爸教会了我全套汉语拼音。他利用一个寒假的间隙，每天教给我一个新的汉语拼音字母，同时多次反复复习前几天教给我的拼音字母。由于爸爸教授技巧得法，我学得很轻松，很快地就掌握了汉语拼音，学习成绩也从班上的后几名迅速攀升到班里前几名。

20世纪80年代末，我离开西安去外地上大学。由于我极度不适应外地的环境和生活，学习成绩大幅度下滑，整个人也郁郁寡欢。爸爸总是尽力抽出时间来学校看望我，鼓励我，又带我出去吃我喜爱的食物，这使我心里感到非常温暖。后来我赴美留学，其间也遇到了很多坎坷，无论是感情上的还是事业上的，爸爸总是挺身而出伸出援手，鼓励我走出一个又一个困境，使我从青涩走向成熟，成为一名合格的人民教师。我非常感谢爸爸的指引和帮助！

回忆父亲①

姚元庆

我的爸爸和妈妈是交通大学的老师，为响应国家的号召，跟随交通大学，西迁来到西安。我在上海出生，与爷爷、奶奶、叔叔、姑姑和外婆、阿姨一大家人生活在上海。1966年，我六岁，坐一天一夜的火车从上海来到西安。我还清晰地记得，那一年南京长江大桥还没有建好，我们是坐着火车轮渡过的长江。这是我第一次从上海来到遥远的西北城市西安。从此，我开始了上海、西安两地辗转

---

① 本文作者姚元庆为姚熹的儿子。

的幼儿园、小学和中学生活。虽然我幼年时与父母亲一起生活的时间不算长，但是随着我的年龄增长和专业经历增多，我越发感受到父亲对我的影响。这种影响更多的是言传身教和潜移默化。

20世纪60年代后期至70年代初期，我在西安度过了小学和初中的阶段，此时正是处于"文化大革命"时期。大学老师的家庭环境和大家一样，在那样生活艰苦的时期，爸爸手把手地教会了我很多生活的基本技能。我仍然记得，爸爸在宿舍楼前的空地上教会了我骑自行车，妈妈也在边上。我刚学会骑车，爸爸就带着我骑车去西安的东关街买菜。爸爸在前面骑，我在后面摇摇晃晃地跟随，我们一起穿行在车流中。这就像是带着我从安静的校园，突然闯进了喧嚣的社会，我还记得当时的紧张心情。爸爸带着我学习游泳、划船。我人生的路就这样一步步向前走了下来。我还学会了蒸馒头，打扫卫生，与农民叔叔交换大米。爸爸并不会因为我把面团的碱放多了或放少了，蒸出的馒头因此变酸了或是变黄了而责备我。这些琐碎的生活细节，让我锻炼了生活能力和相处之道，让我体会到了父亲的宽厚，且对我今后的生活影响深刻。相比之下，我在我自己儿子的成长中做得远不如我的父亲。

爸爸教给我终身受益的事是学习的习惯。我们搬过很多次家，我们的家从最早的一间宿舍4个人住，到一个套间30多平方米，再到70—80平方米。我们的家一直有两张书桌和一排书架，我的爸爸妈妈，有各自的书桌。在我的记忆里，爸爸和妈妈下班后或节假日，除了做家务，就是坐下来看书或讨论工作。他们把一天的时间分成三部分，各有安排。当我有了家庭，有了一间住房，我也布置了两张书桌。后来，住房条件改善了，家里的书桌和书房是一定要有的。我去美国探望儿子的时候，看到在他的家里，夫妻俩也是各有各的书桌。学习空间固然重要，但是，努力向上的学习精神和氛围更重要，这已经成为家传。

我和父亲的交谈并不算多。我感受得到，他总是很热切地想把他对学业、事业的经验和体会告诉我。也许是我们的专业不同，或是我没能很好地理解，爸爸在我的专业上确实并没有给予我具体的指导。但是，他告诉我的做事的道理，我记了一辈子。他说"一定要把眼前的事情做好"。这是很简单的一句话，也是一个很朴素的道理，告诉我们，要脚踏实地地工作，不能好高骛远。回想起来，这么多年，我就是按照这句话走过来的。我并没有做过具体详尽的规划和设计，只是做好所面对的每一件事情。在我读研究生的时候，导师给我的课题，看上去不那么前沿，但是我刻苦钻研，努力做实验，有了新的发现和进展，在国际顶级生殖医学杂志上发表了8篇论文。在我担任科室主任时，学科虽然不是医院的重点，但是，我和团队一起努力开展辅助生殖技术（包括"试管婴儿"技术），探索生殖医学前沿领域，学科最后发展为全医院和全军的重点学科，在全国也具有影响力。总之，这么多年来，我作为一名临床医生，好好读书，好好学习，为患者看好病，结合临床研究，努力做好自己的本职工作，把自己的所学用到治病救人上，践行了"把眼前的事情做好"这个原则。

在人生的关键节点，爸爸总是能给我指出方向。多年前，我在英国牛津大学医学院做博士后，在面临去留的关键选择的时候，爸爸专程到牛津来看我，告诉我国内的发展形势和前景，分析了我的特点和专长，促使我做出了回国、回到自己临床医生岗位的选择。现在回想起来，回到祖国从事自己的专业，为患者服务，发挥自己的所学所长，是我最好的选择。

西安交通大学的李志杰老师让我写一篇回忆我父亲的文章，我一直不知从何下笔。最后，我觉得把我和父亲一起经历的人和事写下来就可以了。我的爸爸、妈妈是从上海到西安的老一辈知识分子，离开家乡，与子女、亲人分离，为教育和科研奋斗一生，这是时代的现实，他们为国家、为事业奋斗的精神给了我永远的榜样和支持。

亦师亦友
——我和姚熹老师的师生缘分[①]
叶作光

我有幸成为姚老师的学生，在很大程度上是出于我的好运气及我与姚老师之间的缘分。1983年春，我报考了西安交通大学电子工

---

① 本文作者叶作光为加拿大皇家科学院院士，曾师从姚熹院士。

程系半导体专业的出国（预备）研究生。姚老师那时刚从美国宾夕法尼亚州立大学回来，由于他在美国进修期间的突出表现，教育部特批给他一个出国研究生名额，不过还没来得及刊登在招生名册上。由于我的综合成绩还不错，学校研究生招生办就把我推荐给了姚老师。在顺利通过了姚老师亲自命题的复试后，我成了他的第一个出国（预备）研究生。原计划是赴日本留学的，但由于年龄未满22周岁（日方要求的最小年龄），我被调剂赴法国学习。在我通过了法国专家组的面试后，姚老师通过保罗·哈根米勒教授，把我推荐到法国波尔多第一大学、国家科学研究中心固体化学实验室攻读博士学位。赴法国之前，我有机会聆听了姚老师新开的"电介质物理"（dielectrics physics）英文课。记得当时姚老师自己编写讲义，用他（省下的外汇积蓄）购买的一台手敲机械打字机（这在当时算是一个"免税小件"），把讲义内容敲打出来，油印装订好发给每一个上课的研究生。姚老师讲课深入浅出，旁征博引，突出重点，非常生动。这是当时西安交通大学开设的第一门全英文课程。它给了我们这批幸运的学子一种全新的感受，开阔了我们的视野，让我们受益匪浅，至今仍记忆犹新。

那时（1983—1984 年）姚老师正忙于组建电子材料研究实验室（电子陶瓷与器件教育部重点实验室的前身），同时他还担任电子工程系系主任。为了不让日常烦琐的行政事务影响到科研教学和实验室的建设，姚老师经常"躲"在实验室一间很简陋的屋子，静心从事理论计算、数据分析和模拟，同时和学生一起搭建仪器设备，开展实验测试，有效地在短时间内使实验室运作起来，并开始出成果。他只有在系里有重要事务时，才去系办公室办公。这种以科研为主的业务精神给我留下了深刻的印象，对我的启发深远（在我后来负责行政事务时，我也一直以姚老师锲而不舍的学术精神为鞭策，始终坚持以科研为主）。我深切地感受到了姚老师要建立一个世界一流的电子材料研究中心的初心和远见，以及他为实验室的建设付出的大量精力和心血，尤其是在最初的非常艰苦的条件下。

姚老师虽然很忙，但他还是每周定时与我一对一见面两三次，指导我的学习，帮助我做好出国前的准备工作。姚老师特地给我推荐了一系列书籍，包括《张量分析》《铁电物理学导论》等，帮我打好晶体物理与材料的基础。

在留学法国期间，我一直与姚老师保持书信联系，遇到困难时常向他请教。在信中姚老师常常指导我如何适应国外的学习生活环境，如何处理好与同事、导师、同学之间的关系，如何培养批判性思维和客观分析问题的能力，如何瞄准国际前沿学术领域和迎接新挑战等。这些谆谆教导都成为我成长的指路明灯，为我以后的独立科研工作打下了坚实的基础。在我即将毕业时，应哈根米勒教授的邀请，姚老师欣然同意加入我的博士学位论文答辩委员会。虽然由于工作繁忙，他最终没能亲临答辩现场，但姚老师作为答辩委员会成员，不仅印证了他对我的工作和成长的关怀，而且使我和姚老师的师生缘分从国内延伸到了国外。

博士毕业后，我于 1988 年底来到瑞士日内瓦大学汉斯·施密德（Hans Schmid）教授研究组做博士后研究。1991 年 9 月，应纳瓦·塞特教授和施密德教授的邀请，姚老师访问了洛桑联邦理工学院（EPFL）和日内瓦大学。我有机会陪同姚老师参观实验室和日内瓦及周边的一些景点。

我来加拿大西蒙菲莎大学任教后，经常有机会在国内和国际会议上见到姚老师，聆听他的前瞻性报告，向他请教学术问题。姚老师不止一次语重心长地希望我回西安交通大学开展合作交流。也正是遵循姚老师的叮嘱，我在任巍和徐卓老师的邀请下，于 2006 年开始每年抽出一部分时间来西安交通大学工作，并很幸运地得到了多个"国家（海外）人才项目"的支持。近年来，我有幸见证了电子材料研究实验室、电子陶瓷与器件教育部重点实验室和国际电介质研究中心的飞速发展与壮大，传承并拓展了姚老师精心构思、亲手打造的"铁电材料研究中心"的模式和初心，真正发展成了中国的"铁（电）谷"[美国宾夕法尼亚州立大学材料研究所在克罗斯教授和纽纳姆教授的领导下，曾被誉为美国的"铁（电）谷"，类同于加利福尼亚州微电子领域的"硅谷"]。我很荣幸为此尽了一点微薄之力，也算没有辜负姚老师对我的一片期望。

回顾这 40 年的历程，如果说我在学术上取得了一些成就的话，那在很大程度上得益于我与姚老师这段独特的师生缘分。衷心感谢姚老师对我学术上的悉心指导、对我成长中的关怀和人生道路上的启迪。我也将永远铭记姚老师"亦师亦友"的情怀。

我的博士学位论文封面

1991年9月8日,姚熹院士和我及我的大儿子在瑞士日内瓦湖畔合影

1991年9月8日，姚熹院士和我夫人尤婉珍及我的大儿子在瑞士日内瓦湖畔合影

我的姚熹老师①

俞福南　王福娣

我和爱人是西安交通大学无线电元件与材料专业的同班同学，是姚熹老师和张良莹老师的学生，于1965年本科毕业。我们现年82岁了，和两位老师从相识至今已经60年了，一直相处得很好。

1964年，姚熹（前排左七）所在的590教研室和俞福南（后排左六）、王福娣（第二排右一）所在的501班师生欢送王力衡老师去日本的合影

———————————

① 本文作者俞福南、王福娣是西安交通大学无线电元件与材料专业毕业生，曾师从姚熹和张良莹。

永远记得，我们在大学四年级（1964 年）时，姚熹老师和张良莹老师分别是"无机电介质"和"有机绝缘材料"课程的任课老师。初见姚熹老师那一幕感觉非常深刻，至今难忘。他那如大哥哥般的笑容和帅气阳光的气质，是那么吸引同学们的目光，亲切的话语是那么平易近人。那时姚熹老师只有 29 岁，只比我们大 6 岁，高 8 届。在他 28 岁那年（1963 年 7 月）就已经编写了"特种陶瓷"和"无机电介质"两门课程的教科书，对制造工艺进行了系统的归纳和介绍，对我们以及后面各届学生们，对各种高频陶瓷材料、陶瓷滤波器在科研、生产实践中起到了重要的指导作用。他频繁深入车间实验，与工人关系密切，丝毫没有一点大学教师的架子，身体力行、任劳任怨，数十年如一日，为以后在学术研究、科技创新方面做出卓越贡献打下了实践层面的坚实基础。

姚熹老师非常喜欢和爱护我这个学生，特地推荐我去书店购买《铁电晶体》[Ferroelectric Crystals，美国佛朗哥·约纳（Franco Jona）和白根（G. Shirane）编写，1962 年出版的英文版文献]，他已经通读过此书并推荐给我。他这么年轻就已经打好了坚实的理论基础，并与国际学术圈高度接轨、与时俱进，为以后他在学术研究、科技创新方面做出卓越贡献打下了理论层面的坚实基础。他那不辞辛苦、为国争光（与国际合作项目达 20 多项）的老科学家的优良品质，是我们永远敬佩和学习的榜样。

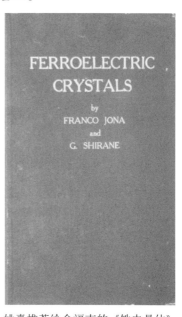

姚熹推荐给俞福南的《铁电晶体》

在 1965 年我做毕业设计时，姚熹老师特地指定我作为唯一协助他搞科研的学生。在短短的四个月时间里，我与姚熹老师朝夕相处，做实验效率非常高，吃饭时间都很紧凑，匆匆扒了几口就又回到实验室继续工作。这期间我在学到不少有用知识的同时，也深深地被他的人格魅力所折服。

我很佩服姚老师，他在这么短的时间里刻苦钻研，设计并自制了一台对元器件材料进行测试的多功能仪器，为以后的材料分析、研究和元器件筛选打开了方便之门（线路图至今我还保存着）。我有些疑惑：姚老师是西安交通大学电工器材制造系毕业的，不是学电子线路的，怎么对线路如此熟悉了解呢？当时我就直接问了他，得知他在读初中时就自己学习安装收音机，可见他聪明好学且勇于实践。他指导我筛选优质的元器件、电子管等进行组装、调试，后来又参与了对钛酸锶铋高介电常数陶瓷化学元素系高介陶瓷材料性能（烧结温度、电滞回线）和极化性质（材料的松弛极化与自发极化两种截然不同的机理进行沟通、摸索二者联系）等课题的研究工作。

在之后的工作、学习中，我都以姚熹老师为榜样，敢想、敢干，勇于创新，在工作中也做出了一定的成绩。大学毕业后，我分配在中国科学院微电子研究所（中国科学院156工程处），当时出于保密的需要，名义上是到西安市90号信箱单位报到，实际上是在位于北京市中关村的中国科学院计算技术研究所的另一栋大楼内工作。工作任务是研究"东方红"人造卫星中的部分电子组件，即卫星上天后播放《东方红》的那部分设备。当时我代表单位参加了为期三个月的中共中央举办的毛泽东思想学习班。学习快结束时，毛泽东、周恩来等国家领导人特地在首都体育馆接见了全体学习班学员。回到单位开大会时，由我传达了学习班的情况及见到毛主席的情景，我感到无比光荣，对所从事的工作充满了责任和使命感，也使我增添了饱满高涨的工作热情、勇气和拼搏精神。

"东方红"人造卫星微电子研究所的研究内容是同时研制厚膜集成电路、薄膜集成电路和固体集成电路三方面，我被分配在厚膜集成电路研究小组。制造厚膜集成电路板时，在丝网印刷过程中遇到了问题：市场上只能买到粗粒子的钯粉，这些钯粉在线路板上很难印刷。我提出建议：在钯粉中加入一些材料，经过化学反应，制造出微米级的细粉。这个建议被采纳后由我负责此项工作。后来在雷锋、王杰"一不怕苦、二不怕死"的精神鼓舞下，连续工作24小时、48小时成了常态，最多连续加班72小时不休息。当时工作场所简陋又没有通风设备，人的营养也跟不上，实验品有毒还有呛人的刺鼻气味，其他人都跑得远远的，唯独我一个人坚持留在实验室里做实验。有我在学校里和姚熹老师一起做实验的经验积累，通过一段时间的努力，合格的钯粉终于被研制出来了，解决了当时一个关键的技术难题，保证了"东方红"人造卫星核心元器件组项目的顺利完成。厚膜集成电路板做出来了，但是我的身体却搞坏了，体检验血显示严重肝中毒，不能正常工作了，只能在宿舍休息。一直勤奋、努力、要强的我，哪能忍受这样的孤独和无所事事，又怕肝病传染给别人（后来才知道不会传染），当时我只能抱着遗憾离开了热爱的岗位，去我爱人所在单位上海无线电一厂支内厂工作，后在安徽省黄山市 8374 厂工作。

我去 8374 厂前，暂住在上海无线电一厂，比我高一届的西安交通大学校友陈燕池负责的产品——二极管，堆在仓库里的全是废品，车间停产，他急得像热锅上的蚂蚁。我进厂后，想办法和他一起做实验，利用我在学校里和姚熹老师一起做实验以及中国科学院研制"东方红"卫星的经验，将仓库里的废品全部转换成了正品，这一下子在全厂引起轰动。

在 8374 厂时，我任陶瓷车间的技术主任，不知何因车间主任殷福祥配料时少配了两种料，配完的料烧制好后发现产品性能不好，又是生瓷，只能暂作废品，搁置在车间内。由于其中一种高频锡酸钙料价格昂贵，加上配的料较多，作为废品处理损失太大，给群众带来了不好影响，有些人在背后议论是非，令人听了实在不是滋味。我大胆地想办法，把少配的料加进去，通过合适的工艺方案，终于把这一大批废料全部变成了正品，避免了重大损失。后来厂领导了解到我工作肯干，业务水平高人一等，便申报我为技术厂长。

在 8374 厂时，我老伴在车间任技术职能组组长，《电阻器引出线可焊性研讨》报告获上海市科技成果奖二等奖。我们在 8374 厂从事低频陶瓷滤波器、独石电容滤波器及各种电容器瓷料的配制，以及各种电阻器生产（有热敏电阻器、网络电阻器、金属膜电阻器、高阻高压电阻器和氧化膜电阻）等的技术工作。在 8374 厂时由于交通和通信不畅，有一段时间我们暂时与姚老师失去了联系。后来又因小孩读书及年老父母无人照顾等实际问题，我们在1984年底调到无锡市无线电元件二厂，直至退休。

1986年在无锡市无线电元件二厂时，我先后担任该厂的顾问秘书、副总工程师、高级工程师。我厂聘请国内陶瓷元器件领域的著名专家、教授作为厂技术顾问，其中有姚熹（西安交通大学）、周志刚（清华大学）、张绪礼（华中理工大学）、吴文虬（南京大学）等。每次开会，顾问专家们讨论热烈，帮助我厂对生产线上的具体问题进行指导和提出解决方案，帮助我厂确定今后学习、改进及发展的方向。姚熹老师每次来厂，总是主动地给我带来一些文献资料及村田（Murata）株式会社村田制作所的产品目录（有英文版、日文版两种）。每次会议都有记录存档。

1965年，俞福南（右二）和姚熹（左一）在西安交通大学对面兴庆公园中合影

记得在1999年，姚熹老师亲自组织国内整机厂和元件厂的一线科研人员、技术人员、在校博士研究生到上海交通大学开会研讨，有广东省科龙电器股份有限公司、上海无线电一厂、无锡无线电元件二厂等厂方代表参加。那时我虽然已经退休，但因受香港公司及佛山市公路处的委托，研制香港版制无绳电话机（一拖八）而无法脱身，就由我老伴代为参加。那时姚老师已经年近70岁了，在国内外享有盛名，担任重要职务，多次获奖，新加坡、法国、美国等发

达国家都聘请他为外籍院士、客座教授、高级研究员。作为已经功成名就、在国内外很有名望的科学家，他还是那么的谦虚谨慎、平易近人，真是越发令人敬佩。

1980年至今，国外对压电、铁电陶瓷的应用文献很多，我国在此领域的研究工作也达到了高峰。据我所知，姚熹老师出版专业书籍达20多本，发表论文500多篇，与国际合作项目达20多项，翻译外文参考文献资料（美国、日本等）近百篇。如《精细功能陶瓷动态与展望》一书，姚熹老师负责写"前言""功能""电容器"部分，翻译外文参考文献就有28本；《压电、铁电应用285例》一书，姚熹老师执笔第2—4章，翻译外文参考文献19本等。可想而知工作量有多大。

姚熹老师在生活中是非常简朴的，他只吃肉不吃鱼（据他本人说是因为吃鱼花的时间长，囫囵咽下鱼刺容易卡着喉咙），为的是节省时间做科研、搞学术研究。他完全沉浸在科学的海洋中，甚至有些疯狂，经常见他大热天也没时间去买西瓜吃解暑。如今，我们和姚熹老师、张良莹老师都八十多岁了，姚熹老师由于长期疾病的折磨，身体也不是很好，就是这样，他还在忘我地工作而没有彻底退休安度晚年。我们为敬爱的姚熹老师这种老科学家崇高的思想品格和为国争光、为民造福的无私拼搏精神感到无比的敬佩与景仰，我们也为能成为姚熹老师一辈子的学生而感到由衷的骄傲，为能长期与姚熹老师保持亦师亦友的良好关系感到无上的荣幸！

跋

　　《姚熹传》付梓出版，值得祝贺的不仅是对姚老师一辈子追求科学的人生总结，更应该期待这本书能对姚老师的人生轨迹、精神状态、品格情操产生广泛传播、示范引领的作用。

　　一个人是一个学校的形象，一个有突出贡献的人是一个学校的旗帜。有贡献的人代表着学校的实力，同时还是学校营造氛围的因子，是这个学校教育莘莘学子的身边最宝贵的思想文化的素材，有组织地、长期地坚持这种宣传，毋庸置疑会形成这个学校独有的思想文化，会形成有别于其他学校的独特味道。

　　有着百年历史的西安交通大学，把包括姚老师在内的一大批杰出学者梳理出来，对他们的人格品德、办学思路、教学特色、科研成果等进行研究，形成一门课，哪怕就用几个课时在课堂上进行分享，讲解传授，一届一届坚持；或者形成若干专题，凝练成经验方法在高等教育的论坛上进行宣传。这将是对中国高等教育甚至世界高等教育领域的贡献，使之成为人类思想文化史上独具风格的财富。因为悠久的历史，积累的一大批国内外知名学者、丰富的办学实践及其经验等，都使得像西安交通大学这样的百年老校有足够的内容做这样的事，老师个人不要推脱，学校组织不要失职，这应该成为以世界一流大学为追求目标的学校的责任指标。

姚熹老师人生的绝大部分时间是和西安交通大学的发展联系在一起的。交通大学西迁的时候他初为人师，随着风驰电掣的火车，从遥远的南方一头扎进陌生的北方，从过去钟鸣鼎食人家的少年、青年涌入北方城镇，从奋斗的青年、壮年直到暮年。

回溯几十年的奋斗，姚老师是幸运的。幸运来自他持续地勤奋、奋斗，幸运来自随着时代发展赶上的好环境，幸运甚至还来自张良莹老师最细致处的敏锐和坚持。学校派他到国外留学，学位干到博士，科研干到得奖。学成回国，他又回到母校这个熟悉的环境，为了中国学者队伍的扩大、为了中国科研实力的增强投入新的奋斗。

再聪慧的科学家也必须有勤奋的坚持，再精彩的灵光乍现也必须有坚实的功底。20 世纪 50 年代，他深入西安电力公司等企业解决技术难题；60 年代出版基础教材；80 年代初取得宾夕法尼亚州立大学固态科学博士学位，建立起中国首批重点学科，提出弛豫铁电体概念、微畴-宏畴理论，入选世界陶瓷科学院首批院士；进入 21 世纪，成立国际电介质研究中心，在世界平台建立起"姚熹论坛"，最终成为在世界上有重要话语权和号召力的知名学者，这都是一天天扎实工作的结果。姚熹说："让自己的国家走在世界科学的前列，是我们每一位科学家毕生的使命。"今天读他这句话，如果不了解他的付出，觉得这就是一句空口号；如果了解到他的付出，则会深切体会到他是实现心口如一这个口号的人，让责任、使命这些宏大的概念成为有血有肉的表现。

参加姚老师在一切场合的讨论，不论是小组还是平台，国内还是国外，人们永远会感到他脸上洋溢着听取别人阐述的专注，会感到他自己发言时的坦率，他从不隐瞒自己的观点，但又从来做最严谨的逻辑分析。在大学工作，坚持批判性思考是知识分子的基本品格，也是学术上出成绩的基本逻辑，这一点姚老师做得好，并且更多的老师也应该做得好。

所谓战略科学家，可以有很多维度的表征，把队伍建设好，让科学事业后继有人应该是最重要的指标。几十年来，姚老师带出了 100 多名博士和 120 余名硕士，有不少人已经成为领军人才，对培养人，姚老师学成回国时就有这个清晰的认识。有人问他在美国的科研条件好，生活无忧，为什么还要回国。他说，弛豫铁电体的研究在中国还是个空白，用不了多长时间，这将成为国防军工领域大有作为的新空间，没有人就没有这个新空间，弛豫铁电体的研究在中国是个空白的领域，应该有一支队伍去干这个事，我就应该把这个队伍建起来，只有回国才能把这个队伍建设好，这个理由很朴实，但也很坚实。

姚老师组织团队的工作纪律是很严格的，考勤打卡坐班在学校做得早，做得实，坚持的时间长，这是团队出成果的组织保证。但姚老师还有更深层次的思考，他认为全校拉平给教授算工分是个很笨拙的做法，难道教授是靠这个来推进科学研究的吗？想想也是，一个科学家几乎一直都沉浸在对问题的思考中，对思考的人用平均工分的思维作为措施调动其积极性确实有些简单。考核的本质应该是文化建设，由工作指标到制度建设，由制度建设到文化建设，形成一种氛围，从而使科学工作者发自内心地投入，使科学成为人们的内驱力，这是科研能有创造的最大保证。

无论多大年纪，姚老师从外在到内心始终洋溢着青春的朝气，哪怕是他忙于科研，几天泡在实验室，见面的时候脸上露出疲惫，但同时更能接收到的是他的兴奋感，使人感到他有更大的精力去完成下一个任务。或者换一个角度说感受，虽然对下一个实验不能保证肯定高质量完成，但是在姚老师身上，有足够的学问底气，充盈着他要勇敢承接、全力投入的意志和韧性。他的学生都有这种感觉，姚老师像一块磁铁，吸引着大家不由自主地就想讨论、倾听和交流；姚老师还像一口水力丰沛的井，有汲取不尽的智慧。国外同行评价他"是一位杰出的科学家，同时也是一个热情，有人情味的人"。

作为大学工作的主要组织者，应该特别看重两件事情的建设和推进。一件是大学的发展战略，这既关乎学校当下的实力，又关乎学校未来发展的空间。再一件是营造大学昂扬奋进、青春勃发、批判质疑、轻松活泼的氛围。这需要大学的师生，特别是那些有杰出贡献、有深邃思想的师生引领的，就像姚老师这样的人。这样的人越多，我们的大学就越青春，就越能做贡献。

张迈曾

西安交通大学原党委书记

2024 年 6 月

后　记

在中国共产党第二十次全国代表大会召开前夕，《姚熹传》最后一章的写作画上了句号。这是一部弘扬交通大学西迁精神、歌颂科学家家国情怀的传记作品，是我这位年届八十多岁的老共产党员献给中国共产党第二十次全国代表大会的礼物。放下笔的那一刻，我的愉悦心情难以言表。

中国科学院院士、美国国家工程院外籍院士姚熹是世界著名的电子陶瓷材料专家，在电介质物理研究领域取得了卓越的成就，做出了突破性的重要贡献，被誉为"中国电子陶瓷之父"。20世纪60年代，我在西安交通大学电机工程系上学时，姚熹老师刚从西安交通大学电机工程系电气绝缘与电缆技术教研室调往无线电工程系电子材料与元件教研室任教研室副主任不久，虽然我们未曾谋面，但我从电机工程系师生的言谈中得知，姚熹是一位十分优秀的年轻共产党员教师。我从西安交通大学毕业后，主要供职于新闻出版部门，由于职业的特点和对母校的热爱，我特别关注西安交通大学的发展变化，陆续撰写了一系列有关西安交通大学的文章和著作，被西安交通大学聘为校史与大学文化研究中心专家组成员。近年来，我致力为在西安交通大学工作的中国科学院院士、中国工程院院士和著名教授撰写传记，陆续撰写出版了《汪应洛传》《钟兆琳传》《周惠久传》，以及与西安交通大学有密切关系的周锦水的传记《周锦水传》。

2022年4月8日，西安交通大学在创新港校区举行《周惠久传》的首发仪式。会后西安交通大学电子科学与工程学院党委书记魏晓勇教授来找我，请我给姚熹院士写传记，职责所在，感情所在，我欣然接受了这项颂扬恩师功德、弘扬西迁精神的任务。

我的夫人高喜爱也是西安交通大学的毕业生，她是从事机械工程的高级工程师，近年来一直同我一起为科学家写传记。接到《姚熹传》的写作任务后，我们俩便立即投入紧张的工作，开展人物采访、资料收集、提纲编拟、照片处理等事项。我的长子李皎是陕西省科学院微生物研究所副所长，是一位微生物专业的副研究员，他对现代科技的发展状态比较了解，因而也积极地加入了《姚熹传》的写作队伍中。我的小儿子李陇是一位电脑行业的从业者，对网络技术颇有特长，他便主动承担起查询资料、网购书籍等事务性工作。全家人齐心协力，撰写《姚熹传》的工作进展十分顺利。

非常感谢魏晓勇教授、徐卓教授等姚熹院士亲传弟子对《姚熹传》写作的关心和大力支持。他们秉承"饮水思源"的西安交通大学校训，大力弘扬交通大学西迁精神，他们尊师爱校的高贵品德和行动让我深受感动，这成为我精心撰写《姚熹传》的激情源泉之一。西安交通大学党委宣传部、图书馆、档案馆、校史与大学文化研究中心、校友联络部等部门为《姚熹传》的写作提供了多方面的帮助，使得这一工作得以顺利开展和推进。西安交通大学的宫继辉、史鹏、吴小清和贺锋涛等老师积极为我们提供资料，姚熹院士的亲属及众多亲传弟子积极撰写回忆文章，为丰富《姚熹传》的内容做出重要贡献。在此对他们的辛勤劳动表示衷心的感谢。

中国科学院白春礼院士为《姚熹传》作序，西安交通大学原党委书记张迈曾教授为《姚熹传》撰跋，这些都为《姚熹传》大增光彩，在此对两位领导的关怀和支持表示衷心的敬意与感谢！

《姚熹传》能顺利出版，科学出版社的各位领导和老师做了大量卓有成效的工作，在此对各位老师的辛勤劳动表示衷心的感谢。

　　学生才疏学浅，为恩师写传，诚惶诚恐，难以充分表述老师的高风亮节和宏伟建树，疏漏难免，望读者指正，以便再版时补充和匡正。

李志杰

2022 年 10 月 15 日